파워 엘리트
중국 정치의 힘

POLITICAL POWER OF CHINA

파워 엘리트
중국 정치의 힘

김승범 지음

마로니에북스

| 들어가는 글 |

    2012년 11월 8일 오전 9시중국 현지시각 제18차 중국 공산당 전국대표대회18차 당대회 개막식이 열리기 몇 시간 전 버락 오바마 미국 대통령의 재선이 확정됐다.
    한국의 주요 매체들은 이날 보도를 통해 '오바마의 미국'과 '시진핑習近平의 중국'이 이끄는 G2 시대가 열렸다고 전했다. 세계 주요 언론도 이와 비슷하게 보도했다.
    중국 공산당은 18차 당대회를 통해 시진핑을 중심으로 한 신임 지도부를 출범시켰다. 2012년 중국의 지도부 교체에 대해 전 세계가 비상한 관심을 보였다. 중국의 위상이 한층 높아진 상태에서 중국의 지도부 교체는 미국 대선과 맞물려 지구촌의 '메인 정치 이벤트'로 조명을 받았다.

시진핑을 주축으로 한 중국의 지도부는 흔히 '5세대'로 불린다. 마오쩌둥毛澤東을 핵심으로 한 1세대, 덩샤오핑鄧小平을 중심으로 한 2세대, 장쩌민江澤民이 이끈 3세대, 후진타오胡錦濤가 주축이 된 4세대를 잇는 5세대 지도부는 중화인민공화국이 수립된 1949년을 전후해 태어나 청년기에 문화대혁명의 소용돌이를 겪고 이어 개혁과 개방을 경험하며 행정 경험을 쌓았다.

그런 5세대 지도부는 중대 변혁기를 눈앞에 두고 있다. 빈부·지역 격차와 이익집단의 욕구 분출, 정치 개혁 논란 등 고도성장으로 인한 각종 후유증이 격화되는 상황에서 신임 지도부의 국정 운영 능력이 중국의 미래를 좌우한다고 해도 과언이 아니다.

2012년 중국의 지도부 교체는 중대 변혁기를 헤쳐나갈 새로운 지도부를 구성한다는 것 이상의 의미가 있었다. 마오쩌둥이나 덩샤오핑과 같은 '절대권력자'의 낙점 없이 당내 토론과 세력 간 대결을 통해 최고 지도자를 선출하는 첫 시도였다는 점이다. 5세대 지도부 교체는 중국 공산당 일당 체제가 안정적으로 유지될 수 있느냐를 예견해볼 수 있는 일종의 '풍향계'였다.

중국의 정치 구조는 공산당 일당독재 체제지만 혁명 원로 자제들이 모인 태자당太子黨, 상하이 출신 인사들의 세력인 상하이방上海幇, 공산주의청년단을 통해 성장해 권부에 진입한 공청단파共靑團派 등 3개 정파가 '당내 당'으로 서로 견제하고 연합하며 중국의 정치를 이끌고 있다. 이는 집단지도체제로 움직이는 중국식 정치 모델의 기본 운용 메커니즘이라고 할 수 있다. 지금은 태자당과 상하이방이 연합해 공청단파와 대항하고 있는 상황이다.

　중국 공산당 내 주요 정파가 대립과 타협을 통해 중국 정치를 이끌고 있다는 점은 우리에게 시사하는 바가 크다.

　신중국 수립 이후 중국 공산당의 정치 세력은 치열한 권력 다툼을 벌였으며 그때마다 정국政局 불안을 야기했다. 최근 30년간 중국 정치 세력이 가장 치열하게 권력 투쟁을 벌였던 것은 톈안먼 사태가 터진 1989년이었다. 당시 보수파의 반발로 후야오방胡耀邦과 자오쯔양趙紫陽 두 총서기가 실각했다. 이때까지만 해도 중국의 정치 불안이 한국에 미치는 영향은 제한적이었다. 한국과 중국이 수교한 것은 1992년으로, 1980년대 말까지 양국의 교류는 그다지 활발한 편이 아니었기 때문이다.

　하지만 현재 한·중 관계를 생각할 때 중국의 정국이 한국에 미치는 영향은 과거보다 훨씬 크다. 냉전시대 적성 국가 '중공中共'으로 불리던 중국은 1992년 8월 24일 한·중 수교 이후 미국과 일본을 뛰어넘어 한국의 최대 교역국으로 떠올랐다. 1992년 수교하던 해 63억 7천858만 달러였던 양국의 교역 규모는 2012년 2천151억 716만 달러로 20년 새 34배로 급증했다. 경제뿐 아니라 대북對北 문제, 사회·문화 등 각 영역에서 중국이 한국에 미치는 영향력이 하루가 다르게 커지고 있다.

　필자는 2012년 8월부터 1년 과정으로 중국 칭화대淸華大에서 방문 연구원 자격으로 연수를 했다. 중국 지도부 교체를 통해 나타난 중국 엘리트 정치의 발전 양상을 살펴보는 게 연수테마였다. 중어중문학 전공으로, 신문사 기자인 필자는 중국에 도착하기 전부터 전문가 인터뷰와 주요 저널 및 외신 보도에 대한 분석을 바탕으로 기사를 쓰면서 중국 정치이슈를 살펴왔다. 중국에서의 연수는 전문가들로부터 직접 얘기를 듣고 현지에서 수집한 자료를 분석하며 중국 정치에 대해 정리할 기회가 됐다.

이 책은 중국 공산당의 주요 계파 간 권력 구도를 다루고 있다. 중국 정치의 변화상을 제대로 살피기 위해서는 중국 공산당에 대한 파악이 선결 과제이며, 이는 공산당을 움직이며 변화시키는 당내 주요 정파를 이해하는 것에서부터 출발해야 한다.

1부에서는 태자당·상하이방 연합 세력이 당과 중앙을 장악하고 공청단파가 정부 조직과 지방을 장악한 권력 지도를 소개했으며 2부에서는 중국에서 흔히 '지도자'라고 불리는 중국 공산당 중앙정치국 위원 25명이 정치적으로 성장해온 과정을 살펴봤다. 3부에서는 공산당 내 계파간 권력 투쟁의 과거와 현재, 미래를 짚어봤다.

중국을 흔히 '당국黨國'이라고 부를 만큼 중국에서 공산당의 위치는 절대적이다. 중국 공산당이 어떻게 구성돼 있고 공산당을 누가 움직이는지를 이해하는 것은 중국을 이해하는 첫걸음이라고 해도 과언이 아닐 것이다. 독자들이 중국을 이해하는 데 아무쪼록 이 책이 작게나마 도움이 되기를 바란다.

2014년
김승범

| 목차 |

들어가는 글 • 008

1부 시진핑 리커창 체제 출범

1장 중국 당·정 지도부 개편 • 019

2장 중국 공산당·국가기관 구성 • 029
1. 중국 공산당 • 030
2. 전국인민대표대회(전인대·全人大) • 038
3. 전국인민정치협상회의(정협·政協) • 040
4. 국무원(國務院) • 040
5. 최고인민법원·최고인민검찰원 • 043
6. 지방 행정구역 • 044
7. 중국 인민해방군 • 046

3장 공산당 정치 계파 • 049
1. 태자당(太子黨) • 050
2. 상하이방(上海幇) • 058
3. 공산주의청년단(공청단·共靑團)파 • 067
4. 계파별 권력 분점 • 075

4장 5세대 중국 지도부의 특징 • 086

POLITICAL
POWER
OF CHINA

2부 중국 공산당 중앙정치국 위원 25인

1장 태자당·상하이방 연합 •095

1. 시진핑(習近平 | Xi Jinping) •096
2. 장더장(張德江 | Zhang Dejiang) •127
3. 위정성(俞正聲 | Yu Zhengsheng) •139
4. 왕치산(王岐山 | Wang Qishan) •152
5. 장가오리(張高麗 | Zhang Gaoli) •165
6. 마카이(馬凱 | Ma Kai) •177
7. 멍젠주(孟建柱 | Meng Jianzhu) •184
8. 자오러지(趙樂際 | Zhao Leji) •191
9. 왕후닝(王滬寧 | Wang Huning) •198
10. 리잔수(栗戰書 | Li Zhanshu) •206
11. 리젠궈(李建国 | Li Jianguo) •213
12. 한정(韓正 | Han Zheng) •220
13. 쑨정차이(孫政才 | Sun Zhengcai) •227

| 목차 |

2장 공청단파 •235

1. 리커창(李克強 | Li Keqiang) •236
2. 류윈산(劉雲山 | Liu Yunshan) •260
3. 리위안차오(李源潮 | Li Yuanchao) •273
4. 류옌둥(劉延東 | Liu Yandong) •286
5. 왕양(汪洋 | Wang Yang) •295
6. 류치바오(劉奇葆 | Liu Qibao) •305
7. 궈진룽(郭金龍 | Guo Jinlong) •312
8. 후춘화(胡春華 | Hu Chunhua) •319

3장 무계파 •327

1. 쑨춘란(孫春蘭 | Sun Chunlan) •328
2. 장춘셴(張春賢 | Zhang Chunxian) •335
3. 판창룽(范長龍 | Fan Changlong) •342
4. 쉬치량(許其亮 | Xu Qiliang) •346

3부 태자당·상하이방 연합과 공청단파의 경쟁

1장 신중국 수립 이후 권력 투쟁 잔혹사 ・353

2장 태자당·상하이방 연합과 공청단파의 대결 ・358

3장 이미 시작된 6세대 지도부 구성 ・365

PoliTical
power
of China

1부

시진핑·리커창 체제 출범

●
"오래 기다리시게 했습니다."
2012년 11월 15일 오전 11시 55분중국 현지 시각. 시진핑習近平 중국 공산당 신임 총서기가 베이징 인민대회당의 신임 최고지도부 내·외신 기자회견장으로 들어섰다. 당초 기자회견이 예정됐던 오전 11시보다 1시간 가까이 늦은 시각이었다. 시진핑 총서기 뒤로 리커창李克强, 장더장張德江, 위정성俞正聲, 류윈산劉雲山, 왕치산王岐山, 장가오리張高麗 등 이날 오전 열린 중국 공산당 18기 중앙위원회 제1차 전체회의18기 1중전회에서 공산당 중앙정치국 상무위원으로 확정된 최고 지도부가 서열 순으로 입장했다. 정치국 상무위원회는 집단지도체제로 움직이는 중국 정치권력의 최정점에 있다.

연단에 오른 시진핑 총서기는 자신을 포함한 7명의 상무위원을 차례대로 소개하기에 앞서 기자회견이 늦어진 것에 대해 양해를 구하는 것으로 인사말을 시작했다. 하지만 늦어진 것은 단지 기자회견이 열린 시각뿐만이 아니었다.

1장

중국 당·정 지도부 개편

정치국 상무위원은 5년에 한 번 열리는 중국 공산당 전국대표대회 공산당 대회에서 선출된 중앙위원회 당대회 폐회 기간에 당의 방침을 정하며 대외적으로 당을 대표하는 기구 위원 가운데 결정된다. 당대회 개최 시점은 정해져 있지 않은데 1980년대부터는 9월 이후에 열려 왔다.

2012년은 18차 당대회가 열려 상무위원을 중심으로 한 신임 지도부를 구성하는 해였다. 중국은 공산당이 국가 기관을 지배하는 체제다. 당대회를 거쳐 선출된 지도부의 구성원이 전국인민대표대회全國人民代表大會·전인대로 불리며 우리나라의 국회에 해당함, 국무원행정부, 전국인민정치협상회의최고 국정 자문기구, 지방 행정조직, 군軍 등 각 영역을 맡아 중국을 움직인다.

중국 정치 전문가들은 마오쩌둥毛澤東을 핵심으로 한 지도부를 1세대, 덩샤오핑鄧小平을 중심으로 한 지도부를 2세대, 장쩌민江澤民이 이끈 지도부를 3세대, 후진타오胡錦濤가 주축이 된 지도부를 4세대라고 구분하며 18차 당대회를 통해 구성된 지도부를 5세대로 분류한다. 마오쩌둥과 덩샤오핑은 따로 정해진 임기가 없었다. 장쩌민이 후진타오에게 총서기직을 넘겨준 2002년 16차 당대회부터는 5년 임기의 총서기가 한 차례 연임해 10년간 집권하는 관례가 형성됐다. 시진핑을 중심으로 한 5세대 지도부는 중화인민공화국이 수립된 1949년을 전후해 태어나 청년기에 문화대혁명의 소용돌이를 겪고 이어 개혁·개방을 경험하며 행정 경험을 쌓은 후 중앙에 진출했다.

후진타오 체제가 10년간 임기를 마치는 시점인 2012년에 진행되는 18차 당대회는 중국의 새로운 10년을 이끌 지도부를 꾸린다는 점에서 비상한 관심을 끌었다. 하지만 9월이 끝나갈 무렵까지도 당대회 일정이 공개되지 않았다. 그러자 당대회 준비가 원활하게 진행되지 않고 있으며 연기될지도 모른다는 소문이 돌았다. 9월 28일이 돼서야 11월 8일 개막하는 18차 당대회 일정이 공개됐다. 5년 전인 2007년 17차 당대회가 10월 15일 시작된 것과 비교하면 개최 시기가 3주 이상 늦은 것이다.

18차 당대회는 개최가 임박한 시점까지 최고 지도부 인선 작업이 계속 진행됐다는 점도 이전 당대회와는 다른 모습이다. 이번 당대회만큼 막판까지 최고 지도부 개편에 대한 전망이 안갯속이었던 때도 드물었다.

무슨 속사정이 있었던 것일까? 중국의 이번 지도부 교체는 새로운 지도부를 구성한다는 것 이상의 의미가 있었다. 최고 권력자의 낙점 없이 당내 토론과 세력 간 대결을 통해 최고 지도자를 선출하는 첫 시도였다는 점이다. 1989년 총서기에 오른 장쩌민 전 국가주석과 2002년 총서기로 선출된 후진타오 전 주석 모두 덩샤오핑이 직접 후계자로 지명한 인물이었다. 어느 누구도 장쩌민과 후진타오의 최고 지도자 등극에 이의를 달지 못했다.

마오쩌둥은 주변 사람의 말을 듣지 않고 거의 혼자 독단적으로 결정했으며 덩샤오핑은 주변 사람의 말을 듣기는 했지만 결국 자기 뜻대로 결정하는 경우가 많았다.

마오쩌둥 시절 1인 지배 체제의 폐해를 실감한 중국 공산당은 덩샤오핑 중심의 2세대 지도부 때부터 집단지도 체제로의 전환을 준비했다. 원로 간부의 종신제를 폐지해 일정 연령이 되면 은퇴하도록 하고 젊은 인재들을 발굴해 공산당 중앙 조직이나 주요 국가 기관으로 끌어올렸다.

장쩌민 전 주석이 이끄는 3세대 지도부 때부터 본격화된 집단지도 체제 아래서 중국 공산당 고위층은 출신과 성장 배경이 다른 여러 정파로 분화하기 시작했다. 혁명 원로 자제들이 모인 태자당太子黨, 상하이 출신 인사들의 세력인 상하이방上海幇, 공산주의 청년단을 통해 성장해 권부에 진입한 공청단파共靑團 등이다.

공산당 일당독재 체제를 유지하고 있는 중국의 권력 교체는 서방 국가와 다른 양상으로 전개된다. 다당제 혹은 양당제로 운영되는 서방 국가에서는 차기 권력을 차지하기 위해 각 정당이 유권자를 상대로 유세를 펼치며 경쟁을 벌이는 게 일반적이다. 국민들은 선거를 통해 각 정당이 내세운 후보에게 투표를 하고 가장 많이 득표한 후보가 당선된다.

반면에 중국은 형식적으로는 복수 정당이 존재하지만 사실상 공산당 일당 체제다. 정당 간 경쟁은 없다. 하지만 공산당 내에서 계파 간 치열한 경쟁을 벌인다. 서로 다른 배경과 정치 노선의 계파가 권력을 장악하기 위해 때로는 목숨을 건 투쟁을 벌이는 것이다. 계파는 출신 지나 경력, 출신 성분에 따라 형성된다.

시진핑 총서기가 속한 태자당은 공산당 내 주류다. 부모 세대가 혁명을 통해 중화인민공화국을 성립시킨 만큼, 당에 대한 주인 의식이 강하다. 상하이방은 장쩌민 전 주석 집권기에 형성됐다. 상하이시上海市 서기이던 장쩌민 전 주석이 톈안먼天安門 사태로 실각한 자오쯔양趙紫陽 후임으로 공산당 총서기에 오른 이후 권력 기반을 다지기 위해 상하이 출신 인사를 요직에 배치하면서 세력을 키운 상하이방은 시장경제를 발전시킨 공이 크다는 평가를 받는다. 후진타오 전 주석이 이끄는 공청단파는 공산주의청년단에서 근무한 경력을 바탕으로 형성됐다. 공청단파는 공산당 통치 체제가 정착하는 과정에서 일선 당 간부로 성장했다는 점에서 태자당이나 상하이방과 출신 배경이 다르다. 후진타오 전 주석 집권 이후 중앙·지방정부의 요직에 대거 진출하며 세력을 키웠다.

중국 공산당 내 이 3개 정파는 '당내 당'으로 서로 견제하고 연합하며 당 중앙위 등 최고지도부를 구성한다. 현재는 태자당과 상하이방이 연합해 공청단파에 대항하는 구도다.

　중국 리더십 연구의 권위자인 리청李成 미국 브루킹스연구소 선톤 차이나센터 책임연구원은 중국 공산당의 이 같은 계파 구도를 '하나의 당, 두 개의 연합세력One Party, Two Coalitions'이라고 요약하면서 중국 정치권을 '포퓰리스트Populist 세력'과 '엘리트Elite 세력'으로 구분했다.

　리청 책임연구원의 분석에 따르면, 후진타오가 이끄는 포퓰리스트 세력에는 공청단, 테크노크라트, 신좌파 지식인, 내륙 지방 지도자 등이 포함된다. 장쩌민으로 대표되는 엘리트 세력에는 태자당, 상하이방, 기업가·자본가, 귀국한 유학파, 연안 지역 도시 지도자가 속해 있다. 두 세력은 추구하는 노선도 다르다. 포퓰리스트 세력은 '조화로운 사회 건설, 환경보호, 중서부 균형개발, 친서민'을 내세우는 데 비해 엘리트 세력은 '경제 효율과 GDP 성장, 연안 지역 발전, 친중산층'을 표방한다.

　10년 만의 권력 교체가 단행되는 18차 당대회를 앞두고 두 세력 간에 벌어진 치열한 권력 투쟁을 분석할 때 빼놓을 수 없는 사건이 있다. 바로 '보시라이薄熙來·전 충칭시 서기 사건'이다. 태자당의 일원으로 차기 상무위원이 유력시됐던 보시라이는 개인의 부패·비리가 드러나고 부인 구카이라이谷開來가 영국인 사업가 닐 헤이우드 살해 사건에 연루된 사실이 밝혀지면서 실각했다. 이 사건을 처리하는 과정에서 수면 아래 있던 포퓰리스트와 엘리트 세력 간의 권력 다툼이 수면 위로 드러났다. 중국 당국은 이 건을 보시라이 개인 문제에 국한된 개별 사건이라고 규정했지만, 누가 봐도 정치 투쟁 성격이 강했다.

엘리트 세력은 이 사건을 공청단파의 정치적 공세로 간주했다. 베이징의 중난하이中南海·중국 최고지도부 집단거주지 정문 앞에서 상하이방 계열의 저우융캉周永康 전 상무위원이 동원한 무장경찰과 포퓰리스트 세력인 원자바오溫家寶 전 총리 측의 중앙경위국中央警衛局·우리의 청와대 경호실격 요원이 대치하는 일까지 벌어졌다.

중국 정계 뉴스에 밝은 홍콩 매체 명경은 "톈안먼 사태로 자오쯔양 전 총서기가 실각한 1989년 이후 가장 처절한 권력투쟁이 벌어졌다"고 보도했다.

중국의 차기 최고지도부政治局 상무위원는 통상 당대회가 있는 해의 8월 중국 지도부의 여름 휴가지인 허베이河北성 베이다이허北戴河 회의에서 내정된다. 하지만 이번에는 두 세력 간에 의견 조율이 안 되면서 2012년 10월 중순 베이징에서 열린 추가 회의를 통해서야 최고 지도부 인선을 마칠 수 있었다.

인선 결과의 뚜껑을 열어보니 7명의 상무위원 가운데 태자당·상하이방 연합 세력은 시진핑 총서기를 비롯해 장더장전국인민대표대회 위원장, 위정성중국정치협상회의 주석, 왕치산중앙기율검사위원회 서기, 장가오리상무 부총리등 5명, 공청단파 계열은 리커창총리, 류원산선전 담당 등 2명이었다. 이중 류원산의 경우 전문가에 따라서는 상하이방·태자당 연합 세력에 포함시키기도 한다. 류원산은 장쩌민이 중용해 정치적으로 성장한 데다 상하이방·태자당과 관계가 좋기 때문이다. 이렇게 보면 정치국 상무위원 중에서 '성골 공청단파'는 리커창 1명에 불과하다는 분류법도 가능하다.

중국에서 흔히 '영도자앞장서서 이끌고 지도하는 사람으로 우리나라의 지도자에 해당함'라고 하면 중국 공산당 중앙정치국 위원을 말한다. 상무위원도 정치국 위원 가운데 선출된다. 현재 정치국 위원은 25명이다. 전문가에 따라 정치국 위원의 계파를 분류하는 방식이 조금씩 차이가 나는데, 많이 언급되는 분류 방식에 따르면 정치국 위원 가운데 태자당·상하이방 연합 세력은 시진핑 총서기와 장더장, 위정성, 왕치산, 장가오리 등 5명의 상무위원을 포함해 마카이馬凱·부총리, 멍젠주孟建柱·중앙정법위원회 서기, 자오러지趙樂際·중앙조직부장, 리잔수栗戰書·중앙판공청 주임, 한정韓正·상하이시 서기, 리젠궈李建國·전인대 상무위원회 부위원장, 쑨정차이孫政才·충칭시 서기, 왕후닝王滬寧·중앙정책연구실 주임 등 13명이다.

반면 공청단파는 리커창 총리와 류윈산, 리위안차오李源潮·국가 부주석, 류옌둥劉延東·부총리, 왕양汪洋·부총리, 류치바오劉奇葆·중앙선전부장, 궈진룽郭金龍·베이징시 서기, 후춘화胡春華·광둥성 서기 등 8명이다.

니머지 4명은 계파색이 엷다고 할 수 있는데, 4대 직할시베이징·상하이·톈진·충칭의 첫 여성 서기인 쑨춘란孫春蘭·톈진시 서기의 경우 공청단 경력이 있기는 하지만 중소도시의 일개 부서에서 공청단 서기를 지냈다는 점에서 공청단 색채가 엷다는 평가를 받는다. 테크노크라트기술관료인 장춘셴張春賢·신장위구르 자치구 서기은 공산당의 3대 계파 중 어느 한 곳에 포함되지 않는다는 분석이 많다. 중앙군사위원회 부주석을 겸하고 있는 쉬치량許其亮과 판창룽范長龍은 군부 인사로서 특정 계파로 분류하기 어렵다고 전문가들은 분석한다.

공산당 조직의 최상부에 자리하며 공산당의 주요 의사를 결정하는 중앙 정치국의 다수를 태자당·상하이방 연합 세력이 차지했다는 것은 태자당·상하이방 연합이 사실상 당 중앙을 장악했다는 얘기나 마찬가지다. 공청단파는 상무위원 진입이 확실시된다는 평가를 받았던 중앙조직부장 출신 리위안차오가 상무위원 진입에 실패하면서 상무위원회에서 절대적인 수적 열세에 놓이게 됐다.

하지만 공청단파의 위세가 완전히 꺾인 것은 아니었다. 2013년 3월 5일부터 17일까지 전국인민대표대회가 열렸다. 2012년 11월 열린 공산당 전국대표대회가 공산당 조직을 구성하는 행사였다면 전인대는 국무원行政府 조직 인선을 처리하는 자리였다. 전인대는 총리, 부총리, 국무위원, 25개 부部·위원회 수장相官級 등 33명의 각료를 선출했다.

홍콩「명보明報」에 따르면, 정치색이 옅은 각료를 제외하면 2013년 국무원 인사에서 공청단파가 다수를 차지했다. 국무원을 이끄는 리커창 총리를 비롯해 류옌둥·왕양 부총리, 양징楊晶 국무위원, 황수셴黃樹賢 감찰부장, 리리궈李立國 민정부장, 장다밍姜大明 국토자원부장, 우아이잉吳愛英 사법부장, 양촨탕楊傳堂 교통운수부장, 차이우蔡武 문화부장 등 10명이 공청단파로 분류된다. 여기에 원자바오 전 총리 계열인 왕융王勇 국무위원, 쉬샤오스徐紹史 국가발전개혁위원회 주임, 한창푸韓長賦 농업부장을 친親 공청단파에 넣으면 공청단 계열은 13명으로 늘어난다.

이에 비해 태자당·상하이방 쪽에서는 장가오리 상무 부총리, 마카이 부총리, 창완취안常萬全 국무위원 겸 국방부장, 귀성쿤郭聲琨 국무위원 겸 공안부장, 양제츠楊潔篪 국무위원, 왕이王毅 외교부장, 저우샤오촨

周小川 인민은행장, 러우지웨이樓繼偉 재정부장 등 8명에 그쳤다.

시진핑이 총서기에 오른 이후 전국 31개 성省·시·자치구 가운데 18곳에서 최고 책임자인 당위원회 서기가 바뀌었다. 이 중 테크노크라트와 정치색이 옅은 인사를 제외한 10명 가운데 후춘화 광둥성 서기 등 7명이 공청단 계열로 채워졌다. 2012년 11월 당대회 때 정치국 개편에서 태자당·상하이방 연합 세력에게 밀렸던 공청단파가 국무원 인선과 지방 성 지도자 인선에서는 약진한 것이다.

2012년 당대회와 2013년 전인대를 거치면서 당의 주요 조직과 기능, 주요 국가 중앙기관은 태자당·상하이방 연합 세력, 행정 조직과 지방 정부는 공청단이 장악했다고 요약할 수 있다. 두 세력 간 치열한 다툼을 통해 이 같은 형태로 권력 분점을 이뤘다고 할 수 있는 것이다.

이 같은 분류가 실질적인 의미가 없다는 지적이 나올 수도 있다. 우선 공산당 지도부는 '일당 독재 유지'라는 대전제를 공유하고 있어 의견이나 징파가 다르다고 해서 공산당의 존립 기반을 흔들 정도로 대립하지는 않는다는 콘센서스를 갖고 있기 때문이다. 또 상하이방이면서도 공청단과 관계가 좋은 인사가 있는가 하면 공청단 경력을 갖췄지만 태자당에 속하는 인사도 있다.

중국을 흔히 '당국黨國'이라고 부를 만큼 중국의 정치는 공산당이 모든 것을 지배하는 구조라는 점도 빼놓을 수 없다. 국무원도 당의 통제를 받기 때문에 당과 정은 대등한 관계가 아니라고 할 수 있다. 국무원에 공청단파가 많다고 해서 공청단파 독자적으로 행정을 펼치기란 쉽지 않다.

중국 역사상 지방에서 반기叛旗를 든 적이 많았고 중화인민공화국 건국 이후에도 상하이 등 일부 지방에서 중앙의 말을 잘 따르지 않는 경우가 있었지만 현재 중국은 중앙의 힘이 지방을 압도하고 있다. 지방 성급 지도자 가운데 공청단파가 많다고 해서 지방의 공청단파 세력이 연합해 중앙을 위협할 수 있는 상황은 아니다.

하지만 중국에서 통치 이데올로기를 세우는 공산당과 정책을 집행하는 행정부를 서로 다른 성향의 세력이 장악하고 있다는 것은 주목할 만하다. 중국 정치에 집단지도체제가 자리를 잡은 상황에서 두 세력의 역학 관계는 향후 중국 정치 구도에 큰 영향을 미치게 마련이다.

장쩌민 전 주석 시절 국무원 총리는 상하이방인 주룽지朱鎔基로 두 사람은 같은 계열이었다. 후진타오 전 주석 시절 국무원 총리 원자바오는 공청단파는 아니었지만 친親후진타오 성향이었다. 3세대·4세대 지도부는 당·정 수장의 정치적 성향이 같거나 비슷했던 셈이다. 이에 비해 5세대 지도부는 당의 일인자인 총서기시진핑와 행정부 수장인 총리리커창의 정치적 성향이 상이하다.

태자당·상하이방 연합 세력과 공청단파가 마찰을 빚을 경우 국정 운영이 원활하게 이루어지지 않아 심각한 정치적 위기로 이어질 가능성을 배제할 수 없다. 이런 측면에서 볼 때 공산당의 계파를 이해하는 것은 향후 10년의 중국을 이끌 5세대 지도부를 살펴보는 데 있어 효과적인 틀이 된다고 할 수 있다.

2장

중국 공산당·국가기관 구성

중국 공산당 내 계파를 이해하기 위해서는 먼저 중국의 정치 구조를 이해해야 한다. 중국의 정치 체제는 서방 국가와는 다르다. 당黨이 국가 기관을 지배하는 구조다. 중국에도 독립적인 헌법 기관으로서 행정부·입법부·사법부가 존재한다. 하지만 이 모든 기관은 사실상 공산당의 영향력 안에 있다.

중국 공산당은 우리나라 인구보다도 많은 8,260만 명의 당원이 있다. 중국에서 실제 최고 권력을 행사하는 공산당 중앙정치국 상무위원회는 10명 안쪽의 상무위원으로 구성된다. 당원과 간부들은 여러 단계의 투표를 거쳐 상무위원을 선출한다. 상무위원은 5년에 한 번 뽑는데, 2012년 11월 시진핑을 비롯한 7명의 상무위원을 선출했다.

상무위원을 뽑는 첫 단계에서는 전국의 당원들이 당 대표를 뽑는다. 중국 공산당은 2012년 상반기부터 전국 40개 선거단위에서 당원들의 투표로 총 2,270명의 당 대표를 선출했다. 이들 당 대표는 2012년 11월 8일부터 14일까지 '전국대표대회'라고 부르는 당대회에 참석해 중앙위원회 위원 205명과 후보위원 171명을 선출했다. 중앙위원회는 2012년 11월 15일 제1차 전체회의를 열어 7명의 상무위원을 포함한 25명의 중앙정치국 위원을 뽑았다.

이렇게 선출된 공산당 지도부는 업무를 분장해 전국인민대표대회_{우리나라의 국회에 해당함}, 국무원_{행정부} 등 각종 국가 기관을 책임진다.

1. 중국 공산당

(1) 전국대표대회_{당대회}

최근까지 집계된 중국 공산당 당원 수는 8,260만 명이다. 이 모든 당원이 일일이 의사 결정에 참여하는 것은 현실적으로 불가능하다. 중국 공산당 전국대표대회는 이론적으로 중국 공산당의 최고 권력 기관이며 5년마다 개최된다.

당대회에는 전체 당원 가운데 선출된 대표들이 참석해 당 지도부 인선과 노선 변경 등 각종 중요한 사안을 결정한다. 2012년 18차 당대회에 참석한 대표는 전국 성_省·시_市·자치구 31곳과 인민해방군·무장경찰 등 중앙기관 9곳을 포함한 40개 선거단위에서 이뤄진 선거를 통해 뽑혔다

1차 당대회는 1921년 상하이에서 53명의 전국 당원을 대표해 12명

의 대표가 참석한 가운데 비밀리에 열렸다. 이 자리에서 참석자들은 중국 공산당 결성을 선언했다. 이후 당대회는 부정기적으로 열렸다. 그러다가 문화대혁명이 끝나고 개혁·개방이 본격화된 1982년 12차 당대회부터 5년에 한 번 열리는 것으로 정착됐다.

당대회 참석 대표 규모는 12차 당대회 1982년 1,545명, 13차 당대회 1987년 1,936명, 14차 당대회 1992년 1,989명, 15차 당대회 1997년 2,048명, 16차 당대회 2002년 2,114명, 17차 당대회 2007년 2,237명, 18차 당대회 2012년 2,270명으로 계속 늘어나는 추세다.

당대회 기간 대표들은 200여 명의 파워 엘리트로 구성된 중앙위원회의 보고를 듣고 이를 심의·의결한다. 당대회는 중국의 지도 이념인 당장黨章 개정권과 핵심 지도부인 중앙위원회 위원과 후보위원의 선출권을 갖는다.

하지만 당대회는 중앙위원회가 정한 각종 결정을 추인追認·Genehmigung, 일반적으로 어떤 행위가 있은 뒤에 그 행위에 동의하는 일하는 역할에 그치고 있어 민주적 정당성을 확보하기 위한 형식적 기구에 불과하다는 시적도 많이 나온다.

(2) 공산당 중앙위원회

중앙위원회는 전국대표대회 폐회 기간에 전국대표대회의 결정을 집행하고 당의 방침을 정하며 대외적으로 당을 대표한다. 중앙위원회는 매년 1번 이상 전체 회의를 열어 당의 정책 노선을 논의해 결정한다.

중앙위원회를 구성하는 중앙위원은 당대회에서 선출되며 임기는

5년이다. 이들은 13억 인구의 중국을 이끌어가는 통치 엘리트그룹이다. 18차 당대회에서는 18기 중앙위원 205명과 후보위원 171명 등 376명을 선출했다. 이는 지난 2007년 17차 당대회 때의 204명^{중앙위원}과 167명^{후보위원}에 비해 조금 늘어난 것이다.

중앙위원 선출 투표는 전국대표들이 지역 대표단별 예비 투표를 하고, 당대회 주석단이 이 예비 투표 결과를 바탕으로 작성된 당선자 명단을 검증한 뒤, 전국대표들이 다시 정식 투표로 이를 확정하는 순으로 진행된다. 이변이 없는 한 예비 투표 결과가 그대로 반영된다.

18차 당대회에서 중앙위원을 선출할 때 차액선거^{差額選擧·정원보다 많은 숫자의 후보를 내 최소 득표 순으로 탈락시키는 선거} 방식이 적용돼 224명의 후보 중 득표가 적은 19명을 탈락시켰다. 탈락률은 2007년 17차 당대회의 8.3%보다 높아진 9.3%인 것으로 집계됐다. 중앙위원은 공산당 중앙의 각 기구와 중앙정부 각 부처, 전국인민대표대회^{국회}, 중국정치협상회의^{국정자문기구}, 각 지방 정부 등의 1~2인자 자리를 맡고 있다.

후보위원은 전체회의에 참석해 의견을 발표할 권한은 있지만, 표결권은 없다. 중앙위원이 사망하거나 기율^{紀律·도덕상으로 여러 사람에게 행위의 표준이 될 만한 질서}을 위반해 공석이 되면 후보위원이 서열에 따라 중앙위원으로 올라간다.

중앙위원회는 중앙정치국 위원과 상무위원, 총서기 등을 선출한다. 2012년 11월 15일 열린 18기 중앙위원회 제1차 전체회의^{18기 1중전회}에서 시진핑 총서기 등 7명의 상무위원을 포함한 25명의 중앙정치국 위원을 뽑았다.

■ <표 1> 중국 공산당 중앙정치국 위원 명단

이름	출생연도	원적	출신학교	직책
*시진핑(習近平)	1953	산시(陝西) 푸핑(富平)	칭화(淸華)대	당 총서기, 국가 주석
*리커창(李克强)	1955	안후이(安徽) 딩위안(定遠)	베이징(北京)대	국무원 총리
*장더장(張德江)	1946	랴오닝(遼寧) 타이안(臺安)	김일성종합대	전인대 상무위원장
*위정성(俞正聲)	1945	저장(浙江) 샤오싱(紹興)	하얼빈(哈爾濱) 군사공정학원	정협 주석
*류윈산(劉雲山)	1947	산시(山西) 신저우(忻州)	공산당중앙당교	선전 담당 상무위원
*왕치산(王岐山)	1948	산시(山西) 톈전(天鎭)	시베이(西北)대	중앙기율검사위 서기
*장가오리(張高麗)	1946	푸젠(福建) 진장(晋江)	샤먼(廈門)대	국무원 상무 부총리
류옌둥(劉延東)	1945	장쑤(江蘇) 난퉁(南通)	지린(吉林)대	국무원 부총리
리위안차오(李源潮)	1950	장쑤(江蘇) 롄수이(漣水)	공산당중앙당교	국가 부주석
왕양(汪洋)	1955	안후이(安徽) 쑤저우(宿州)	공산당중앙당교	국무원 부총리
먼젠주(孟建柱)	1947	장쑤(江蘇) 우(吳)현	상하이(上海) 기계학원	중앙정법위 서기
류치바오(劉奇葆)	1953	안후이(安徽) 쑤쑹(宿松)	지린(吉林)대	중앙선전부장
자오러지(趙樂際)	1957	산시(陝西) 시안(西安)	베이징(北京)대	중앙조직부장
왕후닝(王滬寧)	1955	산둥(山東) 라이저우(萊州)	푸단(復旦)대	중앙정책연구실 주임
마카이(馬凱)	1946	상하이(上海)	런민(人民)대	국무원 부총리
리잔수(栗戰書)	1950	허베이(河北) 핑산(平山)	허베이(河北) 사범대	중앙판공청 주임
리젠궈(李建國)	1946	산둥(山東) 쥐안청(鄄城)	산둥(山東)대	전인대 상무위원회 부위원장
궈진룽(郭金龍)	1947	장쑤(江蘇) 난징(南京)	난징(南京)대	베이징시 서기
한정(韓正)	1954	저장(浙江) 츠시(慈溪)	화둥(華東) 사범대	상하이시 서기

쑨춘란(孫春蘭)	1950	허베이(河北) 라오양(饒陽)	공산당중앙당교	텐진시 서기
장춘셴(張春賢)	1953	허난(河南) 위저우(禹州)	하얼빈(哈爾濱) 공업대	신장위구르자치구 서기
쑨정차이(孫政才)	1963	산둥(山東) 룽청(榮成)	중국농업대학	충칭시 서기
후춘화(胡春華)	1963	후베이(湖北) 우펑(五峰)	베이징(北京)대	광동성 서기
판창룽(范長龍)	1947	라오닝(遼寧) 단둥(丹東)	공산당중앙당교	군사위 부주석
쉬치량(許其亮)	1950	산둥(山東) 린추(臨朐)	공군제5항공대	군사위 부주석

*표시는 상무위원(시진핑 총서기 포함 7명)으로 서열순으로 표기했으나, 정치국 위원은 무순임.

(3) 공산당 중앙정치국

공산당 중앙정치국은 중앙위원회가 폐막 중인 기간에 중앙위원회의 기능을 대신한다. 정치국은 대체로 매달 한 번 회의를 한다. 중국에서 '지도자'라고 하면 흔히 정치국 위원을 가리킨다. 정치국 위원 선거는 당선자와 후보자수를 같이 해서 찬반만 묻는 등액等額선거로 실시되는데, 일종의 신임투표다.

정치국 위원의 임기는 5년이다. 정치국 위원들은 공직을 맡고 있기 때문에 공무원 정년 규정을 적용받는다. 원래 공무원 정년은 70세이지만, 규정에 따라 3년을 더 연장할 수 있다. 사실상 73세가 정년인 셈이다. 이에 따라 당 대회가 열리는 해를 기준으로 67세까지 정치국 위원이 될 수 있다. 그래야 72세까지 5년간 임기를 수행할 수 있기 때문이다. 67세는 되고 68세는 안 된다는 '칠상팔하七上八下' 원칙은 정치국 위원 선출은 물론 정치국 상무위원회에도 똑같이 적용된다.

중앙정치국 상무위원은 서열이 매겨져 있지만, 정치국원의 경우 서열이 따로 공개되지 않는다.

(4) 공산당 중앙정치국 상무위원회

중앙정치국 상무위원회는 집단지도체제인 중국 정치의 최정점에 있다. 상무위원회는 중국 공산당 조직에서 최상의 자리에 있는 권력 기구이며 실질적인 최고 의사 결정 기관이다.

18기 1중전회는 정치국 위원 가운데 7명을 상무위원으로 선출했다. 16기·17기의 9명에 비해 2명이 줄었다. 상무위원은 1위부터 7위까지 서열이 매겨져 있고, 권력과 직위 등에서 차이가 있다. 하지만 주요 국가 현안에 대한 논의 과정에서는 동등한 발언권과 투표권을 행사한다. 상무위원회는 필요에 따라 수시로 회의를 갖는다.

상무위원은 각자 맡은 분야에서 최고 의사 결정권을 갖고 있다. 시진핑 총시기는 외교·안보·대만 문제 등을 총괄하다. 시진핑 총서기는 외사공작영도소조小組·국가안전영도소조·대만공작영도소조 조장을 맡고 있다. 리커창 총리는 행정부를 관할하면서 경제를 책임진다. 리커창 총리는 재정경제영도소조를 이끌고 있다. 장더장 전국인민대표대회 상무위원장은 입법을 담당한다. 위정성 정치협상회의 주석은 공산당 외 세력의 의견을 수렴하는 역할을 맡고 있다. 류윈산 상무위원은 선전사상공작영도소조 조장을 맡고 있는데, 선전·사상 분야의 일인자다. 왕치산 중앙기율검사위 서기는 당원 감찰과 반反부패 담당이다. 장가오리 상무 부총리는 리커창 총리를 도와 경제를 총괄한다.

9명이었던 상무위원이 7명으로 줄어들면서 시진핑 총서기에게 힘이 더 실렸다는 분석이 제기됐다. 2002년부터 2012년까지는 공안·무장경찰·검찰·법원·국가안전부우리나라의 국정원과 유사함를 담당하는 중앙정법위원회 서기직을 상무위원이 맡았다2002~2007년 뤄간, 2007~2012년 저우융캉. 막강한 권력을 누리는 정법위 서기직을 상무위원이 맡으면서 총서기의 권력을 간접적으로 약화시켰다는 지적이 있었다. 뤄간과 저우융캉은 상하이방 소속이었는데, 공청단파였던 당시 총서기 후진타오를 견제하는 역할을 했다는 지적이 나왔다. 하지만 18차 당대회를 거치면서 정법위 서기를 상무위원보다 한 단계 아래인 정치국원멍젠주이 맡았다. 멍젠주 정법위 서기는 시진핑 총서기에게 보고할 책임이 있기 때문에 정법위 기능은 실질적으로 시 총서기가 장악하게 됐다고 전문가들은 분석하고 있다.

(5) 공산당 중앙서기처

공산당 중앙서기처는 중앙정치국과 상무위원회의 일상 업무를 처리하는 기관이다. 중앙서기처 서기는 중앙정치국 상무위원회에서 지명하면 중앙위원회 전체회의에서 선출한다. 중앙서기처는 수시로 회의를 개최, 중앙정치국이나 상무위원회의 결정에 관한 후속 조치 방향을 협의한 후, 유관 부처에 시달한다. 당내 기밀이 중앙서기처를 거치기 때문에 중앙서기처 서기는 당 운영을 한 눈에 볼 수 있고 핵심 정보를 파악할 수 있는 자리다. 후진타오 전 총서기는 1992년부터 2002년까지 중앙서기처 제1서기를 맡았으며 시진핑 총서기도 2007년부터 2012년까지 중앙서기처 제1서기를 지냈다.

18차 당대회를 거치면서 중앙서기처 서기가 기존의 6명에서 7명으로 늘었다. 중앙서기처 서기는 서열이 있다. 류윈산劉雲山 상무위원이 중앙서기처 제1서기다. 류윈산에 이어 류치바오劉奇葆 중앙선전부장, 자오러지趙樂際 중앙조직부장, 리잔수栗戰書 중앙판공청 주임, 두칭린杜青林 전국정치협상회의정협 부주석, 자오훙주趙洪祝 중앙기율검사위원회 부서기, 양징楊晶 국무위원 겸 국무원 비서장이 중앙서기처 서기를 맡고 있다.

류윈산 선전 담당 상무위원과 류치바오 중앙선전부장이 중앙서기처 서기에 임명된 것은 5세대 지도부가 선전 분야를 중시하고 있음을 보여준다는 지적이다. 두칭린 정협 부주석과 몽골족인 양징 국무원 비서장이 중앙서기처 서기에 임명된 것도 주목된다. 이는 신장과 티베트 등에서 소요사태가 빈발하는 것과 관련해 소수민족 정책과 통일전선 작업을 강화하기 위한 것으로 관측된다. 두칭린은 2012년 8월까지 중국 내 소수민족과 홍콩 마카오 문제를 관장하는 통일전선부장을 지냈다.

(6) 공산당 중앙위원회 총서기

시진핑이 맡고 있는 직책의 정식 명칭은 중국 공산당 중앙위원회 총서기다. 당을 대표하는 총서기는 중앙위원회 전체회의에서 뽑는다. 총서기는 반드시 중앙정치국 상무위원 중에서 선출하게 돼 있다. 총서기는 중앙정치국과 상무위원회 회의를 소집하며 중앙서기처의 업무를 관장한다.

(7) 기타 주요 당중앙 주요 기구

중국 공산당 중앙기율검사위원회_{중기위}는 공산당원의 부정부패와 위법 행위 등을 단속하는 감찰 기관이다. 당 조직이 당 정책을 제대로 수행하고 있는지 여부도 살핀다. 위법 사항을 적발했을 경우 해당 당원에 대한 처벌을 결정한다. 중기위 위원은 공산당 전국대표대회에서 선거로 선출하는데 18차 당대회에서는 130명의 위원을 뽑았다.

중앙정법위원회 역시 당 중앙 직속 기관이다. 중앙선전부는 공산당 이데올로기를 전파하고 언론 통제로 여론을 관리하는 일을 한다. 신문·TV·영화·출판·예술 등을 관장한다. 최근에는 인터넷 통제가 주요 업무로 떠올랐다. 중앙조직부는 중앙 조직과 각 성의 간부 인사를 총괄하며 당원 교육을 책임지고 있다. 통일전선부는 통일 전선 분야의 방침을 정하고 정책을 추진하는 곳으로, 홍콩·마카오·대만과의 관계, 소수민족, 종교 문제를 다루는 부서다. 중앙대외연락부는 정부가 아니라 공산당 차원에서 외교를 담당하는 부서다. 중앙판공청은 최고 지도자인 총서기를 보좌하는 부서로 우리나라로 치면 청와대 비서실과 경호실을 합한 곳이다.

2. 전국인민대표대회_{전인대·全人大}

우리의 국회와 유사한 중국 헌법상 최고의 국가 권력 기관으로 매년 3월에 열린다. 전인대는 법률을 심사·의결·공표하며 국무원의 예산안을 심의·의결하고 예산 집행을 감독한다. 국가주석이나 국무원 총리 등을 임명하는 권한도 갖고 있다. 전인대는 전국 단위의 조직이며 각 지방에서는 지방인민대표대회가 구성돼 있다.

전인대는 형식적으로는 최고 권력기관이지만 사실상 공산당이 장악하고 있기 때문에 실제로는 공산당의 결정을 통과시키는 역할을 할 뿐이라는 비판을 받는다. 전인대 수장인 상무위원장은 공산당 중앙정치국 상무위원이 맡고 있다. 하지만 단순한 요식 행위로 여겨졌던 전인대의 투표 행태에 변화의 조짐이 나타나고 있다.

2013년 3월 16일 2,959명의 전인대 대표들이 참석한 가운데 베이징 인민대회당에서 전체회의가 열려 주석단이 제청한 전인대 환경·자원보호위 위원 32명 인선안을 찬성 1,969표에 반대 850표, 기권 125표로 통과시켰다. 전체 투표자 중 찬성률은 66.5%에 불과하며 28.9%라는 반대 비율은 역대 최고를 기록한 것이다. 이는 갈수록 악화되는 환경 문제에 대한 국민의 불만이 반영된 것이라는 관측이 제기됐다.

2013년 3월 14일 시진핑 총서기의 국가 주석 선출안의 경우, 99.86%의 높은 찬성률로 통과됐지만 국무원 각료 선출 투표에서는 적지 않은 반대표가 나왔다. 예산안 표결 때는 반대가 509표에 달했다. 회부되는 인선안과 정책이 대부분 사전 조율을 거쳐 상정된 것을 감안하면 2013년 전인대에서 나온 상당수의 반대표는 대표들이 적극적으로 의사 표시를 하면서 투표 행태에 변화가 생겼음을 보여주고 있다는 지적이 나왔다.

3. 전국인민정치협상회의 정협·政協

공산당 및 기타 정당, 각 단체, 각 정계의 대표로 구성되는 중국의 최고 국정 자문 기구다. 공산당과 8개 소수 정당, 소수민족, 화교 대표 등으로 구성된다. 전인대와 같은 시기인 3월에 개최되는데, 정협과 전인대를 합쳐 '양회兩會'라고 부른다. 헌법 기관으로, 여론 주도층의 의견을 수렴한다는 취지로 설립됐지만 실질적으로는 공산당이 장악하고 있다. 정협의 수장인 주석 역시 공산당 중앙정치국 상무위원이 맡고 있다. '당이 결정하면 전인대는 도장을 찍고 정협은 박수를 친다'는 말이 나오기도 한다.

4. 국무원 國務院

중국의 행정부다. 경제·사회 발전계획과 국가 예산의 수립·집행, 행정법규 마련 등 업무를 담당한다. 국무원은 2013년 현재 총리 1명 리커창, 부총리 4명, 국무위원 5명, 25개 장관급 부처의 수장으로 구성돼 있다.

중국 국무원 총리는 우리나라의 총리와는 위상이 다르다. 중국 국무원 조직법에 따르면 국무원은 '총리책임제'로 운영된다. 중국의 국가원수 역할은 국가주석을 겸하는 공산당 총서기가 맡고 있지만 행정부 수반은 총리라는 것을 법에 명시하고 있다. 중국의 국무원 총리는 해외순방 때에도 의전상 국가원수급 대접을 받는다. 예를 들어 연례적으로 열리는 한·중·일 정상회의에 한국은 대통령, 일본은 내각 총리가 참석하는 데 비해 중국은 총리가 대표로 나온다. 총리는 국가주석의 제청에 의해 전인대가 선출한다. 총리의 임기는 5년이며 연임은 1회로 제한돼 있다.

4명의 부총리는 각각 업무가 나뉘어져 있다. 장가오리張高麗 상무 부총리는 리커창 총리를 도와 재정·세무를 포함해 각 부서를 전체적으로 총괄한다. 류옌둥劉延東 부총리는 문화·교육·체육·과학·위생 업무 등을 담당한다. 왕양王洋 부총리는 대외 경제와 무역, 건설 등의 분야를, 마카이馬凱 부총리는 금융·교통 등의 분야를 책임진다.

국무위원은 양징楊晶, 양제츠楊潔篪, 창완취안常萬全·국방부장 겸임, 궈성쿤郭聲琨·공안부장 겸임, 왕융王勇 등 5명이 선출됐다. 리커창 총리의 측근으로 분류되는 양징은 국무원의 일반 사무와 소수민족 통합 문제를 담당하며 국무원 비서장도 맡았다. 외교부장을 역임한 양제츠는 외교 분야를 담당하며 창완취안은 국방, 궈성쿤은 공안 분야를 맡는다. 국유자산감독관리위원회 주임을 맡았던 왕융은 국유자산 업무 등을 맡았다.

2013년 국무원 조직 개편에서 기존의 27개 장관급 부처가 25개로 줄었다. 장관급 부처는 20개 부部와 3개 위원회, 인민은행, 심계서감사기관로 구성돼 있다.

■ 〈표 2〉 중국 국무원 각료 명단(2014년 현재)

직위	이름
총리(1명)	리커창(李克强)
부총리(4명)	장가오리(張高麗)
	류옌둥(劉延東)
	왕양(汪洋)
	마카이(馬凱)
국무위원(5명)	양징(楊晶·국무원 비서장 겸직)
	양제츠(楊潔篪)
	창완취안(常萬全)
	궈성쿤(郭聲琨)
	왕융(王勇)
장관급 부처장 (25명)	
외교부장	왕이(王毅)
국방부장	창완취안(국무위원 겸임)
국가발전개혁위원회 주임	쉬샤오스(徐紹史)
교육부장	위안구이런(袁貴仁)
과학기술부장	완강(萬鋼)
공업정보화부장	먀오웨이(苗圩)
국가민족사무위원회 주임	왕정웨이(王正偉)
공안부장	궈성쿤(국무위원 겸임)
국가안전부장	겅후이창(耿惠昌)
감찰부장	황수셴(黃樹賢)
민정부장	리리궈(李立國)
사법부장	우아이잉(吳愛英)
재정부장	러우지웨이(樓繼偉)
인력자원·사회보장부장	인웨이민(尹尉民)
국토자원부장	장다밍(姜大明)
환경보호부장	저우성셴(周生賢)
주택·도농건설부장	장웨이신(姜偉新)
교통운수부장	양촨탕(楊傳堂)
수리부장	천레이(陳雷)
농업부장	한창푸(韓長賦)
상무부장	가오후청(高虎城)

문화부장	차이우(蔡武)
국가위생·가족계획위원회 주임	리빈(李斌)
인민은행장	저우샤오촨(周小川)
심계서(감사기관) 심계장	류자이(劉家義)

그 밖에 국무원 직속특설기구로 국유자산감독관리위원회가 있으며 해관총서^{세관}·세무총국·공상행정관리총국·질량감독검역총국·신문출판광전총국·체육총국·안전생산감독관리총국·통계국·임업국·지식재산권국·관광국·종교사무국·참사실^{자문기구}·기관사무관리국 등 15개 국무원 직속기구가 있다.

또 교무판공실^{화교담당}·홍콩마카오판공실·법제판공실·국무원연구실 등 4개의 국무원 사무기관과 신화통신사·중국과학원·중국사회과학원·중국공정원·국무원발전연구센터·국가행정학원·지진국·기상국·은행업감독관리위원회·증권감독관리위원회·보험감독관리위원회·전국사회보상기금이사회·자연과학기금위원회 등 13개 직속 사업단위가 있다. 이와 함께 신방국^{민원처리기관}·식량국·에너지국·국방과기공업국·연초전매국·외국전문가국·국가공무원국·해양국·측량지리정보국·철로국·민용항공국·우정국·국가문물국·중의약관리국·외환관리국·석탄안전감찰국 등 16개의 국가국^局이 있다.

5. 최고인민법원·최고인민검찰원

중국의 사법부를 구성하고 있는 2개의 기관이다. 형식상 헌법 기관이지만 실질적으로는 공산당이 장악하고 있다. 최고인민법원장과 최고인민검찰원장은 보통 공산당 중앙위원이 맡는다. 대법원장의 경우 삼권 분립이 돼 있는 우리나라와 서방국가에서는 대통령·국회의장과 함께 삼부 요인으로 불리지만 중국에서는 격이 떨어진다.

6. 지방 행정구역

중국의 지방행정구역은 크게 22개 성省, 5개 자치구, 4개 직할시로 나뉘어 있다.

성은 허베이성河北省·산시성山西省·랴오닝성遼寧省·지린성吉林省·헤이룽장성黑龍江省·장쑤성江蘇省·저장성浙江省·안후이성安徽省·푸젠성福建省·장시성江西省·산둥성山東省·허난성河南省·후베이성湖北省·후난성湖南省·광둥성廣東省·하이난성海南省·쓰촨성四川省·구이저우성貴州省·윈난성雲南省·산시성陝西省·간쑤성甘肅省·칭하이성青海省이 있다.

소수민족 집단거주지인 자치구는 5개가 있는데, 네이멍구자치구內蒙古自治區·광시좡족자치구廣西壯族自治區·시짱자치구西藏自治區·닝샤후이족자치구寧夏回族自治區·신장위구르자치구新疆維吾爾自治區 등이다.

중국의 4대 직할시는 베이징北京·상하이上海·톈진天津·충칭重慶이다.

■ 〈표 3〉 중국의 지방 행정구역

지역구분	성급단위	인민정부소재지	면적(㎢)
화북지역	北京市(베이징시)	北京(베이징)	1만6800
	天津市(톈진시)	天津(톈진)	1만1900
	河北省(허베이성)	石家莊(스자장)	18만7700
	山西省(산시성)	太原(타이위안)	15만6300
	內蒙古自治區 (네이멍구자치구)	呼和浩特 (후허하오터)	118만3000
동북지역	遼寧省(랴오닝성)	沈陽(선양)	14만5700
	吉林省(지린성)	長春(창춘)	18만7400
	黑龍江省(헤이룽장성)	哈爾濱(하얼빈)	45만380
화동지역	上海市(상하이시)	上海(상하이)	6300
	江蘇省(장쑤성)	南京(난징)	10만2600
	浙江省(저장성)	杭州(항저우)	10만2000
	安徽省(안후이성)	合肥(허페이)	14만
	福建省(푸젠성)	福州(푸저우)	12만
	江西省(장시성)	南昌(난창)	16만7000
	山東省(산둥성)	濟南(지난)	15만6700
중남지역	河南省(허난성)	鄭州(정저우)	16만7000
	湖北省(후베이성)	武漢(우한)	18만5900
	湖南省(후난성)	長沙(창사)	21만
	廣東省(광둥성)	廣州(광저우)	17만7900
	廣西壯族自治區 (광시좡족자치구)	南寧(난닝)	23만6200
	海南省(하이난성)	海口(하이커우)	3만3900
서남지역	重慶市(충칭시)	重慶(충칭)	8만2400
	四川省(쓰촨성)	成都(청두)	48만5000
	貴州省(구이저우성)	貴陽(구이양)	17만6100
	雲南省(윈난성)	昆明(쿤밍)	39만4000
	西藏自治區 (시짱자치구)	拉薩(라싸)	122만8400
서북지역	陝西省(산시성)	西安(시안)	20만5600
	甘肅省(간쑤성)	蘭州(란저우)	45만4300
	靑海省(칭하이성)	西寧(시닝)	73만7000
	寧夏回族自治區 (닝샤후이족자치구)	銀川(인촨)	6만6400
	新疆維吾爾自治區 (신장위구르자치구)	烏魯木齊(우루무치)	166만

7. 중국 인민해방군

중국 헌법에 따르면, 중국 인민해방군은 국가 중앙군사위원회가 지휘한다고 되어 있다. 하지만 실질적으로는 공산당이 군을 통제하고 있다. 인민해방군은 중화인민공화국이 수립되기 전 공산당이 창건한 당의 군대였다. 공산당 중앙군사위원회 위원이 국가 중앙군사위원회 위원을 겸직하고 있다.

중앙군사위원회는 중국 인민해방군의 최고 의사 결정기구다. 2014년 현재 주석 1명, 부주석 2명, 위원 8명 등 11명으로 구성돼 있다.

중앙군사위원회 주석은 시진핑 국가주석이다. 쉬치량許其亮·판창룽范長龍 부주석은 군 출신이다. 시진핑 주석은 국가 부주석 시절이던 2010년 중앙군사위원회 부주석을 겸하면서 군에 대한 영향력을 확대, 차세대 최고 지도자 자리를 굳혔다. 하지만 2012년 11월 단행된 공산당 중앙군사위원회 개편에서 문관 출신 부주석은 임명되지 않았다. 중국의 차기 최고 지도자가 아직 확정되지 않았기 때문인 것으로 해석됐다.

중앙군사위원회 위원은 창완취안 국방부장, 팡펑후이房峰輝 총참모장, 장양張陽 총정치부 주임, 자오커스趙克石 총후근부 부장, 장여우샤張又俠 총장비부 부장, 우성리吳勝利 해군 사령원사령관, 마샤오톈馬曉天 공군 사령원, 웨이펑허魏鳳和 제2포병 사령원이다.

중국군 조직은 중앙군사위원회 아래 총참모부·총정치부·총후근부·총장비부 등 4총부가 있고, 4총부 아래 육군 중심의 7대 군구軍區

와 해군·공군·제2포병부대가 있는 구조다.

총참모부는 중국군의 편성과 작전을 책임지고 있는 최고 지휘부다. 총참모부는 군사활동을 조직·지휘하고, 예하(隷下·지휘관이나 우두머리의 지휘 아래)에 작전·정보·훈련·군사업무·동원·장비 등 실무 부서를 운영하고 있다.

총정치부는 전군의 정치사상 업무를 지도·감독하는 기관이다. 전군의 당무(黨務) 활동을 책임지며 예하에 조직·간부·선전·보위·기율검사 등 실무부서를 운영한다.

총후근부는 전군의 군수건설과 군수지원업무를 책임지며, 예하에 재무·군수·의무·군사 교통수송·병영건설 등 실무부서를 운영한다.

총장비부는 전군의 무기장비 발전업무를 담당하고 있다. 예하에 종합기획, 무기 연구개발 및 조달, 공용장비 지원, 전자정보 기초, 장비기술협력 등 실무부서를 운영하고 있다.

7대 군구는 랴오닝·지린·헤이룽장 등 북한·러시아 접경지를 담당하는 선양(瀋陽)군구, 수도 베이징 경비와 허베이·톈진·산시 및 몽골 접경지를 담당하는 베이징군구, 산시·간쑤·닝샤·칭하이 및 신장 위구르 지역을 담당하는 란저우(蘭州)군구, 산둥·허난을 담당하는 지난(濟南)군구, 장쑤·저장·안후이·장시 및 대만 인근 지역을 담당하는 난징(南京)군구, 후베이·후난·광둥·광시·하이난 등 동남아시아 접경지를 담당하는 광저우(廣州)군구, 쓰촨·윈난·구이저우 및 티베트 지역을 담당하는 청두(成都)군구로 구성돼 있다.

해군은 황해 지역을 담당하는 북해함대, 대만을 상대하는 동해함대, 서사군도·난사군도 등 동남아시아 국가와 영유권 분쟁을 빚고 있는 해역을 담당하는 남해함대 등 3대 함대로 구성돼 있다.

공군은 7대 군구에 기지가 분산 배치돼 있다. 해군과 공군은 각 군 사령부와 7대 군구에서 이중 통제를 한다.

제2포병부대는 핵탄두 미사일, 재래식 탄두미사일을 운용하는 전략 미사일 부대다. 육군·해군·공군 3군의 편제와는 별도로 편성돼 있다. 랴오닝·안후이·윈난·허난·후난·칭하이·산시陝西등 7곳에 기지가 있다.

3장

공산당 정치 계파

중국 공산당은 출신과 정치적 성장 배경 등에 따라 비슷한 정치 성향을 가진 인사들이 모이면서 태자당太子黨, 상하이방上海幇, 공청단파共青團派 등 3개의 계파를 형성하고 있다.

상하이 출신 인사들의 세력인 상하이방은 장쩌민 전 주석 시절에 세력을 키워 큰 영향력을 행사하고 있다. 공청단파는 후진타오 전 주석 시절에 급속히 세를 불려 권력의 한 축으로 자리를 잡았다. 태자당으로 분류되는 시진핑 주석이 최고 지도자 자리에 오르면서 태자당 세력은 한층 더 권력의 전면에 나설 가능성이 커진 상황이다. 지금 계파간 역학 관계는 태자당과 상하이방이 연합 세력을 형성해 공청단파에 맞선 구도다.

집안 배경이나 지연, 근무 경험 등을 보면 이 계파에 속하는 게 맞을 것 같은데 실질적으로는 다른 계파에 해당하는 인사도 적지 않다. 부모가 혁명 원로인데 공청단파와 가까운 인사가 있는가 하면 공청단 경력이 있는데도 상하이방에 속하는 사람도 있다. 같은 태자당으로 분류되더라도 이해관계나 생각이 엇갈려 입장이 서로 다른 경우도 있다.

하지만 큰 틀에서 보면 현재 중국 정계에서 출신이나 정치적 성장 배경이 비슷한 인사들이 비슷한 정치적 입장을 공유한 경우가 많다. 이는 '관시關係. 사람과 사람 또는 사물 사이의 관계. 연줄'를 중시하는 중국의 문화적 특성이 작용했기 때문이다. 이렇게 형성된 각각의 정파는 다른 노선을 걸으며 서로 견제하고 때로는 크게 대립하고 있다.

1. 태자당太子黨

태자당은 중국에서 당黨·정政·군軍 원로나 고위 간부의 자제를 일컫는 말이다. 이들은 혈연관계나 결혼, 학교·직장 등을 통해 그물망처럼 촘촘한 네트워크를 구축하며 중국의 정관계政官界와 경제계를 주름잡고 있다. 태자당은 중국 각 분야의 핵심 분야에 수천 명이 포진해 있는 것으로 알려져 있다.

태자당이라는 용어는 유래가 길다. 중국의 과거 왕조 시대에는 황제의 자리를 이을 황제의 아들인 '태자'를 중심으로 형성된 정치 집단을 태자당이라고 불렀다. 당고조唐高祖의 태자 이건성李建成을 핵심으로 한 집단과 청나라 강희제 때 태자였던 윤잉胤礽을 중심으로 한 정치 세력이 모두 태자당이었다. 20세기 초 중국에서 '태자당'이라고 하면 위안스카이袁世凱의 아들 위안커딩袁克定과 그 심복을 가리켰으며 이후 중화민국 시절이던 1920년대부터 30여 년간 중국을 지배했던 장제스蔣介石·쑹즈원宋子文·쿵샹시孔祥熙·천궈푸陳果夫 등 '4대 가문'에서 고위직을 독차지한 이들이 태자당이라고 불렸다.

신중국 건립 이후에는 공산당 고위층의 자녀가 태자당이라는 이름을 물려받았다. 하지만 문화대혁명 기간 태자당 세력은 좋은 집안 출신이라는 배경 때문에 오히려 더 큰 박해를 받은 경우가 많았다. 그랬던 태자당은 문화대혁명이 끝나고 나서 1980년대 이후 정치 세력을 형성했다. 태자당이 1980년대 이후 등장한 데에는 크게 두 가지 중요한 정치적 배경이 있다.

첫째, 태자당이 지금처럼 세력을 키울 수 있었던 것은 역설적으로 문화대혁명 때문이었다는 분석이 나온다. 문화대혁명이 끝나고 나서 문혁 때 숙청됐던 원로 간부들이 복귀됐다. 문혁 이후 권력을 잡은 덩샤오핑은 개혁·개방과 인민해방군 감축·현대화를 추진했는데, 이 과정에서 덩샤오핑은 원로 간부들의 퇴진을 종용했다. 덩샤오핑은 이에 반발하는 당 원로를 설득하기 위해 그 자제들을 주요 보직에 기용했다. 태자당 세력이 핵심 요직에 진출하기 시작한 게 이 무렵이다.

둘째, '혁명 원로의 2세는 정치적으로 믿을 수 있는 혈통'이라는 신념이 있기 때문에 이들이 중용됐다는 것이다. 혁명 원로인 천윈陳雲은 "우리의 자식이라면 안심할 수 있다. 아버지가 이룬 것을 부인하지는 않을 것이다"라고 말했다. 태자당은 당에 대한 '주인 의식'이 강하다.

폭로 사이트 위키리크스Wikileaks가 2010년 공개한 주중 미국대사관의 2009년 7월 외교전문에는 태자당의 한 인사가 "우리 아버지가 중국을 위해 피를 흘리며 죽어갈 때, 너희 아버지는 신발끈을 팔지 않았느냐"고 말했다는 대목이 나온다.

후진타오 전 주석과 원자바오 전 총리 등 건국 후 관료로 성장한 정치인들을 '지배인' 정도로 보면서 혁명가의 혈통인 자신들을 당의 '주인'으로 여긴다는 것이다.

사실 태자당이라는 게 따로 실체가 있는 것은 아니다. '당黨'이라고 부르기는 하지만 그들이 따로 특정 조직을 구성한 것은 아니다. 또 혁명 원로나 고위 간부의 자제라고 해도 개개인의 성장 배경과 이해관계에 따라 생각이 다른 경우도 많아 이들 모두를 '태자당'이라는 개념으로 묶는 게 무리라는 지적도 나온다.

예를 들어 마오쩌둥毛澤東 집안과 마오쩌둥 때문에 죽음을 당한 류사오치劉少奇의 자녀들이 친밀한 관계를 유지하기는 어려울 것이다. 덩샤오핑鄧小平 가문과 시진핑 가문도 그다지 좋은 사이가 아니었던 것으로 전해진다. 1979년 중국 최초의 경제특구로 지정된 선전深圳은 덩샤오핑의 작품으로 알려져 있지만 실제로는 시진핑의 아버지 시중쉰習仲勳이 주도했다. 선전 경제특구의 성과가 덩샤오핑의 공으로 돌아가면서 두 가문 사이에는 미묘한 분위기가 감돌기 시작했다. 덩샤오핑이 1987년 총서기로 있던 후야오방胡耀邦의 해임을 결정했을 때 시중쉰은 이에 반대했고, 결국 시중쉰도 후야오방과 함께 권력의 중심에서 밀려났는데 이 일로 두 가문의 사이가 한층 나빠졌다는 얘기가 있다 시진핑이 2007년 정치국 상무위원으로 승진해 베이징으로 상경한 이후 덩샤오핑 가문과 가까운 위정성이 다리를 놓아 두 가문이 '화해'를 한 것으로 전해졌다.

류옌둥劉延東 부총리나 리위안차오李源潮 국가 부주석처럼 부모가 혁명 원로이거나 고위 간부였는데도 공청단파에 더 가까운 인사도 있어 '홍색紅色 가정 공산당 혁명 원로나 고위 공산당 간부 등 출신이 좋은 가정에서 자란 자손' 출신이라고 모두 태자당에 속하는 것은 아니다. 류옌둥 부총리의 아버지는 공산당 혁명에 참가해 농업부 부부장 차관을 지낸 류루이룽劉瑞龍이고, 리위안차오는 부친 리간청李幹成이 국공내전에서 공을 세우고 상하이 부시장까지 지냈으며 어머니 뤼지잉呂繼英도 혁명가 출신이다.

이런 이유로 태자당을 하나의 정치 집단으로 보기 어렵다는 주장도 있지만 태자당 세력은 부모의 후광을 입어 출발점 자체가 다른데다 부모의 영향력을 활용해 서로 밀어주고 끌어주며 상대적으로 쉽게 엘리트 집단에 진입했다는 점에서 특수한 정치 세력으로 분류할 수 있다는 게 내재적인 시각이다. 혁명 원로나 간부 자제들은 중난하이 고위층 집단거주지에 같이 살면서 어렸을 때부터 교류가 많았다. 이들은 같은 학교에서 공부하고 비슷한 집안끼리 결혼을 하는 등 '관시'를 형성했다. 이들은 자연스럽게 부모 세대의 인맥을 이어갈 수 있었고, 자신들만의 세력권을 만들어갔다.

1980년대 태자당은 덩샤오핑의 아들 덩푸팡鄧樸方, 천윈의 아들 천위안陳元, 후야오방胡耀邦의 아들 후더핑胡德平을 중심으로 형성됐다.

1990년대 들어 쩡칭훙曾慶紅이 태자당의 리더로 떠올랐다. 쩡칭훙은 혁명 1세대 원로인 전 내무부장 쩡산曾山과 혁명 원로자제들의 양육을 담당한 홍군보육원 창설자인 덩류진鄧六金의 아들이다. 톈안먼 사태 이후 총서기로 발탁된 장쩌민 당시 상하이시 서기는 상하이 부서기였던 쩡칭훙을 베이징으로 불러올렸다. 중앙 정치 무대에 진출한 쩡칭훙은 장쩌민이 권력을 다지는 과정에서 핵심적인 역할을 하며 영향력을 발휘했다. 쩡칭훙은 인사를 총괄하는 당 중앙조직부장을 맡아 태자당 인사들을 끌어주며 맏형 역할을 했다. 쩡칭훙은 태자당·상하이방·석유방중국 권부에 형성된 석유 업종 출신의 인맥을 넘나드는 마당발 인맥을 갖고 있다.

쩡칭훙은 시진핑이 총서기가 되는 데 큰 역할을 했다. 그는 2007년 10월 열린 17차 당 대회에서 국가 부주석을 끝으로 정계에서 은퇴했다. 대신 자신의 막강한 영향력을 활용해 '킹메이커'로 뛰었다. 같은 태자당이자 오랜 친분이 있는 시진핑을 국가부주석으로 천거해 차세대 지도자가 되도록 차기 권력 구도를 짰다. 2012년 보시라이薄熙來 사건이 터져 태자당·상하이방 연합 세력이 수세에 몰릴 위기에 놓였을 때 이를 '보시라이의 개인 문제'로 정의해 공청단파의 공격을 차단하고 시진핑의 권력 기반이 흔들리지 않도록 구도를 짠 것도 쩡칭훙이었다. 시진핑은 총서기에 오르는 과정에서 상하이방의 지원을 받았다. 공청단파의 세력 확장을 우려한 상하이방이 대안으로 시진핑을 밀었는데 상하이방과 태자당의 연결 고리 역할을 쩡칭훙이 하고 있다.

18차 당대회를 통해 구성된 신임 공산당 지도부에서 태자당은 중국 최고 권력의 핵심으로 부상했다. 뉴욕타임스는 "태자당이 중국 정계에서 발언권이 막강한 귀족계급으로 부상하고 있다"고 보도했다.

7명의 정치국 상무위원 가운데 시진핑 총서기를 비롯해 위정성 정치협상회의 주석, 왕치산王岐山 중앙기율검사위원회 서기가 태자당으로 분류된다.

위정성의 아버지는 마오쩌둥의 부인 장칭江青의 애인이었다가 후에 톈진시장과 제1기계공업부장장관을 지낸 황징본명, 위치웨이이고 어머니는 베이징시 부시장을 지낸 판진範瑾이다. 위정성의 가문은 화려하다. 증조부는 민국시대民國時代. 1912년에서 1949년까지 중화민국 시대를 일컫음에 내무대신, 재종조부할아버지의 사촌는 장징궈蔣經國 전 대만 총통의 사돈이자 대만 국방부장을 지냈다.

왕치산은 야오이린姚依林 전 부총리의 사위다. 왕치산의 아버지는 국무원 산하 도시 설계원 엔지니어였다. 왕치산은 문화대혁명 기간 산시陝西성 옌안延安에서 하방 생활을 하다 야오이린의 딸을 만나 이후 결혼했고 이 때문에 왕치산은 태자당으로 분류된다.

장쩌민 전 주석의 측근으로 상하이방에 속하는 장더장張德江 전국인민대표대회 상무위원장은 인민해방군 포병부대를 창설한 주역 중 하나인 장즈이張志毅 장군의 아들로, 태자당과 가깝다.

태자당으로 시진핑 시대에 요직을 맡은 인물 중에는 중앙판공청 주임에 임명된 리잔수栗戰書가 있다. 그는 공산당 혁명가 집안에서 태어났는데, 그의 집안에서 모두 27명이 공산혁명에 가담했다고 한다. 마카이馬凱 부총리는 부모 모두 군 고위 간부 출신이다.

군 지휘부 중에서는 장유샤張又俠 총장비부장, 마샤오톈馬曉天 공군사령원, 우성리吳勝利 해군사령관이 태자당으로 분류된다. 장유샤 총장비부장의 아버지 장쭝쉰張宗遜 장군은 인민해방군 부총참모장, 총후부근부 부장을 지냈다. 장유샤는 2009년 상장上將. 우리나라의 대장에 해당함으로 승진하면서 아버지와 아들이 함께 상장이 되는 기록을 세웠다. 장쭝쉰 장군은 시진핑 총서기의 아버지 시중쉰의 전우이기도 하다. 마샤오톈 사령원은 아버지가 군 정치학원 원장을 지냈으며 장인은 중앙군사위 기율위원회 부서기장을 지낸 인물로 군軍내 태자당으로 분류된다. 우성리 해군사령관은 저장浙江성 부성장을 지낸 우셴吳憲의 아들이다.

시진핑 총서기의 후원자 중에도 태자당이 많다. 당 중앙군사위 부주석과 정치국 상무위원을 지낸 예젠잉葉劍英 원수의 아들 예쉬안닝葉選寧 예비역 소장은 시진핑이 군을 장악할 수 있도록 핵심 인사들을 연결해준 것으로 알려졌다.

태자당은 시진핑 집권 10년간 세력을 더 확대할 전망이다. 태자당은 어렸을 때부터 중앙 정치 무대 가까이에 있으면서 권력의 속성에 밝은 것이 강점이다. 하지만 국민의 저항감이 부담이다. 태자당의 특권 의식에 대한 중국인들의 시각은 곱지 않다. 돈과 권력을 대물림하며 독차지하고 있다는 것이다.

미국 블룸버그통신은 2012년 12월 27일 덩샤오핑·왕전王震·천윈·리셴녠李先念·펑전彭眞·쑹런충宋任窮·양상쿤楊尙昆·보이보薄一波 등 8대 원로의 후손들이 단단한 특권층을 이뤄 중국의 '신新자본주의 귀족'으로 부상했다고 보도했다. 블룸버그는 8대 원로 중 덩샤오핑·왕전·천윈 등 3대 가문 후손들이 관련된 국영 기업 자산은 무려 1조6,000억 달러약 1,794조원에 이른다고 했다. 이는 중국 국내총생산GDP의 5분의 1을 넘어서는 규모라고 한다. 블룸버그가 8대 원로 가문을 중심으로 총 103명의 태자당 일가 재산을 추적한 결과 26명이 국영 기업 최고경영자를 맡고 있으며 43명은 직접 사업체를 운영 중인 것으로 나타났다. 왕전의 아들 왕쥔王軍은 중국 최대 금융회사 중 하나인 중신그룹 회장을 지냈으며 무기·유전 사업을 하는 바오리保利그룹도 이끌었다. 왕쥔은 광둥성 선전 등에 대규모 골프장을 갖고 있어 중국 골프계의 대부로도 불린다.

덩샤오핑의 사위 허핑賀平은 2010년까지 바오리그룹 회장이었다. 천윈의 아들 천위안은 2014년 현재 정협 부주석을 맡고 있다. 양상쿤 전 주석의 사위 왕샤오차오王小朝의 경우 2012년 6월 말 현재 바오리그룹 계열사 지분 3,200만 달러359억 원어치를 소유하고 있고, 딸 양리楊李는 중신그룹이 지분을 가진 회사의 회장을 맡고 있다.

「인터내셔널헤럴드트리뷴」은 2012년 5월 19일자 보도에서 "태자당은 중국의 부富를 전리품처럼 나눠갖고 있다"고 전했다. 전력·통신·전자·문화·금융산업 등 각 분야에서 거래 중개나 지분 투자 등을 통해 막대한 부를 챙기고 있다는 것이다.

장쩌민江澤民 전 주석의 아들 장몐헝江綿恒·중국과학원 부원장이 대표로 있는 상하이연합투자는 상하이케이블통신·중국네트워크 등 10여 개 회사를 거느리고 있다. 우방궈吳邦國 전 전인대 상무위원장의 사위 펑샤오둥馮紹東은 미국 투자은행 메릴린치가 2006년 상장 규모가 220억 달러24조7,000억 원에 이르는 중국 최대 공상은행工商銀行의 상장 주간사가 되도록 큰 도움을 준 것으로 알려졌다.

리펑李鵬 전 총리 집안은 전력電力을 장악하고 있다. 그의 딸 리샤오린李小琳은 중국전력국제유한공사 회장으로 일하고 있다. 주룽지朱鎔基 전 총리의 아들 주윈라이朱云來는 미국 위스콘신대를 졸업하고 외국계 금융기관에서 일하다 돌아와 국영 중국국제금융공사의 회장을 맡고 있다. 쩡칭훙 전 국가부주석의 아들 쩡웨이曾偉는 2010년 호주 시드니 오페라하우스 근처에 3,000만 달러약 336억 원가 넘는 호화주택을 구입한 사실이 밝혀져 구설수에 올랐다.

후진타오 주석 시절 상무위원 겸 중앙기율검사위원회 서기를 지낸 허궈창夏國强의 아들 허진타오夏錦濤가 네포크캐피털이라는 사모펀드를 설립해 2억 달러를 모으는 등 시진핑 정부가 출범하자마자 태자당이 재산 불리기에 나섰다. 사모펀드는 비공개로 소수 투자자의 자금을 모아 주식이나 채권에 투자하는 펀드로 태자당 인사들은 정부와 기업의 고급 정보를 이용해 고수익을 올리는 것으로 알려져 있다. 이에 따라 시진핑이 자신의 정치적 기반인 태자당 때문에 그의 개혁 의지가 시험대에 올랐다는 지적이 나오고 있다.

2. 상하이방上海幇

상하이방은 상하이를 기반으로 하는 정치 세력을 일컫는다. 여기에서 '幇방'은 모임·패거리라는 뜻인데, 단순한 친목 단체가 아니라 흔히 결사結社 성격의 조직을 말한다. 상하이방은 강한 결속력을 바탕으로 거미줄 네트워크를 구축, 권력을 거머쥐면서 중국 정치 무대에서 큰 영향력을 행사해 왔다. 상하이방에는 상하이 토박이는 물론이고 고향이 상하이가 아니더라도 상하이에서 정치적으로 성장한 인사도 포함된다.

1989년 장쩌민江澤民 당시 상하이시 서기는 톈안먼天安門 사태로 자오쯔양趙紫陽 당시 공산당 총서기가 실각한 직후 공산당 총서기로 발탁됐다. 이후 장쩌민 전 주석은 당·정·군의 주요 요직에 상하이 지역 연고 인사들을 대거 배치하는 방식으로 권력 기반을 다졌다. 이를 계기로 상하이 출신 인사들의 중앙 무대 진출이 본격화됐으며 이들이 '상하이방'을 형성해 중국 정계를 좌지우지했다. 상하이방은 중국의 성장지향적 경제 정책을 주도해왔다.

상하이 지역에서 '幫방'의 역사는 길다. 사실 중국인 사이에서 '幫방'은 그다지 긍정적인 어감의 단어가 아니다. 항구 도시인 상하이 일대에는 청나라 때부터 부두 하역꾼, 인력거꾼, 밀수꾼 등이 자신들의 이익을 지키기 위해 각각 세력을 규합하기 시작했고, 하나둘씩 결사가 생겨났다. 상하이가 1842년 난징南京조약으로 개항하면서 이 일대에는 '幫방'이 한층 활성화됐다. 이들 '幫방'은 세력 확장을 위해 다른 '幫방'과 싸움을 서슴지 않았으며 일부는 폭력·범죄 조직 성격을 띠기도 했다.

청나라 말기에서 중화민국中華民國에 이르는 시기의 상하이 일대는 '청방靑幫'과 '홍방紅幫'이라는 대표적인 두 조직이 활동하고 있었는데, 이들은 주먹을 앞세워 사실상 상하이를 지배했다. 장제스蔣介石 전 대만 총통이 1927년 4월 12일 공산당원을 무력으로 탄압할 때에도 청방의 지원을 받았다. 상하이 출신으로 청방의 우두머리였던 두웨성杜月笙은 국민당의 고위직에 올랐다. 상하이 출신 정치 집단을 '상하이방'이라고 부르는 것은 이 같은 역사적 배경에서 기인했다는 분석이 많다.

 중국 공산당이 대륙을 장악하고 중화인민공화국을 세운 이후에도 상하이에 배치된 인사들은 세勢를 형성하며 중국 정가에서 영향력을 행사했다.

 건국 초기 상하이를 관할하는 행정 구역인 화동국華東局의 초대 서기를 지낸 랴오수스饒漱石는 '반당反黨연맹'을 결성했다는 죄목으로 1955년 숙청당했다. 중국 '10대 원수元帥' 중 한 명으로 공산당이 정권을 잡은 1949년 상하이 시장에 오른 천이陳毅는 외교부장, 국무원 부총리 등에 오르며 주요 정객이 됐다. 천이는 쩡칭훙의 부친 쩡산전 내무부장과는 국공내전 때 전장에서 생사를 함께 한 전우戰友 사이이기도 하다.

 '상하이방'이란 말이 처음 등장한 것은 문화대혁명 때인 것으로 전해진다. 1974년 마오쩌둥은 중난하이中南海·중국 최고 지도부 거주지에서 정치국 회의를 열었다. 마오쩌둥은 회의에 참석한 부인 장칭江靑에게 "당신은 상하이방이다. 당신들은 조심해야 한다. 4명이 파벌을 만들어서는 안 된다"고 말했다. 장칭과 장춘차오張春橋·야오원위안姚文元·왕훙원王洪文 등 이른바 '4인방'에게 너무 나서지 말라고 경고한 것이었다.

 장춘차오·야오원위안·왕훙원은 상하이에서 정치적으로 성장한 인물이다. 상하이시 기관지인 해방일보 사장과 편집인을 지낸 장춘차오는 1971년부터 1976년까지 상하이시 혁명위원회 주임을 지내고 부총리, 정치국 상임위원에 올랐다. 야오원위안은 문화대혁명의 깃발을 올린 인물이다. 해방일보 편집위원이었던 야오원위안은 1965년 10월 「상하이 문회보文匯報」에 '해서파관海瑞罷官을 평함'이라는 글을 게재했다. 문화대혁명의 시작이었다. '해서파관'은 베이징 부시장이자 역사학자인 우한이 쓴 역사극인데, 명나라 관리 해서가 황제에게 상소했다고 억울하게 파직됐다는 내용이다. 야오원위안은 이것이 프롤레타리아 독재와 사회주의 혁명에 반대하는 부르주아지의 투쟁이라고 주장했고, 당시 정치적 위기에 놓여 있던 마오쩌둥은 이를 반대파 숙청에 활용했다. 왕훙원은 상하이 국영방직 공장의 노동자로 있다가 문화대혁명을 주도하며 중심적 역할을 했다. 왕훙원은 1967년 상하이 혁명위원회 부주임을 지냈고, 1973년에는 38세 나이로 부주석에 올랐다. 1976년 9월 9일 마오쩌둥이 사망하자 4인방은 정권 탈취를 노렸지만 예젠잉葉劍英을 중심으로 한 군 원로 집단의 저지로 체포됐다.

4인방이 역사 속으로 사라진 이후 상하이는 천윈을 중심으로 한 보수파의 근거지가 됐다. 천윈은 상하이가 고향이다. 천윈은 개혁·개방을 주장한 덩샤오핑의 라이벌이었으며 계획경제를 신봉했다. 1982년 '계획경제'를 '새장'에 '시장'은 '새'에 비유해서 "새는 새장 안에 있어야 한다"라고 하여, "시장은 계획의 범위 안에서 이루어져야 한다"는 '새장이론'을 주장하며 덩샤오핑과 대립했다. 그는 평생 경제특구에는 발을 들여놓지 않았던 것으로 전해진다.

1989년 톈안먼 사태는 오늘날의 상하이방이 출현하는 직접적인 계기가 됐다. 장쩌민이 총서기에 오르면서 상하이방이 득세하기 시작한 것이다.

1926년 장쑤성 양저우揚州에서 출생한 장쩌민은 양아버지인 장상칭江上靑이 공산 혁명 열사다. 장상칭은 부총리·국방부장을 지낸 장아이핑張愛萍과 함께 국공내전에 참전한 경력이 있다. 장쩌민은 상하이자오퉁대학上海交通大을 졸업하고 소련에서 유학한 후 전자공업부장 등을 거치며 엘리트 코스를 밟았다.

장쩌민은 1985년 상하이시 시장에 선출됐고 1987년에는 상하이시 서기에 올랐다. 그가 상하이시의 일인자 자리에 오를 때 양아버지의 음덕蔭德을 입었다. 장쩌민이 상하이시 시장에 임명될 수 있도록 결정적인 역할을 한 인물이 왕다오한汪道涵인데, 왕다오한은 국공내전 시절 장상칭의 부하였다고 한다. 왕다오한은 1915년 안후이성 자산嘉현에서 태어나 상하이자오퉁대학을 졸업했으며 항일 운동이 고조되던 1933년 공산당에 입당했다. 1964년 국가 대외경제연락위 부주임을 거쳐 1980년부터 5년간 상하이시 시장을 역임했다. 왕다오한은 1985년 상하이시 시장직에서 물러나며 장쩌민을 후임 시장으로 천거해 앉혔다. 장쩌민은 상하이방의 정치적 대부로 불리기도 하는 왕다오한을 '멘토'로 모셨다.

1989년 봄 베이징 톈안먼에서 대학생과 지식인들이 민주화를 요구하는 시위를 벌였다. 상하이에서도 민주화 시위가 벌어졌다. 이에 장쩌민은 신문사를 폐간하고 시위대를 무력으로 해산시키는 등 강경 대응에 나섰다. 그는 당 원로들로부터 높은 점수를 받았다.

덩샤오핑이 임명한 후야오방이 급진 개혁을 추진하다 실각했고, 역시 덩샤오핑이 발탁한 자오쯔양도 톈안먼 시위대에 동조하는 듯한 입장을 보이다 해임됐다. 톈안먼 사태 이후 후계자를 뽑는 과정에서 덩샤오핑은 더이상 자신의 생각을 고집할 수 없었다. 장쩌민은 양아버지 덕분에 천윈·리셴녠李先念 등 보수파 원로의 지원을 받고 있었다. 덩샤오핑이 보기에도 장쩌민이 정치적으로는 반우反右 성향이었지만 경제적으로는 개혁·개방적 태도를 견지하고 있어 자신의 개혁·개방 노선을 계승할 수 있는 후계자라고 할 수 있었다. 장쩌민은 1989년 6월 공산당 총서기로 선출되고 11월에는 공산당 중앙군사위원회 주석에 올랐으며 1993년 3월 국가주석까지 맡아 당·정·군을 장악했다.

하지만 베이징으로 막 올라온 장쩌민에게는 그를 받쳐 줄 인맥이 부족했다. 그는 상하이에서 그와 함께 일했던 사람들을 중앙으로 하나 둘 불러올렸다. 대표적인 인물이 그의 정치 참모였던 쩡칭훙이었다. 쩡칭훙은 장쩌민의 정적을 제거하는데 크게 기여하며 장쩌민이 입지를 다질 수 있게 했으며, 당 중앙조직부장을 맡아 중앙에서 지방에 이르기까지 전국 곳곳에 상하이방 세력을 곳곳에 심었다. 쩡칭훙은 2002년 정치국 상무위원에 올라 2003년 국가 부주석에 선출됐다.

장쩌민이 상하이 서기였을 때 상하이 시장이었고 장쩌민이 베이징으로 올라간 후 서기직을 이어받은 주룽지朱鎔基는 1991년 부총리,

1998~2003년 총리를 맡아 중국의 개혁을 진두지휘했다. 주룽지는 '상하이방이 경제는 잘 안다'는 평가가 나오는 데 일조했다.

주룽지의 후임으로 상하이시 서기였던 우방궈吳邦國는 부총리와 전국인민대표대회 위원장으로 승진했다. 우방궈의 후임으로 상하이시 시장과 서기를 지낸 황쥐黃菊는 정치국 상무위원에 올라 부총리까지 지냈다.

황쥐 다음으로 상하이 시장을 지낸 쉬광디徐匡迪는 중국정치협상회의 부주석, 상하이시 부시장을 지낸 화젠민華建敏은 국무원 비서장, 상하이시 조직부장과 부시장을 지낸 자오치정趙啓正은 국무원 신문판공실 주임정부 대변인을 지냈다. 첸지천錢基琛 전 국무원 부총리도 상하이 출신이다.

이 밖에 상하이시 선전부장을 지낸 천즈리陳至立는 교육부장장관, 상하이시 철로국장을 지낸 한주빈韓杼濱은 철도부장, 상하이 제2군의대학 출신의 장쩌민의 주치의 장원캉張文康은 위생부장으로 승진했다. 상하이시 경비구 사령관을 지낸 바중탄巴忠倓은 무장경찰 총사령관, 장쩌민의 개인경호원 출신인 여우시구이由喜貴는 중앙경위단장경호실장을 맡는 등 상하이 출신 군부 인사들도 잇따라 승진했다.

리란칭李嵐淸 전 부총리와 탕자쉬안唐家璇 전 외교부장은 고향이 장쩌민과 같은 장쑤성 출신으로 범汎 상하이방으로 분류된다. 자칭린賈慶林 전 정협 주석과 쩡페이옌曾培炎 전 국가발전계획위원회 주임의 경우 장쩌민과 함께 기계공업부·전자공업부 등에서 근무하던 인연으로 상하이방에 포함됐다. 2007년부터 5년간 선전 담당 정치국 상무위원을 지낸 리창춘李長春도 장쩌민이 중용해 상하이방에 속한다.

상하이방은 후진타오 주석이 집권한 2002년에도 상무위원회를 압도했다. 9명의 상무위원 가운데 우방궈·자칭린·쩡칭훙·황쥐·리창춘이 장쩌민 전 주석 계열이었으며, 리펑 전 총리 계열인 뤄간羅幹도 넓게 보면 후진타오보다는 장 전 주석 쪽 성향으로 분류됐다.

하지만 상하이방은 잇단 부패 추문으로 큰 타격을 입었다. 2006년 9월 상하이방의 대표 주자였던 천량위陳良宇 상하이시 서기가 사회보장 기금 유용 혐의로 낙마했다. 이어 당시 중국 권력 서열 6위이자 상하이방의 핵심인 황쥐 부총리의 부인이 비리에 연루됐다는 소문이 확산됐다. 이에 앞서 자칭린도 푸젠福建성의 대형 밀수사건에 연루됐다는 의혹을 받았다. 라이창싱賴昌星이 1994년 푸젠성에 세운 위안화遠華그룹은 5년 동안 530억 위안 규모에 달하는 밀수에 가담했고 300억 위안을 탈세했다. 이 과정에서 1993~1996년 푸젠성 서기로 재직했던 자칭린이 연루돼 있다는 의혹이 제기됐던 것이다. 황쥐가 2007년 6월 사망했는데, 이는 상하이방의 추락을 보여주는 또 하나의 상징이라는 말이 나왔다.

하지만 상하이방은 절대로 무너지지 않았다. 상하이 출신이 아니고 상하이에서 근무한 경험도 없는데도 장쩌민 전 주석 등과 인연으로 속속 고위 인사들이 상하이방에 편입되면서 세를 늘렸다. 2007년 17차 당대회를 통해 선출된 상무위원 가운데 자칭린 전 정협 주석, 리창춘 전 선전담당 상무위원, 저우융캉周永康 전 중앙정법위 서기가 상하이라는 지역적 연고 없이 범汎상하이방으로 분류되는 인사다. 저우융캉은 장쩌민 전 서기의 조카사위다. 17기 상무위원 가운데 상하이 서기를 역임했던 우방궈 전 전인대 위원장까지 포함하면 9명의 상무위원 중 4명이 상하이방이었다. 18기 상무위원으로 선출된 장더장張德江 전인대 위원장과 장가오리張高麗 부총리 역시 상하이와 연고가 없지만 대표적인 상하이방으로 분류된다. 두 사람 모두 장쩌민 전 주석과 깊은 친분이 있다.

상하이방은 태자당과 손을 잡으면서 세력을 유지하고 있다. 상하이방은 시진핑이 최고 지도자로 올라서는데 적극적으로 협조함으로써 정치적 지분을 차지할 수 있게 됐다. 시진핑은 2007년 상하이시 서기를 지내면서 상하이방과 유대감이 깊어졌고 2007년 17차 당대회 때 상하이방의 적극적인 지지에 힘입어 차기 최고 지도자 자리에 오를 수 있었다. 18기 상무위원 가운데 위정성俞正聲 정협 주석 역시 태자당 소속이지만 2007년부터 2012년 정치국 상무위원에 오르기 직전까지 상하이시 서기를 역임하면서 태자당과 상하이방의 관계를 한층 돈독하게 하는 역할을 하고 있다.

정치국 위원 중에서 상하이방으로는 상하이시 부서기를 지낸 멍젠주孟建柱 중앙정법위 서기, 한정韓正 상하이시 서기, 상하이 푸단대 법학원장을 지낸 왕후닝王滬寧, 쑨정차이孫政才 충칭시 서기 등이 있다.

멍젠주는 상하이에서 태어나 상하이에서 현 서기로 공직 생활을 시작해 부시장·부서기 등을 지냈다. 한정은 1975년 상하이의 중기계 공장 창고 관리원으로 사회생활을 시작해 이후 상하이에서만 일했다. 중화인민공화국 건국 이후 40대로는 처음으로 상하이 시장에 올라 주목을 받기도 했다. 왕후닝은 장쩌민 전 주석 시절 중용돼 후진 타오·시진핑에 이르기까지 3대代에 걸쳐 책사 역할을 하며 큰 영향력을 발휘하고 있다. 쑨정차이의 경우 정치적으로 자신을 관계에 입문시킨 자칭린 전 정협 주석과의 인연이 계기가 돼 범상하이방으로 분류된다. 쑨정차이는 공청단파의 차세대 대표 주자인 후춘화胡春華 광둥廣東성 서기와 함께 6세대 최고 지도자 자리를 놓고 경쟁을 벌이고 있다.

하지만 상하이방은 정파로서 기세가 예전만 못하다는 평가를 많이 받는다. 상하이방은 다른 지역의 견제도 많이 받고 있다. 상하이방이 '부패 이미지'를 완전히 벗지 못한 것과 정·경 유착으로 돈과 권력을 독차지하고 있다는 시선도 부담이다.

3. 공산주의청년단 공청단·共靑團파

공청단은 중국 공산당의 청년 조직이다. 중국 공산당 창당 1년 전인 1920년 상하이에서 조직된 사회주의청년단이 공청단의 전신이다. 지금은 단원이 8,000만 명이 넘는 거대 조직으로 성장했으며 공청단의 가입 대상은 14~28세다. 공청단은 중국의 청년들에게 공산주의 사상을 학습시키고 각종 사회활동을 전개하는 공산당 하부조직으로서 역할을 담당해 왔다.

공청단을 총괄 지도하고 감독하는 곳은 공청단 중앙서기처다. 5~10명의 서기가 핵심적인 역할을 하며 그 중 서열이 가장 높은 서기가 제1서기다. 공청단 제1서기는 장관급으로 28세가 넘어도 나이와 상관없이 공청단 서기를 맡을 수 있다.

중국 정가에서는 공청단 지도부에서 근무한 경력을 기반으로 삼아 정치적으로 성장한 이들을 통칭해 '공청단파'라고 부른다. '공청단파'라고 해서 실체가 따로 있는 것은 아니다. 하지만 이들은 공청단에서 함께 일하며 신뢰 관계를 쌓고 뜻을 나누면서 세력을 형성했다.

공청단파는 핵심 인물인 후진타오 전 국가주석이 2002년 최고 권력을 장악하면서 중요한 정치 세력으로 자리 잡아 빠른 속도로 세력을 확장했다. 후진타오에 이어 리커창 총리, 6세대 권력의 선두 주자로 꼽히는 후춘화 광둥성 서기 등으로 계보가 이어진다.

공청단파의 대부代父 격은 후야오방 전 당 총서기다. 후야오방은 후진타오 전 주석을 공청단으로 끌어들인 정치적 스승이기도 하며 1953~1966년에 공청단 제1서기를 역임했다. 공청단은 1966년 문화대혁명이 시작되면서 활동이 중단됐다. 문화대혁명이 끝난 후 1978년 전국적인 조직으로 활동을 재개한 공청단은 전국의 유능한 인재들을 영입하기 시작했다. 1980년 공산당 총서기에 오른 후야오방은 공청단 출신 인사들을 등용했다. 공청단 출신이 정계에 속속 진출하면서 공청단은 자연스럽게 '인재 사관학교', '정계 엘리트 코스'로 변모했다.

후야오방이 공청단 간부직을 맡겨 키워낸 주요 인물은 후치리胡啓立·왕자오궈王兆國·후진타오다. 후치리는 1964년 공청단 후보 서기였으며 당시 공청단 제1서기였던 후야오방을 보좌했다. 후야오방은 1982년 후치리를 총서기 비서실장 겸 경호실장인 공산당 중앙판공청 주임으로 발탁했다. 후치리는 1987년 정치국 상무위원으로 승진했다. 왕자오궈는 1982년부터 1984년까지 공청단 제1서기를 역임했고 1984년 중앙판공청 주임에 올랐다. 왕자오궈는 1980년대 초 중국의 차세대를 이끌 '떠오르는 별'로 주목을 받았다. 하지만 후야오방이 정치개혁 노선을 둘러싸고 보수파와 마찰을 빚어 1987년 실각하고 그해 6월 톈안먼 사태가 터지면서 후치리와 왕자오궈는 정치적으로 시련을 겪었다.

하지만 티베트자치구 서기로 지방에 있던 후진타오는 정치적 소용돌이를 피할 수 있었다. 후진타오는 1982년 공청단 중앙서기처 서기에 올랐으며 왕자오궈 후임으로 1984년부터 1985년까지 공청단 제1서기를 지냈다. 이후 1985년 구이저우貴州성 서기를 시작으로 성급 지도자 반열에 올랐으며 1988년 티베트자치구 서기로 옮겼다. 이어 덩샤오핑의 낙점을 받아 1992년 정치국 상무위원에 오르면서 차기 최고 지도자 수업을 받기 시작했다.

후진타오는 2002년 공산당 총서기에 올랐지만 당시 지도부는 장쩌민 전 주석을 중심으로 한 상하이방 세력의 입김이 여전했다. 2002년 중앙판공청 주임이 장쩌민 전 주석 측인 왕강王剛이었으며 공산당 인사를 총괄하는 중앙조직부장은 태자당으로 장 전 주석과도 가까웠던 허궈창夏國强이었다. 후진타오는 상하이방 세력을 견제하고 자신의 정치적 입지를 다지기 위해 공청단 출신 인사들을 대거 등용하기 시작했다. 2007년 공청단파인 리위안차오李源潮를 중앙조직부장에, 링지화令計劃를 중앙판공청 주임에 앉혔다. 후진타오의 지원에 힘입어 공청단파로 분류되는 인사들은 국무원과 지방 정부를 중심으로 영향력을 확대해 나가기 시작했다.

리커창은 후진타오에 이어 공청단파의 실질적인 좌장 역할을 하고 있다. 리커창은 1982년 베이징대를 졸업하던 해 미국 유학의 꿈을 접고 베이징대 공청단 서기를 맡으면서 정치에 입문했다. 리커창은 이후 공청단을 발판으로 승승장구했다. 리커창은 1983년 공청단 중앙서기처 후보서기로 선출됐다. 그가 정치적 후원자인 후진타오를 만난 게 바로 이때다. 후진타오는 1982년 12월 공청단 제11차 전국대표대회에서 공청단 중앙서기처 상무서기에 올라 있었다. 리커창은 1985년 공청단 중앙서기처 서기로 승진했고 1993년에는 최연소38세로 장관급인 공청단 제1서기에 임명돼 1998년 허난河南성장으로 옮기기 전까지 공청단을 이끌었다. 리커창은 베이징대 공청단 서기를 시작으로 공청단에서만 16년을 근무, 공청단에서 탄탄한 인맥을 구축했다.

리커창과 공청단 서기처에서 함께 일했던 인물로는 중앙정치국 위원 중에서는 류옌둥劉延東 부총리, 리위안차오 국가 부주석, 류치바오劉琦寶 중앙선전부장이 있고, 중앙위원 중에는 장다밍姜大明 국토자원부 부장, 장바오순張寶順 안후이安徽성 서기, 위안춘칭袁純淸 산시山西성 서기, 저우창周强 최고인민법원장 등이 있다.

1980년대만 해도 공청단에서 리커창의 서열은 류옌둥과 리위안차오에 뒤져 있었다. 류옌둥은 1982년, 리위안차오는 1983년 공청단 중앙서기처 서기에 올랐다. 리커창은 1983년 후보서기에 불과했다. 후진타오가 1984년 제1서기가 됐을 때 류옌둥은 이인자인 상무서기에 올랐다. 1985년 쑹더푸宋德福가 후진타오 후임으로 공청단 제1서기에 임명됐을 때 9명의 서기 중 류옌둥의 서열이 가장 높았고 그다음이 리위안차오였다. 이때 리커창의 서열은 6위였다. 하지만 류옌둥과 리위안차오가 톈안먼 사태 때 학생 시위대에게 강경한 입장을 보이지 않았다는 이유로 한직으로 밀려난 사이 리커창은 당의 방침을 적극적으로 따르며 점수를 따 승승장구, 공청단 선배들을 제치고 앞서나갔다. 류치바오 중앙선전부장의 경우 1985년 리커창과 함께 공청단 중앙서기처 서기에 올라 1993년까지 공청단 중앙서기처에서 리커창과 한솥밥을 먹었다. 장바오순 안후이성 서기는 1982년 공청단 중앙서기처 후보서기에 올라 1985년 리커창과 같은 해 서기로 승진했다.

중화권 매체들은 리커창이 1993년 공청단 제1서기에 올랐을 때 그와 함께 일했던 6명의 서기를 '6대 금강金剛'이라고 부른다. 당시 서열 순으로 류펑劉鵬 국가체육총국 국장, 위안춘칭 산시성 서기, 지빙쉬안吉炳軒 전인대 상무위원회 부위원장, 자오스趙實 중국문화예술계연합회 부주석, 바인차오루巴音朝魯 지린성장, 장다밍 국토자원부 부장이 바로 그들이다. 이들 6명은 리커창 총리의 측근으로 분류된다.

1995년 공청단 서기에 오른 저우창은 1998년 공청단 제1서기에 올라 2006년까지 공청단 제1서기를 지냈다. 1997년 공청단 서기로 선출된 후춘화는 저우창 후임으로 2006년 공청단 제1서기에 올라 2008년까지 공청단을 맡았다. 후춘화 다음 공청단 제1서기는 루하오陸昊로 2008년부터 2013년까지 공청단 제1서기를 지냈으며, 2013년 3월 친이즈秦宜智 전 티베트자치구 부주석이 신임 공청단 제1서기에 올랐다.

공청단 서기로 근무한 경력이 없음에도 공청단파 핵심 인물로 분류되는 인사도 적지 않다. 류윈산 정치국 상무위원과 왕양 부총리, 링지화 통전부장이 대표적인 예다.

류윈산은 공청단 네이멍구자치구 위원회 부서기를 지냈으며 왕양은 공청단 안후이성 위원회 부서기를 지낸 경력이 있다. 링지화 부장은 1975년 산시山西성 핑루平陸현 공청단 위원회 간부로 공청단과 인연을 맺어 1995년까지 20년 가까이 공청단에 몸을 담았다. 링지화는 공청단 중앙에서 오랫동안 선전 분야를 담당했으며, 공청단 중앙선전부장을 지냈다. 링지화는 2007년 중앙판공청 주임으로 승진해 후진타오 전 주석을 보좌했다. 선웨웨沈躍躍 공산당 중앙조직부 부부장차관은 공청단 저장성 위원회 서기를 지내는 등 공청단 조직에서 10년 넘게 일한 경력이 있다.

공청단파는 후진타오 전 주석이 집권한 지난 10년 동안 국무원과 지방 성 서기·성장 자리를 중심으로 영역을 넓혔다.

18차 당대회를 거치면서 국무원에 리커창 총리와 류옌둥·왕양 부총리를 포함해 공청단파 인사가 다수 포진했다. 양징楊晶 국무위원 겸 국무원 비서장은 공청단 네이멍구 위원회 서기를 지냈으며 리커창 총리의 측근으로 불린다. 차이우蔡武 문화부장은 공청단 국제연락부장과 중앙 상무위원을 지냈으며 황수셴黃樹賢 감찰부장은 공청단 저장성 위원회 서기 출신이다. 리리궈李立國 민정부장은 공청단 랴오닝성 위원회 부서기를 지냈고, 우아이잉吳愛英 사법부장과 양촨탕楊傳堂 교통운수부장은 각각 공청단 산둥성 위원회 부서기를 지냈다. 한창푸韓長賦 농업부장은 공청단 청농부靑農部 부장과 중앙 상무위원을 역임했다.

지방 성 지도자 중에도 공청단파 출신이 많이 진출해 있다. 장바오순 안후이성 서기와 위안춘칭 산시성 서기 외에 뤄즈쥔羅志軍 장쑤성 서기 역시 공청단 중앙 실업발전부장을 지낸 공청단파다. 궈진룽郭金龍 베이징시 서기와 왕민王珉 랴오닝성 서기는 공청단 근무 경력은 없다. 하지만 두 사람 모두 후진타오 전 주석과 친분을 바탕으로 범汎공청단파로 분류된다.

공청단파는 태자당·상하이방과 다른 이미지로 차별화하며 기존의 정계 구도를 파고 들었다. 공청단파는 대부분 이렇다 할 집안 배경 없이 자수성가한 인사가 많다. 태자당 출신처럼 집안의 후광을 입을 수도 없었고, 상하이처럼 좋은 환경 속에서 지내온 것도 아니었다. 공청단파는 태자당·상하이방만큼 네트워크의 덕을 보지 못하고 대부분 자신의 능력을 인정받아 치열한 경쟁을 뚫고 지금의 자리에 오른 경우가 많다. 공청단파가 개혁적인 성향을 띤 것은 바로 이 같은 성장 배경 때문이라는 분석이 나오고 있다. 젊은 시절부터 사회 변혁에 대한 의지를 가졌기 때문이라는 것이다. 공청단파는 태자당·상하이방보다 청렴하다는 이미지가 강점이라는 지적도 많다.

공청단파는 분배와 형평을 강조하는 입장이다. 공청단파는 중국 동부 연안 지역 위주의 성장 발전 전략 대신 중서부 균형개발을 내세운다.

공청단은 2012년 11월 당대회를 통해 중국 공산당 권력의 최정점인 중앙정치국 상무위원회의 장악을 노렸다. 총리로 내정된 리커창

외에 공산당 최고 요직 가운데 하나인 중앙조직부장을 역임한 리위안차오, 개혁을 기치로 내걸어 주목을 받은 왕양은 상무위원 진입이 확실시된다는 관측이 나왔다. 그 밖에 류옌둥·링지화·후춘화 등 상무위원 후보로 거론되는 공청단파 소속 인사가 많았다. 여기에 태자당의 대표 주자였던 보시라이 전 충칭시 서기가 스캔들로 낙마하면서 공청단파에게 유리한 분위기가 조성된 듯했다.

하지만 18기 중앙정치국 상무위원회 개편에서 공청단파는 리커창 총리와 류윈산 상무위원을 진입시키는 데 그쳤다. 그나마 류 상무위원은 리위안차오·왕양·후춘화 등에 비하면 공청단 색채가 옅다는 지적이 많다.

후진타오 집권 10년 동안 꾸준히 세력을 넓혀 왔던 공청단파가 18차 당대회 때에도 당 중앙을 장악하지 못한 것은 그만큼 태자당·상하이방 연합 세력이 건재하고, '원로 정치'가 여전한 중국 정치 환경에서 공청단파에 힘을 실어줄 원로가 많지 않은 현실적 한계 때문이었다고 할 수 있다.

하지만 공청단 스스로도 한계를 노출했다는 지적도 나온다. 공청단파 출신은 흔히 '3다3소三多三少'의 장단점이 있다는 평가가 많다. 행정 관련 인사는 많지만 재경財經 인사가 적고, 지방 지도자 출신은 많지만 중앙 요직 경험자는 적으며, 학력이 높지만 현장 실무 경력이 적다는 것이다. 국가를 움직이는 당을 장악하기 위해서는 공청단파가 인재 풀을 다양한 방면으로 넓힐 필요가 있다는 얘기이기도 하다.

공청단파는 부패와 거리가 먼 청렴한 이미지가 무기인데, 핵심 인사의 스캔들로 도덕성에 타격을 입은 것도 공청단파가 18차 당대회를 앞두고 막판에 힘을 쓰지 못한 배경으로 꼽힌다.

후진타오 전 주석의 최측근인 링지화 통전부장은 2012년 단행된 지도부 개편에서 정치국원은 물론, 잘하면 상무위원도 바라볼 수 있다는 관측까지 나왔었다. 하지만 18차 당대회가 열린 해인 2012년 3월 링지화 아들이 베이징 시내에서 여성 2명을 태우고 페라리 스포츠카를 몰고 가다 음주 교통사고를 내고 사망한 사건이 문제가 됐다. 중화권 매체에 따르면 링지화는 최고지도부도 모르게 현장을 은폐했고 사고 당시 중상을 입고 생존한 여성 1명을 살해한 혐의도 받았다. 링지화가 중앙판공청 주임으로 재임하는 동안 링지화 일가가 600억 위안의 재산을 쌓았다는 의혹이 제기되기도 했다. 후진타오 전 주석의 최측근인 링지화를 둘러싼 스캔들은 링지화 본인은 물론 공청단파 전체에 적지 않은 상처를 입혔다.

4. 계파별 권력 분점

(1) 태자당·상하이방 연합 세력 당 장악

2012년 11월 중국 공산당 18차 전국대표대회^{당대회}를 통해 구성된 신임 공산당 지도부 개편에서 태자당·상하이방 연합 세력은 당 주요 조직을 장악했다. 당이 국가를 움직이는 중국 정치 체제에서 태자당·상하이방 연합 세력이 당을 장악했다는 것은 국정 운영의 주도권을 이들이 쥐었다는 얘기이기도 하다.

중국 공산당의 핵심부인 중앙정치국은 현재 중국을 이끄는 최고 지도부뿐만 아니라 미래 지도부까지 포괄하고 있는 만큼 정치국의 구도를 파악하면 중국 지도부 내 변화를 읽을 수 있다.

중앙 정치국을 움직이는 25명의 정치국 위원^{18기 중앙위원회 정치국 위원} 가운데 13명이 태자당·상하이방 연합 세력으로 분류된다. 공청단파로 분류되는 정치국 위원은 8명이고, 나머지 4명은 특정 계파로 분류하기 어려운 인사다.

태자당·상하이방 연합 세력에 속한 정치국 위원은 시진핑 총서기를 비롯해 장더장 전인대 상무위원장, 위정성 정치협상회의 주석, 왕치산 중앙기율검사위원회 서기, 장가오리 상무 부총리, 마카이 부총리, 멍젠주 중앙정법위원회 서기, 자오러지 중앙조직부장, 리잔수 중앙판공청 주임, 한정 상하이시 서기, 리젠궈 전인대 상무위원회 부위원장, 쑨정차이 충칭시 서기, 왕후닝 중앙정책연구실 주임 등이다. 특히 권력의 최정점인 정치국 상무위원회의 7명 상무위원 중 5명^{시진핑·장더장·위정성·왕치산·장가오리}이 태자당·상하이방 연합 세력이다.

공청단파로 분류되는 정치국 위원은 리커창 총리와 류윈산 상무위원, 류옌둥 부총리, 리위안차오 국가 부주석, 왕양 부총리, 류치바오 중앙선전부장, 귀진룽 베이징시 서기, 후춘화 광둥성 서기 등이다.

나머지 4명의 정치국 위원은 쑨춘란 톈진시 서기, 장춘셴 신장위구르자치구 서기, 군부 인사인 쉬치량·판창룽 중앙군사위원회 부주석이다.

좀 더 구체적으로 살펴보면 태자당·상하이방 연합 세력은 당의 주요 기능을 장악했다. 태자당·상하이방 연합은 권력의 기반이라고 할 수 있는 '총자루^군'와 '칼자루^{사법·치안·정보}'를 거머쥐었다.

후진타오는 2002년 총서기에 올랐지만, 장쩌민 전 총서기로부터 중앙군사위원회 주석 자리를 넘겨받지 못해 군권을 완전히 장악하지 못하고 장쩌민 전 주석 측의 견제를 받는 상황에 놓였다. 후진타오는 2004년이 돼서야 중앙군사위 주석에 올랐다. 이에 비해 시진핑 총서기는 2012년 당 중앙군사위 주석에 올라 군권을 잡은 상태에서 총서기직을 수행할 수 있게 됐다. 여기에 시진핑은 2013년 11월 열린 공산당 18기 중앙위원회 3차 전체회의에서 신설이 결정된 국가안전위원회 주석까지 맡았다. 국가안전위원회는 외교·안보는 물론 공안·정보까지 총괄해 미국의 NSC^{국가안전보장회의}보다 막강한 조직이다.

왕치산이 맡고 있는 중앙기율검사위원회는 당원 감찰과 반^反부패 활동을 하는 곳이다. 당권 장악에 직접적으로 영향을 미치는 곳이다. 전임 중앙기율검사위 서기였던 허궈창도 왕치산과 마찬가지로 태자당 출신이다. 후진타오 시절 태자당인 허궈창이 정치국 상무위원 겸 중앙기율검사위 서기를 맡으면서 후진타오는 중앙기율검사위의 기능을 100% 활용하기가 어려웠다.

상하이방인 멍젠주가 수장으로 있는 중앙정법위는 공안과 검찰, 법원, 무장경찰, 국가안전부 등을 맡고 있다. 전임 중앙정법위 서기였던 저우융캉도 상하이방이다. 상하이방은 사법·치안·정보 부문을 계속 틀어쥐게 됐다. 그런데 중앙정법위는 '공산당 일당 체제를 유지하기 위한 각종 핵심 기능을 수행하는 곳' 이상의 의미가 있다. 중앙정법위는 고위 인사들의 부패나 비리, 비위 행위에 대한 각종 첩보가 모이는 곳이다. 역대 중국 권력자들은 중앙정법위 서기에 자파 인물을 앉혀야 비로소 권력을 완전히 장악할 수 있었다. 덩샤오핑은 차오스喬石를 통해 정법위를 장악했고, 장쩌민 전 주석은 차오스와의 권력 투쟁 끝에 자파인 뤄간羅幹을 정법위 서기에 앉혔다. 후진타오는 임기 내내 상하이방 출신인 뤄간과 저우융캉이 정법위를 장악하면서 장쩌민 전 주석 측의 견제를 받았다.

각 정파는 권력교체기 마다 중앙기율검사위원회와 중앙정법위원회를 장악하기 위해 부심하는데, 태자당·상하이방 세력은 18차 당대회를 통해 이 두 곳을 손에 넣었다. 궈성쿤 국무위원 겸 공안부장도 태자당·상하이방 세력에 속한다.

시진핑 총서기와 가까운 자오러지가 중앙조직부장에 임명되면서 태자당·상하이방 연합은 주요 자리에 대한 인사권을 거머쥐었다고 베이징 정가는 분석한다. 중앙조직부장은 공산당원의 인사와 관리를 총괄하는 핵심 요직이다. 역대 최고 지도자는 믿을 수 있는 측근에게 중앙조직부장을 맡겼다. 장쩌민 전 주석은 측근인 쩡칭훙을 조직부장에 임명했고, 후진타오가 2002년 총서기에 오른 이후에도 허궈창을 조직부장에 앉혀 영향력을 유지하려고 했다. 후진타오는 집권 2기인 2007년 비로소 자신의 측근인 리위안차오를 조직부장에 앉혔다. 시진핑 집권 1기 중앙조직부장에 오른 자오러지는 원적이 시진핑 주석의 고향이자 시진핑이 문화대혁명 기간 하방 생활을 했던 산시陝西성이다. 자오러지는 중앙조직부장에 오르기 전까지 산시성 서기를 지냈다. 그는 엄밀히 따져보면 태자당도 아니고 상하이방도 아니지만, 시진핑 총서기와의 인연으로 공청단파보다는 시진핑 총서기 쪽에 가깝다는 평가를 받고 있다.

17기 중앙정치국 정치국 위원 25명에서는 군부 2명을 뺀 정치국 위원 가운데 태자당·상하이방 연합 세력은 14명, 공청단파는 9명으로 분류됐다. 18기 중앙정치국과 비교하면 세력 분포가 비슷해 보인다. 하지만 후진타오의 집권 2기 때 출범한 17기 중앙 정치국은 후진타오와 공청단파의 영향력이 한창이었을 때 구성됐다는 점을 감안할 필요가 있다.

후진타오가 총서기에 오른 2002년 16기 정치국 위원을 선출할 때에는 전임 총서기였던 장쩌민의 입김이 많이 작용했다. 당시 24명의 정치국 위원 가운데 후진타오 계열은 6명에 불과했고 15명은 장쩌민 전 주석 계열 태자당 인사 포함이었다. 나머지 정치국 위원 3명 중 군부 인사인 궈보슝郭伯雄·차오광촨曹鋼川 중앙군사위 부주석은 장쩌민 전 주석 쪽이었다. 우관정吳官正 당시 중앙기율검사위 서기는 후진타오 입장에 동조하는 경우가 많았지만, 상하이방과 관계도 좋았다. 장쩌민은 당시 중앙군사위원회 주석직 2004년까지을 유지하고 있었기 때문에 공산당은 사실상 상하이방의 세력 아래 있었다고 해도 무리가 아니었다.

하지만 17기 정치국 구성에서 공청단파는 리커창·류옌둥·리위안차오·왕양 등 대표 주자들을 진입시키면서 세력을 키웠다. 정치국 위원 수 자체도 늘었지만, 당의 핵심 요직인 중앙조직부장 리위안차오 자리를 차지한 것이 큰 수확이었다.

　18기 정치국은 후진타오가 집권하고 있을 때 인선 작업이 이루어졌다. 공청단파의 영향력이 한창인 상황이었다. 그럼에도 상하이방과 태자당 연합 세력이 18기 정치국 구성에서 과반을 유지했다. 태자당·상하이방 연합의 당 장악력이 여전하다는 것을 보여준 것이다.

　태자당·상하이방이 공산당 주요 조직을 장악했지만 공청단파의 견제 장치가 전혀 없는 것은 아니다. 우선 공청단파는 당 조직에서 선전 분야를 장악했다. 선전은 중국 공산당의 정권을 유지하는 핵심 기능을 한다. 마오쩌둥이 한때 후계자로 지목했던 린뱌오林彪는 정권 유지에 있어 선전·선동 활동이 무력 못지않은 비중을 차지하고 있다고 강조하면서 "정권을 탈취할 때 총 자루와 붓자루의 두 가지 자루에 의지해야 하며 정권을 공고히 할 때에도 두 가지 자루에 의지해야 한다槍杆子, 筆杆子, 奪取政權靠這兩杆子, 鞏固政權也靠這兩杆子·창간쯔, 비간쯔, 뒤취정취안카오저량간쯔, 궁구정취안예저량간쯔"고 말했다.

　후진타오 시절 선전 담당 상무위원이었던 리창춘은 장쩌민 계열이었고 중앙선전부장 류윈산은 공청단파였다. 하지만 18차 당대회를 거치면서 류윈산이 선전 담당 상무위원에 오르고 선전부장에 공청단파 핵심 인물인 류치바오가 오르면서 상하이방과 공청단파의 선전 분야 분업 체제가 공청단파 단독 체제로 정리됐다.

　리위안차오가 국가 주석 유고 때 대행 역할을 하는 국가 부주석에 오른 것도 눈여겨볼 부분이다. 장쩌민 주석의 집권 1기에는 홍색자본가 룽이런榮毅仁이 부주석에 올랐지만 2기 때에는 차기 주석으로 내정됐던 후진타오가 맡았고, 후진타오 집권 1기에는 '주석후진타오 감시' 역할을 했다는 쩡칭훙이, 2기에는 차기 주석 내정자인 시진핑이 맡았다. 리위안차오는 상무위원이 아니라 정치국 위원 신분으로 국가 부주석에 오르는데다 차기 지도자로 내정된 상태도 아니어서 직전 부주석만큼 영향력을 행사할 수 있을지는 미지수다. 하지만 리위안차오는 '제8의 상무위원'이라는 말을 들을 정도로 중국 정치에서 위상이 높기 때문에 그의 발언권이 상당할 것이라는 전망이 많이 나오고 있다.

(2) 공청단파 정부 장악

2013년 국무원 각료 인사에서 공청단파가 다수를 차지했다. 3월 발표된 총리, 부총리, 국무위원, 25개 부部·위원회 수장장관급 등 33명의 각료 명단을 보면 중국 공산당 서열 2위인 리커창이 국무원 수장인 총리에 올랐으며, 4명의 부총리 가운데 류옌둥·왕양 등 2명이 공청단파다. 여기에 양징 국무위원국무원 비서실장 겸임, 황수셴 감찰부장, 리리궈 민정부장, 장다밍 국토자원부장, 우아이잉 사법부장, 양찬탕 교통운수부장, 차이우 문화부장 등 10명이 공청단파로 분류된다. 왕융 국무위원, 쉬샤오스 국가발전개혁위원회 주임, 한창푸 농업부장은 원자바오 전 총리 계열로, 친親 공청단파에 넣을 수 있다. 범汎 공청단 계열은 13명인 셈이다.

국무원에서 태자당·상하이방 세력으로 분류되는 인사는 장가오리 상무 부총리, 마카이 부총리, 창완취안 국무위원 겸 국방부장, 궈성쿤 국무위원 겸 공안부장, 양제츠 국무위원, 왕이 외교부장, 저우샤오촨

인민은행장, 러우지웨이 재정부장 등 8명이다. 나머지 각료는 정치적 색채가 옅은 관료들이다.

2013년 국무원 인선에서 25개 장관급 부처 수장 가운데 16명이 유임됐다. 새로 선임된 9명의 장관급 각료 가운데 공청단파는 쉬샤오스·황수셴·장다밍 등 3명이고 태자당·상하이방은 왕이·창완취안·러우지웨이 등 3명이다. 공청단파와 태자당·상하이방 연합에서 각각 같은 수의 장관급 인사가 나오면서 국무원에서 차지하고 있는 공청단파의 우세가 유지됐다.

장쩌민 전 주석의 영향력이 계속됐던 2003년 국무원 구성에서 총리는 원자바오_{친 후진타오}였지만, 부총리 4명_{황쥐·우이·쩡페이옌·후이량위}과 국무위원 5명_{저우융캉·차오강찬·탕자쉬안·화젠민·천즈리} 모두가 장쩌민 계열이었다. 하지만 후진타오 집권 2기인 2008년 국무원 구성에서 원자바오 총리가 유임된 가운데 부총리 4명 중 수석 부총리에 리커창이 올랐고, 국무위원 5명 중 류옌둥이 선출되면서 공청단파가 국무원 최상층부에 세력을 뻗치기 시작했다. 2013년 국무원 구성에서 리커창 총리 아래 4명의 부총리 중 2명_{류옌둥·왕양}과 5명의 국무위원 중 2명_{양징·왕융}이 공청단파 계열에서 임명됐다.

개혁 성향의 공청단파가 행정부_{국무원}에 넓게 포진하면서 사회 전반에 대한 개혁 작업이 속도를 낼 전망이다. 공청단파 출신은 국무원에서 주로 행정·사회 관련 분야를 맡고 있다. 대부분 개혁의 목소리가 높은 분야다.

하지만 국무원 내에서도 재정·금융 분야는 태자당·상하이방의 입김이 셀 것으로 보인다. 장가오리 상무 부총리가 재정을 맡고 있는데다 금융통인 마카이 부총리와 저우샤오촨 인민은행장, 러우지웨이 재정부장 등 재정·금융 분야에서 잔뼈가 굵은 인사들이 자리를 차지하고 있기 때문이다. 공청단파는 재경財經 분야 전문가가 많지 않다는 게 약점으로 지적돼 왔다. 외교 부문도 태자당·상하이방 연합이 주도하게 됐다. 양제츠 외교 담당 국무위원은 1977년 조지 H. W. 부시 전 대통령 일가의 방중 때 통역한 것을 계기로 20년 넘게 부시 집안과 인연을 맺고 있으며 주미 대사를 지낸 미국통이다. 왕이 외교부장은 주일 대사2004~2007년 시절 고이즈미 전 총리의 야스쿠니 신사 참배로 얼어붙은 중·일 관계를 녹이는 데 중요한 역할을 했던 일본 전문가다.

(3) 지방은 공청단 강세

후진타오가 집권한 10년 동안 공청단파는 지방 요직에 많이 진출했다. 18차 당대회를 기점으로 향후 10년간 중국의 정치 지형도는 '중앙은 태자당 강세, 지방은 공청단파 강세'로 유지될 가능성이 크다고 둬웨이多維 등 중화권 매체들이 분석했다.

중국 대륙의 31개 성·시·자치구 최고 지도자 가운데 16명이 공청단파 세력으로 분류된다. 궈진룽郭金龍 베이징시 서기, 위안춘칭袁純淸 산시山西성 서기, 왕민王珉 랴오닝성 서기, 왕루린王儒林 지린성 서기, 뤄즈쥔羅志軍 장쑤성 서기, 샤바오룽夏寶龍 저장성 서기, 장바오순張寶順 안후이성 서기, 유취안尤權 푸젠성 서기, 창웨이强衛 장시성 서기, 후춘화胡春華 광둥성 서기, 뤄바오밍羅保銘 하이난성 서기, 왕둥밍王東明 쓰촨성 서기, 친광룽秦光榮 윈난성 서기, 천취안궈陳全 티베트자치구 서기, 자오정융趙正永 산시陝西성 서기, 왕싼윈王三運 간쑤성 서기 등이다.

태자당·상하이방 소속으로는 저우번순周本順 허베이성 서기, 한정韓正 상하이시 서기, 장이캉姜異康 산둥성 서기, 리훙중李鴻忠 후베이성 서기, 쑨정차이孫政才 충칭시 서기, 장춘셴張春賢 신장위구르자치구 서기 등이 있다. 나머지는 특별한 계파에 속하지 않는 것으로 분류된다.

특히 시진핑이 총서기에 오른 이후 교체된 성·시·자치구 지도자 18명 가운데 정치색이 옅은 인사를 제외한 10명 중 7명이 공청단 계열에서 나와 '지방에서 공청단 강세'라는 공식을 입증했다. 10명 가운데 왕둥밍쓰촨·왕루린지린·샤바오룽저장·유취안푸젠·후춘화광둥·창웨이장시·자오정융산시 서기가 공청단파, 한정상하이·쑨정차이충칭·저우번순허베이 서기가 태자당·상하이방 세력으로 분류된다.

중국 최고 지도부 선출 과정에서 갈수록 지방 근무 경험이 중시되고 있다. 지방 근무를 통해 웬만한 국가와 맞먹는 큰 지역을 관할하면서 행정 경험을 쌓을 수 있고, 갈수록 다양해지는 지방의 이해관계를 원활히 조정하며 국정을 이끌기 위해서는 지방 경험이 필수적이라는 판단에서다. 18기 상무위원 중에서 류윈산을 제외한 6명이 지방 성 서기를 지냈으며 류윈산 상무위원의 경우 성 서기는 아니지만 30년 가까이 내몽고자치구에서 근무한 경력이 있다. 25명의 정치국 위원 가운데 군부 인사 2명쉬치량·판창룽을 제외하고 지방 근무 경험이 없는 사람은 류옌둥 부총리와 마카이 부총리 2명뿐이다.

지방 성 지도자 가운데 공청단파가 많다는 것은 향후 최고 지도부 진입이 유력한 후보 가운데 공청단파가 많다는 것을 의미한다고 할 수 있다. 공청단파가 지방에서 세력을 확장하고 있는 것은 정치적으로 또 다른 의미를 내포하고 있다. 중국에서는 과거 서로 다른 계파와 정치성향을 가진 중앙과 지방 지도자들이 충돌한 경우가 적지 않았다. 1990년대 중반 장쩌민 전 주석의 상하이방이 천시퉁陳希同 베이징시 서기가 이끄는 베이징파를 제거한 것과 2000년대 중반 후진타오 주석의 공청단파가 상하이방의 유력 주자 천량위陳良宇 상하이시 서기를 제거한 것이 대표적이다.

4장

5세대 중국 지도부의 특징

18차 당대회를 통해 구성된 중국 지도부 구성원은 정치적 성향에 따라 계파별로 나뉘지만, 전체적으로 볼 때 이전 지도부와 다른 특징이 나타난다.

가장 눈에 띄는 특징은 지도부가 기술관료 중심에서 인문·사회계열 학과를 졸업한 사회 관리형으로 변하고 있다는 점이다.

■ 〈표 4〉 중국 공산당 중앙 정치국 위원 전공　　　※정치국원 수에는 상무위원 포함

구분	16기 (2002년)		17기 (2007년)		18기 (2012년)	
	상무위원	정치국원	상무위원	정치국원	상무위원	정치국원
인문·사회계열	0	5	2	12	6	17
이공계열	9	17	7	11	1	6
군사학교	0	2	0	2	0	2
총원	9	24	9	25	7	25

10년 전까지만 해도 정치국은 이과 출신 일변도였다. 최종 학력을 기준으로 할 때 2002년 16기 정치국정치국 위원 24명에서 문과 출신은 5명에 불과했고 이과 출신이 17명, 군 출신 2명이었다. 후진타오·우방궈·원자바오 등 정치국 상무위원 9명이 모두 이과 출신이었다.

2007년 17기 정치국에서 문과 출신이 급증했다. 25명의 정치국 위원 가운데 12명이 문과, 11명이 이과, 2명이 군 출신이었다. 하지만 17기 정치국 상무위원 9명만 놓고 보면 7명이 이과, 2명이 문과 출신으로 이과 출신이 다수였다.

18기 정치국에서는 문과·이과 출신 비율이 완전히 역전됐다. 25명의 정치국 위원 중 문과 출신 17명, 이과 출신 6명, 군 출신 2명으로 10년 전과 정반대 비율로 뒤바뀐 것이다. 7명의 상무위원 가운데 이과 출신은 위정성 정치협상회의 주석 1명 뿐하얼빈군사공정학원 탄도공학 전공이다. 시진핑 주석의 경우 학부는 칭화대 공정화학과를 나왔지만 이후 칭화대에서 법학박사 학위를 받았다. 베이징대 출신인 리커창 총리는 학부에서는 법학을 공부했고 경제학 석·박사 학위를 받았다. 장더장 전인대 위원장김일성종합대과 장가오리 부총리샤먼대는 대학에서 경제학을 전공했다. 당 간부 양성 기관인 중앙당교에서 공부한 류윈산 상무위원 역시 문과 출신이며 왕치산 중앙기율검사위 서기는 시베이대에서 역사학을 공부했다.

18차 당대회에서 선출된 중앙위원 205명, 중앙후보위원 171명 가운데서도 경제학·정치학·법학 등 문과 전공 출신들이 압도적으로 많았다. 과거 이공계 출신의 테크노크라트technocrat, 기술관료가 주류를 이

루던 것과 대조를 이뤘다.

중국 최고 지도부에 문과 출신이 늘어난 것은 과거 계획경제 시대와 달라진 시대상을 반영한 것이라고 할 수 있다. 갈수록 사회가 복잡해지는 상황에서 각종 이해관계를 조정하면서 관리 능력을 발휘할 수 있는 간부가 필요한 현실을 반영한 것이다.

중국의 통치 엘리트는 혁명가에서 노동자·농민 간부, 기술관료, 사회관리형 관료로 변해오고 있다. 중국의 공산혁명을 이룬 1세대 지도부는 노동자·농민 출신의 혁명 간부의 비중이 높았다.

이후 문화대혁명이 끝나고 개혁·개방이 시작되는 시대적 배경 속에 대학에서 이공계를 전공한 기술 관료들이 중앙 정치무대에 활발히 진출, 중국의 고속 성장을 이끌었다. 대표적인 인물이 상하이자오퉁交通대에서 전기학을 공부한 장쩌민이다.

장쩌민으로 대표되는 3세대 지도부와 후진타오를 중심으로 한 4세대 지도자가 대학에 들어갈 당시 중국 공산당은 인문사회과학을 부르주아적 학문으로 간주했으며 기술 전문가 양성을 강조했다. 이공계 전공자가 3·4세대 지도부에 널리 분포한 것은 이 같은 분위기도 영향을 미쳤다.

하지만 빈부격차 확대 등으로 인한 사회·경제적 갈등이 심화되면서 중국 지도부에 요구되는 덕목은 전문적 기술 지식에서 복잡한 사회 갈등을 관리할 수 있는 인문·사회적 소양으로 바뀌었다. 이 같은 사실은 18기 중앙위원회 인선 과정에서 확연히 드러났다.

지도부의 출신 대학도 이공 계열이 강세인 칭화대 출신이 줄고 인문·사회 계열이 강세인 베이징대 출신이 늘어나는 흐름이 나타난다. 칭화대와 베이징대는 각종 평가에서 우열을 가리기가 어려운 라이벌 관계다. 두 대학은 많은 인재를 양성했고, 두 학교 출신은 중국의 각 분야에서 맹활약하고 있다. 하지만 정계에서는 칭화대 출신의 진출이 더 활발했다. 한 때 중국에는 '다칭大淸 제국, 베이다황北大荒'이라는 말이 있었다. '칭'은 '칭화대'를, '베이다'는 '베이징대'를 말하는데, 칭화대 출신은 중앙 고위직에 대거 진입한 반면 베이징대 출신은 그렇지 못하다는 뜻이다. 칭화대 출신 정치인이 주요 자리를 차지하면서 '칭화방'이라는 용어가 생겨나기도 했다.

16기 정치국 상무위원 9명 가운데 후진타오 주석서열 1위·수리공정과, 우방궈 전인대 상무위원장서열 2위·무선전자과, 황쥐 부총리서열 6위·전기공정과, 우관정 중앙기율검사위 서기서열 7위·동력과 등 4명이 칭화대 출신이었다. 17기 정치국에서도 칭화대 출신의 강세가 이어졌다. 정치국 상무위원 9명 가운데 칭화대 출신은 후진타오 주석을 비롯해 우방궈 전인대 위원장, 시진핑 국가 부주석 등 3명이었다. 여기에 류옌둥 국무위원화학공정과까지 포함하면 정치국 내 칭화대 출신은 4명으로, 정치국 위원 25명의 출신 대학 중 가장 많은 졸업생을 배출한 학교가 바로 칭화대였다.

하지만 17기 정치국부터 베이징대 출신이 늘기 시작했다. 17기 정치국에 베이징대 출신은 리커창, 리위안차오경제관리과학센터 석사, 보시라이역사학 등 3명이었다. 18기 정치국에서는 베이징대 출신이 칭화대 졸업생보다 많았다. 베이징대 출신은 리커창 총리, 리위안차오 부주석,

자오러지 중앙조직부장철학과, 후춘화 광둥성 서기중문과 등 4명이다. 칭화대 출신은 시진핑 주석과 류옌둥 부총리 등 2명이다.

5세대 지도부는 학력 수준도 높다. 25명 정치국 위원 전원이 대졸 이상 학력이다. 이 중 15명이 대학원을 나왔다. 이 중 상당수는 일을 하면서 수업을 듣는 대학원 과정을 이수했기 때문에 대학원 학력을 어디까지 인정해야 하느냐를 놓고 논란이 있기는 하다. 하지만 5세대 지도부가 이전 지도부에 비해 학력 수준이 높다는 데에는 큰 이견이 없다. 18기 정치국에서 박사 학위 소지자는 시진핑·리커창을 포함해 5명이다. 류옌둥은 지린대에서 법학 박사 학위를 받았고 리위안차오는 중앙당교에서 법학 박사학위를 받았다. 쑨정차이 충칭시 서기는 중국농업대학에서 농학 박사학위를 받았다.

17기 정치국에서는 대학원 이상 학력 소지자가 9명이었으며 박사 학위 소지자는 4명이었다. 16기 정치국 위원 중에 박사 학위 소지자는 1명도 없었으며 대학원 졸업자가 4명뿐이었다. 이는 1980년대 이후 개혁·개방을 가속화하고 성장을 유지하기 위해 우수한 인재를 발굴해야 한다는 당 중앙의 방침에 따라 학력이 간부 인사 평가에서 주요 항목으로 간주된 것과 관련이 있다. 공산당 중앙은 1980년대 간부 선발에서 혁명화·연경화·지식화·전문화 등 '간부 4화' 원칙을 내세우며 젊고 유능한 인재를 뽑았으며 1990년대 들어서는 고위 간부는 대학 정도 이상 학력을 갖춰야 한다는 내용의 인사 규정을 마련했다.

18기 정치국 위원은 상당수가 문화대혁명기에 청년 시절을 보낸 경험을 공유하고 있다. 이들은 마오쩌둥 당시 주석의 상산하향上山下

鄕·지식 청년을 농촌으로 보내 노동에 종사하도록 한 정책 운동에 따라 시골로 내려가 농촌 생활을 했다.

시진핑 총서기는 1969년 중학교 졸업장도 손에 쥐지 못한 채 중국 서부 산시陝西성 옌안延安시 옌촨延川현 량자허梁家河촌이라는 산골 마을로 쫓겨가 1975년까지 농사를 지었다. 리커창 총리와 장더장 전인대 위원장도 각각 안후이성과 지린성의 농촌 마을에서 3~4년을 보냈고, 류윈산 중앙서기처 상무서기, 왕치산 중앙기율검사위 서기 등도 각각 2년 동안 시골 생활을 했다. 이들에게 문화대혁명은 서민의 삶을 이해할 수 있는 기회였고 실용적 성향을 갖게 한 계기가 됐다. 한편으로 5세대 지도부는 문화대혁명의 광풍에 휩쓸리면서 극단적 이념 투쟁과 급진적 대중운동에 대한 부정적 인식이 각인됐다.

5세대 지도부는 문화대혁명이 끝난 이후 경제 발전 현장에 직접 참여하면서 100여 년 전 서구 열강의 반半식민지였던 중국을 G2 국가로 부활시키는 데 일조했다는 자부심도 갖고 있다.

中华人民共和国万岁

POLITICAL
POWER
OF CHINA

__2부__

중국 공산당
중앙정치국 위원
25인

●

중국에서 '지도자'라고 하면 흔히 공산당 중앙정치국 위원을 가리킨다. 이들은 당·정·군 각 부문에서 핵심적인 역할을 맡아 중국을 움직이는 통치 엘리트다. 중국 공산당의 핵심부인 중앙 정치국은 현재 중국을 이끄는 최고 지도부뿐만 아니라 미래의 지도부까지 포괄하고 있다. 그런 만큼 정치국 위원의 정치적 성장 과정을 살펴보는 것은 중국 정치의 현실을 파악하는 데 도움이 된다고 할 수 있다.

우선 태자당·상하이방 연합 세력 소속의 인사를 소개한 뒤 공청단파 출신 인사를 소개하고 이어 특정 계파로 분류하기 어려운 나머지 정치국 위원을 소개하기로 한다.

1장

태자당 · 상하이방 연합

1 시진핑 習近平 | Xi Jinping

직책 중국 공산당 총서기, 중국 국가주석, 중국 공산당 중앙군사위원회 주석
출생 1953년 6월 베이징 ※원적은 산시陝西성 푸핑
학력 칭화대 화학공정과학부, 칭화대 법학박사

주요 약력

1975~1979년	칭화대 화학공정과
1979~1982년	중앙군사위원회 판공청 비서
1982~1983년	허베이성 정딩현 부서기
1983~1985년	허베이성 정딩현 서기
1985~1988년	푸젠성 샤먼시 부시장
1988~1990년	푸젠성 닝더시 서기
1990~1996년	푸젠성 푸저우시 서기
1996~1999년	푸젠성 부서기
1999~2000년	푸젠성 대리성장
2000~2002년	푸젠성 성장
2002~2007년	저장성 서기
2007~2007년	상하이시 서기
2007~2012년	중국 국가 부주석, 중앙서기처 서기
2012년~	중국 공산당 총서기, 공산당 중앙군사위원회 주석
2013년~	중국 국가주석

시진핑習近平은 파란만장한 인생 스토리를 지녔다. 중국 공산당 혁명 원로의 아들로 태어나 유복한 환경에서 어린 시절을 지냈지만, 부친의 정치적 몰락으로 호된 시련을 겪으며 질곡의 청년기를 보내야 했고, 이후 온갖 풍파가 휘몰아치는 정치 무대에서 살아남아 인구 13억의 중국을 이끄는 최고 지도자로 올라섰다.

시진핑은 2012년 11월 15일 중국 공산당 18기 중앙위원회 1차 전체회의18기 1중전회에서 당 총서기와 중앙군사위원회 주석에 오른 데 이어 2013년 3월 14일 전국인민대표대회전인대·국회에서 국가주석으로 선출돼 당·정·군을 장악했다. 지금이야 '시진핑' 하면 누군지 다 알지만, 2007년 정치국 상무위원으로 선출되며 황태자 자리에 오르기 전까지만 해도 그는 중앙 정치무대에서 선두 주자가 아니었다. 차기 최고 지도자 자리를 놓고 펼쳐진 경주에서 20년 넘는 지방 근무를 통해 크게 주목받을 만한 실적을 보여주지 못했던 시진핑은 쟁쟁한 경쟁자들 사이에서 아주 눈에 띄는 존재는 아니었다.

하지만 최종 승리자는 시진핑이었다. 시진핑은 정치에서 통하는 규칙을 잘 알고 있었다. 그는 정계와 군부에 거미줄 네트워크를 구축하며 정치적 기반을 다졌고 이는 최고 지도자 자리에 오르는 디딤돌이 됐다. 온화한 미소에는 그의 이름이 들어간 사자성어 평이근인平易近人·태도가 겸손하고 온화하여 쉽게 접근할 수 있다는 뜻으로 史記에 나옴처럼 사람들이 쉽게 다가설 수 있는 친근감과 부드러움이 묻어난다. 그는 자신을 낮춰 상대를 끌어안고 적을 만들지 않는 정치적 능력이 강점이라는 평가를 받고 있다. 그는 "재才보다 더 중요한 것은 덕德"이라고 강조한다. 그는 문화대혁명 기간 밑바닥 생활을 하며 몸과 마음을 단련했으며 이는 그가 정치적으로 성장하는 자산이 됐다. 시진핑에 대해 '태자당太子黨·혁명 원로나 고관의 자제 그룹 같지 않은 태자당'이라고 말하는 사람도 많다. 결정적인 순간마다 힘이 돼 준 부친의 후광, 그리고 고비 때마다 찾아온 행운은 그에게 날개를 달아줬다. 시진핑은 젊은 시절 반동분자의 아들로 낙인찍혀 공산당 입당을 10번이나 거절당했음에도 끝내 공산당에 입당한 것으로 전해지는데, 여기에서 볼 수 있듯 그는 끈질긴 집념의 소유자이기도 하다. 여러 차례 위기가 닥쳤지만, 그는 꿋꿋이 이를 이겨내고 최고 지도자 자리에 올랐다.

혁명 원로의 아들

시진핑은 1953년 6월 중국 8대 혁명 원로 중 한 명으로 꼽히는 시중쉰習仲勛 전 부총리와 팔로군 출신의 어머니 치신齊心 사이의 2남2녀 중 셋째로 태어났다. 위로 누나 둘, 밑에 남동생이 있다. 중국 공산당의 공식 자료에 따르면 시진핑은 산시陝西성 푸핑富平현 출신이다. 하지만 시진핑의 원래 출생지는 베이징이라고 한다. 진핑近平이란 이름도 베이징의 이전 지명인 베이핑北平의 뒷글자를 따 '베이핑에서 가깝다'는 뜻으로 지었다는 것이다. 시진핑이 태어났을 때 시중쉰은 중국 공산당 중앙선전부장과 정무원현 국무원 문화교육위원회 부주임을 겸직하고 있었다. 푸핑현은 시중쉰의 고향이다.

시중쉰은 1913년생이다. 13세에 혁명에 참가했고 15세 때 감옥에서 중국 공산당에 가입했다. 그는 21세에 산시·간쑤甘肅 접경지역인 산간혁명위원회 주석으로 선출됐다. 그가 류즈단劉志丹·가오강高崗 등과 함께 산시 지역에 구축한 혁명 근거지는 홍군중국 국공 내전 때 공산당 군대 대장정의 종착지이기도 했다. 1945년에는 중국 공산당 중앙서북국 서기가 됐다. 시진핑이 태어나고 3개월 정도 지났을 때 시중쉰은 정무원 비서장이 돼 저우언라이周恩來 총리를 보좌했다. 시진핑이 여섯 살 되던 1959년에는 국무원 부총리에 임명됐고 국무원 비서장을 겸직했다. 시진핑은 저우언라이를 '아저씨'라고 불렀다.

정권의 요직에 있던 아버지 덕분에 시진핑의 어린 시절은 유복한 '홍색 귀족'의 생활이었다. 베이징 중심가 저택에 집사와 요리사는 물론, 옛 소련제 자가용까지 갖춘 환경에서 자랐다. 하지만 시중쉰은 근검절약을 가풍으로 삼았다. 시진핑은 어렸을 때 누나가 입던 옷이나 붉은색 헝겊 꽃신을 물려받아 신었다. 친구들이 놀린다며 시진핑이 누나의 꽃신을 안 신으려고 하자 시중쉰은 "물들여서 신으면 똑같다"면서 먹물로 검게 물들여 시도록 했다. 또 옷을 여러번 기워서 누덕누덕했고 누나의 옷을 물려받아 입었는데 인민대회당우리나라의 국회 의사당과 비슷함과 톈안먼天安門에 놀러 갔을 때면 주위 사람들이 "저 아이는 누구 집 아이인데 저렇게 낡은 옷을 입고 있지?"라고 물을 정도였다고 한다. 시진핑은 어릴 때부터 절약하는 습관을 길렀다.

베이징대北京와 칭화淸華대를 비롯한 중국 명문대학이 모여 있는 베이징 시내 중관춘中關村에는 '81중학'이 있다. 중국 10대 원수元帥 중 한 명인 녜룽전聶榮臻이 1947년 허베이河北성 푸핑阜平현에 공산 혁명가들의 자녀를 교육하기 위해 기숙학교를 세웠는데 이 학교가 81중학의 전신이다. 1949년 중국 공산당이 국공내전에서 승리하면서 베이징으로 들어왔다. 시진핑은 이 학교에서 초·중학교 시절을 보냈다. 시진핑이 학교에 다니던 당시 81중학은 중국 내에서 거의 유일하게 수영장과 도서관, 기숙사 등 현대적 시설을 갖췄다.

"시진핑의 유년기와 청소년기의 절반은 밝았지만 절반은 어두웠다." 중국 공산주의청년단_{공청단} 중앙에서 발행한 잡지인 '중화의 아들딸'은 시진핑의 삶을 이렇게 묘사했다. 1962년 시중쉰이 마오쩌둥毛澤東의 측근 캉성康生의 모함을 받아 해임되고, 문화대혁명1966~1976이 시작되면서 그에게는 정반대의 운명이 펼쳐졌다.

시진핑이 아홉 살 되던 1962년 '소설 류즈단劉志丹 사건'이 터졌다. 이 소설은 혁명전사이자 시중쉰의 전우였던 류즈단의 생애를 묘사한 소설이다. 문제는 소설 속에 등장한 가오강이었다. 가오강은 1949년 건국 직전 동북인민정부 주석을 지냈고 중앙정부 부주석 등 요직에 있다가 '반당反黨정권탈취 분자'라는 혐의로 체포돼 1954년에 자살했다. 1955년에는 당에서 제명됐다. 캉성은 마오쩌둥의 심복으로 수많은 사람에게 반혁명분자라는 누명을 씌워 정적을 제거하며 악명을 떨쳤다. 캉성은 1962년 시중쉰이 소설 류즈단을 이용해 가오강 사건을 뒤집고 정권 전복을 노렸다고 모함했다. 소설의 저자는 초고를 완성한 후 류즈단의 생애를 잘 아는 시중쉰에게 검토를 부탁했는데 시중쉰은 초고도 제대로 보지 못한 상태였다. 이 일로 시중쉰은 당 내외의 모든 직무에서 해임됐다. 시중쉰은 1965년 뤄양洛陽에 있는 광산기계공장에 배치돼 명목상 부공장장으로 있다가 문화대혁명 기간 여러 차례 조사를 받고 투옥됐다. 시중쉰은 1978년 복권될 때까지 16년 동안 고초를 겪었다.

부친이 숙청되자 시진핑도 순간 '반동의 자식'으로 전락했다. 문화대혁명이 시작되면서 그는 13세의 나이에 소년관리소라는 교화시설에 다녀와야 했다. 1969년에는 중학교 졸업장도 손에 쥐지 못한 채 서부 산시陝西성 옌안延安시 옌촨延川현 량자허梁家河촌이라는 산간벽지로 쫓겨갔다. 지식 청년들을 농촌으로 보내 재교육을 해야 한다는 마오쩌둥의 '하방下放정책'에 따른 것이었다. 옌안은 아버지가 혁명 전투를 벌이던 곳이었고, 마오쩌둥이 2만5000리 대장정을 마친 뒤 10여 년간 공산혁명의 근거지로 삼았던 곳이기도 했다.

시진핑은 이곳에서 처음으로 밑바닥 생활을 체험했다. 황량하고 척박한 황토고원은 그에게 유배지나 다름 없었다. 그에게 할당된 숙소는 10m²약 3평 남짓한 토굴이었다. 그는 몸에 이가 옮을까 봐 농민들이 가까이 오는 것조차 두려워했다. 주민들과 어울리지 못했고 일솜씨도 형편 없었다. 시진핑은 벼룩이 득실거리는 토굴 생활과 고된 노동을 못 견디고 3개월 만에 베이징으로 도망쳤다. 하지만 그는 베이징에서 붙잡혀 '학습반'에 끌려가 6개월간 강제 노역 조치를 당하고 다시 량자허로 되돌아갔다.

하지만 두 번째로 량자허에 갔을 때에는 이전의 그가 아니었다. 그는 농민들 속에서 열심히 일했다. 시진핑은 량자허에서 '5대 관문'을 거쳤다고 회고한 바 있다. 첫째는 벼룩이었다. 벼룩이 자꾸 물어대는 바람에 피부가 부어오르고 제대로 잠도 못 잤지만 점차 익숙해지면서 나중에는 벼룩을 개의치 않게 됐다. 두 번째는 음식이었다. 거친 잡곡밥과 초라한 반찬이 목으로 넘어가지 않았다. 하지만 먹지 않으면 굶어야 했기 때문에 나중에는 뭐든지 먹었다. 한 번은 생산대에서 돼지고기를 조금 나눠줬는데 시진핑은 생고기 한 덩어리를 잘라 입에 집어넣었다. 세 번째는 생활의 관문이었다. 처음에는 혼자 할 수 있는 게 별로 없었지만 나중에는 옷도 스스로 꿰매고 이불도 만들었다. 네 번째는 노동의 관문. 처음에 여자들보다 체력이 떨어졌지만, 어느새 100kg의 보리를 메고 10리 산길을 단숨에 내려올 만큼 건장한 노동자가 됐다. 다섯 번째는 사상의 관문이었는데, 처음에는 농민들과 어울리지 못했지만, 나중에는 농민들과 하나가 돼 그들과 함께 지냈다.

시진핑은 1975년 칭화대에 입학할 때까지 약 7년을 이곳에서 보냈다. 낮에 고된 노동을 하고도 밤에는 석유등 아래에서 마르크스·레닌과 마오쩌둥의 저작을 읽었다. 그는 입당 원서를 내도 '반동의 자식'이라는 이유로 10번이나 퇴짜를 받았지만 집요하게 신청을 해 1974년 공산당 입당에 성공했다고 중화권 언론들이 전했다. 독일 「슈피겔지」는 이런 그를 "마오주의자보다 더 붉어짐으로써 생존하는 길을 택했다"고 썼다. 하지만 시진핑이 입당을 거절당한 게 10번이 아니라 1번이라는 보도도 있다. 첫 번째는 부친인 시중쉰이 조사를 받고 있을 때여서 입당이 거절됐지만 두 번째 입당 신청서를 제출했을 때에는 '부모의 문제가 자식에게는 영향을 미치지 않는다'는 당 중앙의 원칙에 따라 입당이 받아들여졌다는 것이다. 어쨌든 시진핑의 공산당 입당이 순조롭지 않았던 것은 분명하다.

공산당에 입당한 그는 량자허촌 대대大隊 지부 서기로 임명됐다. 공산당 최하층 관리였다. 그는 이 시절 량자허촌에 메탄가스를 보급하기 위해 공사를 하다 똥물을 뒤집어 썼고 제방을 보수하기 위해 얼음물 속으로 가장 먼저 뛰어들기도 했다. 시진핑이 1975년 10월 량자허 생활을 끝내고 상경할 때 주민들은 60리 길을 걸어 배웅했다. 청년 농민 몇 명은 여관방에서 시진핑과 함께 잠을 청했다. 시진핑은 그들과 함께 사진관에서 사진을 찍었는데, 시진핑이 돈을 내려고 하자 청년들이 각자 조금씩 돈을 걷어 사진 값을 냈다.

시진핑은 농촌생활을 통해 연약한 도시 소년에서 키 180cm가 넘는 건장한 체격에 겸손하며 인내심 강한 청년으로 변해 있었다. 시진핑은「중화의 아들 딸」과 인터뷰에서 "지금의 내가 있는 것은 량자허촌에서의 체험 때문이다. 실사구시實事求是, 사실에 토대를 두어 진리를 탐구하는 일가 무엇인지, 인민人民이 무엇인지 알게 됐다. 7년 간 하방 생활은 나를 단련시켰다. 훗날 어려움에 부딪혀도 '그 시절 생산대에서도 일을 해냈는데 지금 와서 못할 일이 뭐가 있겠냐'라고 생각한다"고 말했다.

리콴유李光耀 전 싱가포르 총리는 시진핑에 대해 "만델라급 인물이다. 자기가 겪은 일로 인해 감정이 좌우되지 않는 절제력을 갖췄다"고 평가했다.

태자당으로 복귀

시진핑은 1975년 칭화대 화학공정과에 입학했다. 대입시험을 거친 것이 아니고, 노동자, 농민, 해방군, 지방에서 일하는 지식청년 가운데 추천을 받아 대학이나 전문대학에 입학시키는 '공농병工農兵 특례' 제도를 통해서였다. 당시 옌안 지역에서는 두 명을 칭화대에 보낼 수 있었는데, 그 중 한 명이 옌촨현에 할당됐다. 시진핑은 제1, 제2, 제3지원을 모두 칭화대로 써냈다.

칭화대 학생모집 담당은 덩샤오핑鄧小平을 추종한 개혁 성향의 류빙劉冰이었는데, 그는 시진핑의 입학을 허락했다. 부친 시중쉰이 소속된 곳의 '현지 증명'도 필요했다. 시중쉰은 뤄양 내화재 공장에 소속돼 있었는데, 공장 지도자는 "시중쉰 동지는 내부의 문제니, 그의 자녀가 대학에 진학하는 것은 문제가 되지 않는다"는 내용의 증명을 발급해줬다.

대학생이 돼 베이징으로 상경한 시진핑은 태자당 사회로 복귀했다. 몰락했던 시중쉰가家는 문화대혁명이 끝나면서 부활했다. 시중쉰은 1978년 복권돼 광둥廣東성 서기로 부임했다. 시중쉰은 선전深圳에 경제특구를 열었으며 이것이 중국 개혁개방의 효시다.

시진핑의 칭화대 시절은 잘 알려지지 않았다. 다른 태자당 자제들이 문화대혁명 기간 고난에 대한 보상 심리로 서구 문화에 심취해 있을 때, 시진핑은 도서관에서 공산주의 서적을 탐독했다는 말이 전해진다. 그런데 시진핑이 칭화대에 입학했을 당시에는 시험 없이 학생을 뽑았고 문화대혁명이 끝나지 않은 혼란스러운 상황에서 교육은 제대로 이루어지지 않았다. 당시 칭화대가 오늘날 중국 최고 명문인 칭화대와 같은 학교라고 하기는 어렵다. 중국 관영 언론들은 시진핑의 학력에 대해 많이 언급하지 않고 있다. 문화대혁명이 끝나고 1977년 부활한 대입 시험에서 치열한 경쟁을 뚫고 베이징대 법대에 입학해 이 학교에서 경제학 박사 학위까지 받은 리커창李克强 총리의 학력을 많이 보도하는 것과 대비된다. 시진핑의 학력에 대해서는 오히려 부정적인 보도가 종종 나와 사람들의 관심을 끌고 있다. 2013년 초 홍콩 언론들은 시진핑의 칭화대 박사논문이 대필됐다는 의혹이 불거지고 있다고 보도했다. 시진핑은 푸젠福建성 부서기와 성장을 맡고 있던 1998년부터 2002년까지 4년간 모교인 칭화대학의 대학원 과정인 인문사회학원에서 직장인 연구원으로 박사과정을 이수하고 법학박사 학위를 취득했다. 그런데 이 논문을 푸젠성 성장 시절 그의 비서가 대필했다는 것이다. 시진핑의 박사논문 제목은 '중국 농촌의 시장화에 대한 연구'다. 시진핑이 석사과정도 수료하지 않고 갑자기 박사과정에 들어간 데다 논문도 법학과 전혀 관계없는 농업 문제였다는 점도 이상하고, 성장으로시 바쁜 일정 속에 멀리 베이징까지 오가며 박사 과정을 이수하고 논문까지 쓸 시간이 있었을지 의문이라는 등 논문의 진정성에 대한 의혹이 제기됐다.

시진핑은 1979년 칭화대를 졸업한 뒤 사회에 첫발을 내디뎠다. 중앙군사위원회 판공청에 배치돼 아버지의 옛 부하였던 겅뱌오耿飈 중앙군사위원회 비서장의 비서로 공직생활을 시작했다. 시진핑에게서 정치적 자질을 눈여겨 본 시중쉰은 아들의 첫 경력을 군에서 쌓도록 했다. 시중쉰은 '권력이 총구에서 나온다'는 것을 누구보다 잘 알고 있었다. 시진핑은 겅뱌오를 보좌하면서 군이 돌아가는 시스템을 살펴볼 수 있었다. 1980년에는 경뱌오를 수행해 미국을 방문하기도 했다.

시진핑은 3년간 군 생활을 끝낸 1982년 허베이河北성 정딩正定현 부서기로 옮겼다. 문화대혁명을 겪은 세대에게 농촌은 다시는 돌아가고 싶지 않은 곳이었다. 시진핑은 아버지의 인맥을 활용하면 편한 길을 걸을 수 있었다. 그는 정딩현으로 간 이유에 대해 "여건이 문화대혁명 때보다 훨씬 좋아졌기 때문에 좀 더 분발하고 노력하면 무슨 일이든 할 수 있을 것 같았다"고 말한 바 있다. 최고 간부가 되려면 지방정부 간부의 길을 걷는 것이 좋다는 게 시중쉰의 생각이기도 했다.

하지만 시진핑이 정딩현으로 간 것은 경뱌오의 정치적 운명에 따른 전략적 선택 차원이었다는 말도 있다. 경뱌오는 1981년 국방부장에 올랐는데 홍콩에 중국군이 주둔하는 문제를 두고 덩샤오핑과 의견 충돌을 빚어 자리에서 물러날 것이라는 소문이 돌았다. 이와 관련 경뱌오가 자신의 앞날을 확신할 수 없다며 시진핑에게 다른 자리를 알아보라고 해 그가 정딩현을 가기로 했다는 설이 있는가 하면 시중쉰이 아들의 장래를 걱정해 시진핑을 지방으로 빼도록 손을 쓴 것이라는 설이 있다. 경뱌오는 시진핑이 지방으로 내려간 지 얼마 안 돼 좌천됐다.

지방에서의 경험

시진핑은 1982년 정딩현 부서기를 시작으로 푸젠성과 저장성, 상하이 등지를 돌며 25년간 지방관 생활을 했다.

정딩현에 부임한 시진핑은 고급 간부의 자제라는 티를 내지 않았다. 평상시에는 낡은 군복을 입었고 직원 식당에서 식사를 했으며 어디를 갈 때에는 자전거를 타고 다녔다. 말투는 겸허했다. 시진핑은 1983년 정딩현 서기로 승진했다. 서기에 오른 시진핑은 관광자원 개발로 성과를 올렸다. 당시 중국중앙방송CCTV은 드라마 '홍루몽' 촬영을 위해 청나라 시대의 거리를 복구한 세트장을 지을 계획이었다. 이 정보를 입수한 시진핑은 세트장 유치에 나섰다. CCTV는 임시 세트장을 설치해 촬영할 생각이었는데, 시진핑은 실물 크기의 세트장을 지어 영구 보존해 관광자원으로 활용할 것을 제안했다. 하지만 300만 위안에 달하는 추가 자금이 필요했고 자금 문제로 정딩현 내에서는 의견이 분분했다. 하지만 시진핑은 건설 계획을 밀어붙여 1986년 '룽궈푸榮國府' 세트장을 완성했다. 이는 대성공을 거뒀다. 2년 만에 룽궈푸는 대출금을 갚았으며 이후 막대한 수입을 올렸고 지방 도시의 성공 사례로 전국적인 화제가 됐다. 하지만 시진핑의 집안 배경이 없었다면 룽궈푸 세트장은 불가능한 프로젝트였다는 주장이 나온다. CCTV가 중국 전역의 여러 지역 가운데 지극히 순수한 배경에서 정딩현을 선택했을 가능성은 크지 않다는 것이다.

1985년은 시진핑의 공직 생활에서 전환점이 된 해였다. 그해 시진핑은 샤먼廈門시 부시장으로 옮겨가면서 푸젠성과 인연을 맺었는데, 그는 이때부터 2002년까지 푸젠성에서만 17년을 근무했다. 시진핑은 경제특구 샤먼을 시작으로 닝더寧德시 서기, 푸저우福州시 서기, 푸젠성 성장 등 다양한 보직을 거치며 도시 관리와 발전을 경험했다. 또 시진핑이 푸젠성에서 근무하면서 구축한 인맥은 흔히 '푸젠방'으로 불리며 시진핑 지원 세력 역할을 했다.

1988년 닝더시 서기로 임명된 시진핑은 반부패 활동을 펼쳤다. 당시 닝더시에서는 간부들이 불법으로 사택을 짓는 게 관례처럼 돼 있었다. 조사 결과 간부 중 절반 가까이가 부패를 저지른 것으로 나타났다. 시진핑은 이에 철퇴를 가했고 일반 대중의 지지를 받았다. 이는 관영 인민일보에 보도되면서 당 중앙의 관심을 끌었다.

그는 1990년 푸저우 서기로 부임한 이후 '즉시 처리'를 구호로 내걸고 공무원을 상대로 일의 효율성을 높일 것을 주문했다. 도심 재개발, 도시가스 공급 등 주민들의 요구 사항도 최대한 수용했다.

시진핑은 1996년 푸젠성 부서기로 승진해 1999년 대리성장, 2000년 성장에 올랐다. 그는 2002년 10월 저장성 서기로 부임하면서 푸젠성을 떠났는데, 2002년 푸젠성의 1인당 GDP는 전국 7위로 상위권에 올랐다. 시진핑은 저장성 서기로 부임해 2007년 3월 상하이 서기로 옮겨가기 전까지 저장성의 고속 경제 성장을 이끌었다. 저장성은 돈을 잘 버는 성省이었지만 시진핑이 서기로 부임했을 당시에는 경제 성장이 조금씩 한계를 드러내는 상황이었다. 시진핑은 산업 구조조정과 브랜드 육성을 주문했고, 그 결과는 수치로 나타났다. 2006년 저장성의 GDP는 1조5,649위안전국 31개 성·시·자치구 가운데 4위으로 5년간 평균 성장률이 13.6%에 달했고, 1인당 GDP는 3만1,684위안전국 4위으로 연평균 성장률이 12.5%에 달했다. 저장성 서기 시절 시진핑은 정치 제도 개혁에도 적극적이었다. 그의 재임 기간 저장성 인민대표대회 상무위원회가 인터넷을 통해 입법 제안을 공모하기 시작했으며 전국 최초로 중대한 사건에 대해 민원인의 고충 처리와 관련해 청문회를 열 수 있도록 했다.

하지만 이 같은 성과에도 불구하고 지방관 시절 그는 성적이 아주 뛰어난 편은 아니었다는 게 일반적인 평가다. 닝더시를 맡고 있을 때 그는 반부패 운동을 펼쳤지만 간부들의 부정부패 사건이 끊이지 않았다. 푸저우시 서기를 맡고 있을 때 그가 챙긴 국제공항이 운영 4년 만에 11억 위안의 손실을 내 주룽지朱鎔基 총리가 이를 비판하기도 했다. 그가 푸젠성 대리성장을 맡고 있던 1999년 중국 최대 규모의 밀수 사건이 적발됐다. 라이창싱賴昌星이 1994년 푸젠성에 세운 위안화遠華그룹은 530억 위안 규모에 달하는 밀수에 가담했고 300억 위안을 탈세했다. 라이창싱이 푸젠성의 많은 관료들에게 뇌물을 건넨 사실도 드러났다. 수사가 진행 중이던 2000년 시진핑은 푸젠성 성장에 올랐다. 위안화그룹의 밀수 사건에 대한 당 중앙의 조사 결과 300여 명의 관료가 형사 처벌을 받았지만 시진핑은 건재했다. 하지만 라이창싱이 시진핑과 알고 지내는 사이였으며 시진핑이 위안화 스캔들과 무관하지 않다는 의혹의 시선도 있다. 라이창싱은 1996년 본격적으로 밀수를 시작해 1999년까지 관료와 결탁해 검은 돈을 챙겼는데, 이 시기에 시진핑은 푸젠성 부서기와 대리성장을 지냈다.

2003년 7월 푸저우 최고 부자인 천카이陳凱가 마약 밀매와 돈세탁 혐의로 체포됐다. 그런데 천카이는 시진핑이 푸저우 서기로 재직하던 기간1990~1996년 공무원과 결탁해 돈을 많이 벌었다. 이와 관련해 인터넷에는 시진핑이 천카이와 아는 사이였는데 시진핑의 묵인 아래

천카이가 돈을 벌었지만, 시진핑이 푸젠성을 떠나 저장성으로 간 다음에야 당국이 천카이를 체포했다는 글이 올라오기도 했다.

본인이 직접 스캔들에 관여되지 않았다고 해도 이 정도로 큰 대형 사건이 잇달아 터지면 정치 생명에 영향을 미칠 수도 있었지만 시진핑은 타격을 입지 않았다.

황태자에 오르다

2007년 10월 22일 오전 11시36분 중국 베이징北京 인민대회당 내·외신 기자회견장. 후진타오胡錦濤 총서기를 선두로 이날 열린 중국 공산당 17기 중앙위원회 1차 전체회의에서 공식 확정된 정치국 상무위원 9명이 들어섰다. 이날 기자회견장에서 관심의 초점은 누가 차기 최고 지도자가 될 것이냐에 대한 문제였다. 시진핑이 6번째, 리커창이 7번째로 입장했다. 시진핑이 리커창을 따돌리고 당 서열에서 한 단계 앞선 것이며 이는 시진핑이 차기 총서기에 오를 것임을 예고한 것이었다.

오랫동안 공직 경력에서 리커창은 시진핑을 앞서 나갔다. 리커창은 1999년 성장이 됐지만 시진핑은 2000년 성장이 됐고 리커창은 2002년에 성위원회 서기로 올라갔지만, 시진핑은 2003년에 서기가 됐다. 리커창이 1997년 15차 당대회에서 중앙위원회 위원으로 선출될 때 시진핑은 중앙위원회 후보위원으로 선출됐다. 15차 당대회 때 리커창이 여유 있게 중앙위원회 위원으로 선출된 것과 달리 시진핑은 우여곡절 끝에 '턱걸이'로 후보위원에 이름을 올렸다. 당시 후보위원 정원은 150명이었는데 시진핑은 개표 결과 그 안에 들지 못했다. 당

지도부는 혁명 원로인 시중쉰의 아들이자 재목감인 시진핑을 놔둘 수가 없었고, 부랴부랴 정원을 한 명 늘려 시진핑을 후보 위원에 포함시켰다. 시진핑은 2002년 16차 당대회에서도 저조한 득표로 겨우 중앙위원에 선출됐다. 이때까지 시진핑의 정치적 위상은 높지 않았던 것이다.

하지만 시진핑은 조금씩 리커창을 추격했고 2007년 3월 상하이시 서기로 임명되는 과정에서 리커창을 완전히 제치는 계기를 마련했다고 전문가들은 분석한다. 상하이 서기는 중국 공산당 정치국 상무위원회로 진입하는 엘리트 코스였다. 시진핑은 상하이시 서기에 오른 이후 2007년 10월 17차 당대회 때까지 리커창에게 선두 자리를 내주지 않고 완주하며 '황태자' 자리에 올랐다.

2007년 초만 해도 리커창이 5세대 최고지도자가 될 것이라는 전망이 우세했다. 리커창은 38세에 역대 최연소로 장관급인 공산주의청년단 제1서기에 임명됐고, 박사 출신으로는 최초로 지방 성 서기를 지내는 등 각종 '최연소' '최초' 기록을 남기며 공청단 선배인 후진타오의 전폭적인 지원을 등에 업고 일찌감치 중앙 정계에서 주목을 받았다. 리커창에 비하면 시진핑은 중앙 정치 무대에서 큰 두각을 나타냈다고 할 수 없었다. 하지만 정치 환경은 그에게 유리하게 돌아가고 있었다. 2006년 9월 천량위陳良宇 상하이시 서기가 사회보장기금 불법 운영 등의 혐의로 직무를 박탈당하면서 시진핑에게 기회가 찾아왔다. 시진핑에게 운이 따른 것이다.

천량위는 상하이방의 대표주자로, 장쩌민江澤民 전 주석이 후계자로까지 생각했던 인물이다. 하지만 그는 후진타오 주석과 원자바오溫家寶 총리의 경제정책에 공개적으로 반기를 들다 미운털이 박힌 상태였고, 부패 혐의로 낙마했다. 천량위의 낙마 뒤에는 상하이방과 공청단파의 권력 투쟁이라는 배경이 깔려 있었다. 천량위가 제거되면서 상하이는 권력 공백이 생겼다.

후진타오는 공청단 출신을 상하이시 서기로 임명하려고 했다. 리위안차오李源潮 장쑤江蘇성 서기, 류옌둥劉延東 통일전선부장, 리커창 랴오닝遼寧성 서기를 추천했지만, 상하이방은 이에 반대했다. 그렇다고 천량위 때문에 수세에 몰린 상하이방이 자파自派를 고집할 수는 없었다. 이때 시진핑 카드가 급부상했다. 상하이시 서기 인선을 두고 좀처럼 합의를 이루지 못하는 상황에서 시진핑은 각 계파에서 반대가 별로 없다는 것이 무엇보다 큰 강점이었다. 상하이방은 공청단 인사가 상하이시 서기로 내려오는 것을 받아들일 수 없었기 때문에 자신들과 관계가 원만한 시진핑은 훌륭한 대안이었다. 시진핑은 아버지와의 연결 고리 때문에 상하이방에 연결되는 사람도 많았다. 공청단 입장에서도 상하이방이 아닌 시진핑에 대해서는 반감이 크지 않았다. 상하이와 붙어 있는 저장성 서기였던 시진핑은 저장성 경제를 끌어올리기 위해 상하이에 대한 연구를 많이 한 데다 성품이 겸허하고 신중해 상하이의 혼란을 수습하는데 제격이라는 평가도 나왔다.

시진핑은 상하이에 머물면서 현지 당·정 조직과 민심을 안정시켰다. 천량위 부패사건과 관련 있는 관료를 제외한 상하이 간부들을 내치지 않아 공직 사회를 안심시켰다. 그는 당 중앙의 방침도 충실히 이행했다. 그는 전임 천량위가 중앙 정부와 마찰을 빚었던 점을 인식한 듯 "상하이는 중앙의 정책에 보조를 맞춰야 한다"고 강조했다. 관영 인민일보는 '상하이가 달라졌다' '상하이에서 나온 새로운 물결 소리를 환영한다'는 제목으로 기사를 내보내며 시진핑이 상하이에서 벌인 정풍整風운동당원활동 및 당 분위기 쇄신운동을 높이 평가했다. 상하이가 이기적인 자세에서 벗어나 주변의 성·시와 협력 방안을 모색하는 등 국가적 전략 위에서 고민하고 행동하기 시작했으며 사회적 약자를 배려하고 이전보다 조화로운 발전을 추구하고 있고, 반부패·청렴성 풍조가 자리를 잡아가고 있다는 것이었다. 인민일보의 보도는 시진핑에 대한 중앙 정부의 신임을 반영한 것이었다.

시진핑은 그해 10월 정치국 상무위원에 선출돼 베이징으로 올라갔다. 상하이가 중국 정치·경제에서 차지하는 비중을 감안할 때 7개월 만에 또 서기를 바꾸는 것은 이례적인 인사이동이다. 바꿔 말하면 시진핑이 상하이시 서기로 부임했을 때에는 아직 시진핑의 상무위원회 진입이 결정되지 않은 상태였을 것이라는 추정이 가능하다. 다른 곳도 아닌 상하이에 애초부터 '7개월 계약직' 서기를 임명하기란 쉽지 않으며 이런 관점에서 볼 때 시진핑을 상무위원에 포함시키는 문제는 그가 상하이 서기에 부임한 이후 본격적으로 논의됐을 가능성이 크다고 할 수 있다.

"모두가 받아들일 수 있는 사람"

"유방劉邦, 유수劉秀·후한 광무제, 유비劉備에게는 특징이 있다. 개인적으로 재능이 뛰어나지 않았고 얼핏 무능하다는 인상까지 줬지만, 그들은 지도자로 추대됐다. 그들에게는 인재들이 단결하게 만드는 능력이 있었다. 그들은 정과 믿음을 바탕으로 유능한 인재들이 서로 소통하게 만들었는데 이는 큰 능력이다."

시진핑은 푸젠성 성장으로 있던 지난 2000년 「중화의 아들딸」과 가진 인터뷰에서 이렇게 말한 적이 있다. 그의 인생 좌우명은 '후덕재물厚德載物'이다. 덕을 두텁게 하고 만물을 포용한다는 뜻의 주역 문구다. 산시성 푸핑현에 있는 그의 부친 시중쉰 생가에 가면 대문 현판에 이 말이 쓰여 있다. 시진핑은 어렸을 때부터 "자기가 하고 싶지 않은 일은 다른 사람에게 시키지 말라己所不欲 勿施於人·기소불욕 물시어인"는 논어 구절을 아버지한테서 귀에 못이 박이도록 들었다고 한다. 시중쉰은 단결을 중시하는 사람이 돼야 한다고 당부했다.

시진핑은 조직의 단결과 화합을 중시한다. 역사 인물 가운데 강력한 카리스마와 특출한 능력을 지녔던 항우나 진시황제보다는 포용력 있고 부드러운 성향의 유방이나 유비를 선호한다. 소설 수호지의 주인공 송강宋江을 리더십의 모범 사례로 들기도 했다. 그는 지방을 돌 때 단기 실적보다 조직의 화합과 단결을 최우선시했다.

사람을 쓸 때도 마찬가지다. 그는 2004년 당 기관지 구시求是에 기고한 글에서 "권력을 사용할 때는 관덕官德과 원칙을 중시해야 한다"고 말했다. 2011년 중앙당교 연설에서도 지방 고위 간부들에게 "재才보다 덕德을 중시해 사람을 선발해야 한다"고 강조했다. 시진핑은 「중화의 아들 딸」과 인터뷰에서 "일은 성장省長 혼자서 하는 것이 아니라 모두가 힘을 합쳐야 한다. 단기 업적에 매달리기보다 '약한 새가 먼저 날고, 낙수가 댓돌을 뚫는다'는 자세로 일해야 한다"고 했다.

화합을 중시하는 그의 리더십에 대한 비판이 제기되기도 한다. 실수나 분란을 꺼려 새롭게 일을 추진하는데 다소 소극적이라는 것이다. 홍콩 등 중화권의 논평가들 사이에서는 시진핑에 대해 '능력이 보통이다' '개척정신이 부족하다' 등 비판이 나온다. 25년간 지방관 생활에서 뚜렷한 업적을 남기지 못했다는 지적이 나오는 것도 이와 관련이 있다.

하지만 덕과 단결을 중시하는 그의 스타일은 집단지도 체제로 움직이는 중국 공산당에서 큰 정치적 자산으로 작용했다. 중국은 최고지도자의 덕목으로 '똑똑함'보다 '원만한 인품'을 높이 치는 경향이 있는데, 이런 관점에서 보면 시진핑은 기준을 충족하는 적임자라고 할 수 있다. 시진핑은 주변 관리도 철저했다. 그는 한 지역에 부임하면 그 지역 원로 낭워부터 찾아 인사를 했다. 상하이시 서기로 부임한 직후, 상하이시 위원회가 800m²짜리 영국식 3층 양옥을 당서기 사옥으로 내놓자, 그는 "원로들의 요양원으로 만드는 게 좋겠다"며 그 자리에서 거절했다고 한다. 역시 상하이시 서기로 부임했을 때였다. 벤츠 전용차가 나왔는데 시진핑은 이를 거절했다. 국가와 당의 간부는 국산차를 사용하라는 규정에 위반되기 때문이다. 규정에 없는 전속 요리사와 주치의도 물리쳤다.

자신의 사람을 상하이시 서기에 앉히려는 후진타오의 당초 의도와 달리 시진핑이 상하이 서기에 임명됐다. 하지만 후진타오는 일인자 자리만큼은 측근인 리커창에게 물려주려는 꿈은 포기하지 않았다. 차기 최고 지도자를 내세워야 하는 2007년 17차 당대회를 앞두고 천량위 상하이 서기의 부패 스캔들이 터지면서 정국은 공청단파에게 유리하게 돌아가고 있었다.

이때 장쩌민 시절 국가 부주석을 지낸 쩡칭훙曾慶紅이 시진핑의 '킹메이커'로서 결정적인 역할을 했다. 쩡칭훙은 시진핑과 같은 태자당이다. 1939년생인 쩡칭훙은 시진핑과 14살 차이로 어렸을 때부터 알고 지낸 사이다. 쩡칭훙은 혁명 1세대 원로인 쩡산曾山과 홍군보육원 창설자인 덩류진鄧六金의 아들로 태자당의 리더 역할을 했다. 시진핑의 아버지 시중쉰이 국무원 부총리를 지낼 때 쩡칭훙의 아버지 쩡산은 내무부장으로 두 집안이 아주 가까웠다. 두 사람이 한층 더 친하게 된 것은 1979년 중난하이中南海에서 함께 비서 생활을 하면서부터다. 쩡칭훙은 부총리 겸 국가계획위원회 주임인 위추리余秋里의 비서였고, 시진핑은 당 중앙군사위원회 비서장인 겅뱌오의 비서였다. 이후 쩡칭훙과 시진핑이 함께 일한 적은 없지만 시진핑은 푸젠성에서 근무할 때 고향인 푸젠성에 머물던 쩡칭훙의 모친 덩류진을 잘 모셨고, 베이징에 일이 있어 가면 쩡칭훙을 찾아가는 등 둘은 친분 관계를 유지했다.

쩡칭훙은 17차 당대회에서 국가부주석을 끝으로 정계에서 용퇴했다. 대신 자기 자리를 시진핑이 물려받도록 하면서 후진타오의 뒤를 잇도록 차기 권력 구도를 짰다. 시진핑은 쩡칭훙이 맡았던 자리를 그대로 물려받았다. 정치국 상무위원, 국가부주석, 중앙서기처 서기, 공산당 중앙당교 교장, 홍콩·마카오공작협력소조 조장을 맡았다. 쩡칭홍의 지원을 입은 시진핑은 후진타오의 지원을 받는 최대 경쟁자 리커창을 제칠 수 있었다.

쩡칭훙이 시진핑을 차기 지도자로 천거하면서 각 계파에 한 말은 "그는 각 정파가 모두 받아들일 수 있는 인물"이라는 것이었다. 위키리크스가 폭로한 2007년 주중 미국 대사관의 외교 전문은 시진핑 부주석이 차기 최고 지도자로 발탁된 배경에 대해 "그가 정치적으로 공격적이지 않다는 점이 크게 작용했다"고 썼다.

공청단파의 공세에 위협을 느낀 장쩌민은 태자당과 전략적인 제휴를 할 수밖에 없는 상황이었다. 장쩌민의 양아버지인 장상칭江上靑은 공산 혁명 열사로, 장쩌민은 태자당과 심리적인 유대감이 강했다. 게다가 시진핑은 상하이방 직계는 아니기는 했지만 상하이방과 관계가 좋았다. 후진타오 역시 시진핑에 대해 반감이 크지 않았다. 개혁 성향인 시진핑의 부친 때문이었다. 1980년대 개혁 노선을 놓고 후야오방이 보수파로부터 비판을 받고 있을 때 시중쉰은 후야오방을 지지했다. 하지만 후야오방이 보수파에 밀려 자리에서 물러났고, 시중쉰도 톈안먼 사태 이후 권력의 중심부에서 밀려났다. 후야오방을 스승으로 존경하는 후진타오도 이를 잘 알고 있었다.

정계 은퇴 뒤 선전深圳에서 머물던 시중쉰은 1999년 건국 50주년 국경절 행사 때 톈안먼 성루에 오르기를 희망했다. 당시 시중쉰은 86세로, 모두 그의 건강을 염려했지만 시중쉰은 고집을 꺾지 않았다. 특별기를 타고 상경한 시중쉰은 당 수뇌부를 직접 만나 격려했다. 그 옆에는 시진핑이 따라다녔다. 당시 푸젠성 대리성장이었던 시진핑은 당 고위 지도부를 상대로 자신의 존재를 알릴 수 있었다. 후진타오 당시 부주석을 만난 시중쉰은 "젊고 능력이 있으며 일도 잘하고 평이 좋다. 당 중앙에 그대 같은 젊은 지도자 간부가 있다는 것은 당과 국가, 인민에 있어 희망이다"라고 칭찬했고, 후진타오는 크게 감격했다고 한다.

최고 지도자로 확정되기까지

시진핑은 2007년 17차 당대회를 통해 정치국 상무위원과 중앙서기처 제1서기에 오르고 2008년 전국인민대표회의에서 국가 부주석으로 선출됐다. 하지만 이는 차기 최고 지도자 자리를 '예약한' 것이지 확정한 상태는 아니었다. 1949년 중화인민공화국 건국 이후 차기 지도자로 내정됐다가 물러난 사례가 적지 않다. 시진핑은 2012년 11월 15일 18기 1중전회에서 당 총서기에 오르고 2013년 3월 14일 전국인민대표대회에서 국가주석으로 뽑혔지만 2007년 '황태자'에 오른 그가 시간이 흘러 자동으로 최고 지도자가 된 것은 아니다.

"저는 중앙에서 일한 지가 얼마 안 됐습니다. 잘 모르는 업무가 수없이 많습니다. 내부의 일을 잘하려면 엄청난 노력이 필요합니다. 스스로 생각하기에 새 업무를 맡을 능력과 조건이 갖춰지지 않았습니다."

2009년 9월 중국 공산당 17기 4중전회_{중앙위원회 4차 전체회의} 개최를 앞두고 시진핑은 후진타오에게 이 같은 내용의 편지를 보냈다. 당시 중앙위원회 회의에서 시진핑이 당 군사위원회 부주석으로 승진해 차기 최고지도자로 최종 낙점받을 것이라는 예상이 많았다. 마오쩌둥·덩샤오핑·장쩌민이 마지막까지 군권을 놓지 않았던 데서 보듯 군부는 중국 정치에서 권력의 원천이다. 시진핑 입장에서는 조금이라도 빨리 군사위 부주석에 오르는 것이 차기 최고지도자 자리를 굳히는데 유리할 터였다. 당내 입지가 흔들릴 수 있고 외부의 오해를 불러일으킬 수 있음에도 군사위 부주석에 오르는 시기를 스스로 늦춘 것이다.

이에 대해 전문가들은 시진핑의 전략적 선택이라고 분석했다. 후진타오를 비롯한 공청단파는 시진핑에 대해 반감이 크지 않았지만 그렇다고 해서 시진핑을 마음속 깊이 받아들인 것은 아니었다.

시진핑은 2009년 사회 안정을 유지하기 위한 당 차원의 특별대책팀을 지휘했다. 2009년은 중국 건국 60주년 10월 1일이 되는 해인 동시에 티베트 소요와 달라이 라마의 해외 망명 50주년 3월 10일, 톈안먼 사태 20주년 6월 4일 등 역사적으로 중요한 사건의 기념일이 모여 있는 해였다. 중국 당국은 혹시라도 벌어질시 모를 소요 사태에 만반의 준비를 하고 있었다. 하지만 7월 5일 신장위구르자치구에서 소수 민족인 위구르족이 대규모 유혈 시위를 벌였다. 당시 후진타오는 G8 회담 참석을 위해 이탈리아를 방문 중이었는데, 시진핑이 과단성果斷性을 보여주지 못했다는 지적이 나왔다. 1989년 3월 티베트족이 시위를 벌였을 때 당시 티베트자치구 서기였던 후진타오가 철모를 쓰고 시위를 진압하며 단호한 모습을 보여줘 당 중앙을 안심시켰던 것과 대비된다는 말도 나왔다. 공청단파로서는 시진핑의 지도력에 대한 의문을 제기할 수 있는 좋은 소재 거리였다.

이런 상황에서 시진핑이 군사위 부주석 자리를 사양한 것은 자신에게 쏟아질 수 있는 공격의 화살을 피하는 동시에 겸허한 내용의 편지로 공청단파의 마음을 움직이려 한 것이라는 분석이 나왔다. 시진핑은 2010년 10월 17기 5중전회에서 군사위 부주석에 선출됐다. 이를 통해 시진핑은 사실상 차기 최고 지도자 자리를 확정지었다.

시진핑은 겸손한 성품과 달리 말을 할 때 직설적인 화법을 구사해 화제가 되기도 했다. 2008년 베이징올림픽을 앞두고 중국에 대해 '인권 탄압국'이라는 비판이 제기되자 올림픽 준비 총괄을 맡았던 시진핑은 "남들이 좋아하든 싫어하든 우리는 상관하지 않는다. 세상이 넓으니 온갖 사람이 다 있다. 새장 속에 새들이 시끄럽게 지저귀면 제일 시끄러운 놈을 들어내면 된다"고 말했다. 시진핑이 2009년 2월 멕시코를 방문했을 때 화교들을 만난 자리에서였다. 인권 문제 등 중국 문제에 대한 외국의 간섭에 대해 시진핑은 "할 일 없는 일부 배부른 외국인이 이러쿵저러쿵한다. 중국은 13억 인구의 먹는 문제를 해결한 것만으로도 인류에 큰 공헌을 했다"고 반박했다. 해외 여론 악화를 우려한 중국 정부가 인터넷 사이트를 뒤져 이 표현을 삭제하느라 소동을 벌였다고 하는데, 중국 국민들 사이에서는 "속이 시원하다"는 반응이 많았다. 평소 과묵하고 신중한 시진핑이지만 직설적인 화법을 통해 그가 단지 무르기만 한 게 아니라는 것을 보여주며 강한 지도자의 면모를 내비치고 있다는 게 전문가들의 분석이다.

시진핑이 2007년 10월 정치국 상무위원으로 선출됐을 때 홍콩 대공보大公報는 그의 특성을 네 가지로 요약했다. 소박하고 수수하다平實,

재능과 능력을 뽐내지 않는다低調, 겸허하고 온화하다謙和 등 사람들에게 익히 알려진 것에 '대범하고 당당하다大氣'가 들어가 있었다.

시진핑은 의리도 중시한다. 그가 1992년 푸저우시 당서기를 지내고 있을 때 문혁 시절 하방 생활을 했던 량자허촌 어린이들에게 자명종 시계를 선물로 보냈다. 1993년에는 량자허 촌민들과 만났으며 그해 변압기를 설치해 전기를 넣어주기도 했다. 1999년에는 량자허에 다리를 놓아줬다.

시진핑을 도운 사람들

오늘날의 시진핑이 있기까지 많은 조력자가 있었다. 당내 원로 그룹은 시진핑의 든든한 후원자다. 쑹핑宋平 전 중앙조직부장은 2007년 그가 상무위원으로 선출돼 베이징으로 왔을 당시 중난하이 안에 빈 집이 없자 자기 집 일부를 비워 머물도록 했다. 베이징 정가의 한 분석가는 "시진핑이 근무한 곳은 주로 경제가 발전한 동부 연안으로, 경력에 오점이 생길 여지가 적은 곳"이라면서 "그를 미래 정치 지도자감으로 본 아버지와 당내 원로들이 그의 경력을 철저히 관리한 것으로 보인다"고 말했다. 장쩌민이 시진핑을 지지하면서 상하이방 세력도 시진핑에게 힘을 보탰다.

가장 큰 역할은 킹메이커인 쩡칭훙이 했다. 쩡칭훙은 '시진핑이 최고지도자가 되기 전에는 중난하이를 나가지 않을 것'이라면서 퇴임 이후에도 중난하이 안에 머물렀다. 쩡칭훙은 태자당의 맏형이지만 석유방석유 분야에서 근무한 경력이 있는 인사들의 정가 인맥의 좌장이기도 하다. 쩡칭훙은 장가오리張高麗 부총리 등 석유방 출신들이 시진핑의 우군이 될 수 있도록 했다.

시진핑은 푸젠성에서 17년간 근무하면서 두터운 인맥을 쌓았다. 시진핑의 오늘이 있게 한 인물로 자칭린賈慶林 전 정치협상회의 주석을 빼놓을 수 없다. 자칭린은 상하이방의 핵심 인물이지만 1990~1996년 푸젠성 성장과 서기를 지내 시진핑의 오랜 상사이기도 하다. 허궈창賀國工 전 중앙기율검사위원회 서기도 시진핑보다 한발 앞서 푸젠성 성장을 역임한 푸젠방의 일원이다.

시진핑은 전임 후진타오와 달리 취임하면서부터 군을 장악해 정국 운영이 한층 수월해졌다. 후진타오의 경우 2002년 공산당 총서기에 올랐지만 2004년이 돼서야 장쩌민으로부터 중앙군사위원회 주석직을 물려받았다. 후진타오는 임기 초반, 군을 완전히 장악하지 못하면서 견제를 받을 수밖에 없었다. 이에 비해 시진핑은 2012년 11월 18기 1중전회에서 당 중앙군사위원회 주석직까지 넘겨받았다.

시진핑은 군사위원회 주석에 오르기 전부터 이미 군부에 지지 기반을 구축했다. 장쩌민과 후진타오가 각각 국가 주석에 막 올랐을 때와 비교할 때 시진핑의 군 인맥이 훨씬 탄탄하다는 평가를 받고 있다.

시진핑은 칭화대를 졸업하고 나서 1979년 중앙군사위원회 겅뱌오 비서장의 비서로 들어가 3년간 군을 경험했다. 이어 푸젠성과 저장성 등 지방에서 근무하면서 난징군구 국방동원위원회 부주임을 지내는 등 현지 주둔군의 정치위원을 겸임, 꾸준히 군을 관리하면서 군부와 가깝게 지냈다. 그의 부친 시중쉰이 정치인이기 전에 서북 지역 혁명을 이끈 군사 지도자였던 것도 시진핑이 군 인맥을 다지는 데 큰 도움이 됐다. 중국은 군 고위급 지휘관의 60% 가량이 태자당과 상하이방 출신인 것으로 알려져 있다. 시진핑은 군에 인맥을 심는 데 유리한 조건을 갖추고 있었던 것이다.

인민해방군을 지휘하는 중앙군사위원회 부주석인 쉬치량許其亮과 판창룽范長龍은 시진핑에 대해 우호적이다. 군사위 위원 8명 가운데 총후근부 부장 자오커스趙克石, 총장비부 부장 장유사張又俠, 공군 총사령사령관 마샤오톈馬曉天은 시진핑 계열로 꼽히며 국방부장 창완취안常萬全과 우성리吳勝利 해군 총사령도 시진핑에게 우호적인 인사로 분류된다. 총참모장 팡펑후이房峰輝와 총정치부 주임 장양張陽, 제2포병 총사령 웨이펑허魏風和 등 3명은 후진타오 계열로 분류된다. 중앙군사위의 다수가 시진핑과 가까운 인사인 것이다.

미국「뉴욕타임스」는 2012년 11월 3일자에서 미·중 양국의 분석가와 외교관 등을 인용, "시진핑은 후진타오 보다 훨씬 군부에 가까운 인물이다. 최고지도자로서 정치적 파워와 군부 내 영향력이 결합하면 시진핑은 미국이 경쟁하기 버거운 지도자가 될 수도 있다"고 보도했다. 시진핑은 국가주석 취임 이후 빠른 속도로 권력을 장악했다. 2013년 11월 공산당 18기 중앙위원회 3차 전체회의에서 외교·안보·공안·정보 기능을 총괄하는 국가안전위원회와 경제·사회 개혁을 총지휘하는 전면심화개혁영도소조가 신설됐다. 시진핑은 국가안전위원회 주석과 전면심화개혁영도소조 조장에 올라 양대 권력 기구를 동시에 거머쥐었다. 시진핑의 권력이 마오쩌둥이나 덩샤오핑

못지 않다는 말이 나왔다.

스타 부인

시진핑은 1980년대 초 아버지의 부하인 커화柯華의 딸 커링링柯玲玲과 결혼했지만 이혼했다. 두 사람이 헤어진 정확한 이유는 알려지지 않았지만 성격 차가 컸기 때문인 것으로 전해진다. 커화는 영국 대사를 지낸 외교관이었는데, 커링링은 부모를 따라 해외 공관에서 오래 생활해 생각이 아주 자유로웠다. 이에 비해 시진핑은 촌스러웠다고 할 수 있다. 시진핑은 '함께 영국으로 유학을 가자'는 첫 번째 부인의 끈질긴 요청을 거절하고 끝내 이혼을 택했다고 한다.

시진핑은 샤먼시 부시장을 지내던 1987년 중국의 '국민 가수'로 불리는 펑리위안彭麗媛과 두 번째 결혼을 했다. 두 사람의 만남은 1986년 펑리위안의 친구 소개로 이루어졌다. 당시 펑리위안은 인민해방군 총정치부 가무단 소속 가수로 전국적인 스타였다. 펑리위안은 촌스럽고 말수가 적은 시진핑의 첫인상에 다소 실망했다. 그런데 시진핑의 첫 물음이 예상 밖이었다. "성악의 창법에는 몇 가지가 있습니까?" 시진핑은 이어 "실례지만 저는 TV를 거의 보지 않아서 그러는데요, 어떤 노래를 부르시는지요?"라고 물었다. 펑리위안은 소박한 시진핑에게 마음이 끌리기 시작했다. 처음에는 펑리위안 집안에서 시진핑과의 결혼에 반대했었다고 한다. 좋은 집안의 자제가 딸을 고생시키지 않을까 걱정한 것이다. 시중쉰은 당시 당중앙 서기처 서기라는 고위직에 있었다.

두 사람은 결혼 후 함께 있는 시간보다 떨어져 있는 시간이 더 많았다. 샤먼시에서 결혼식을 올리고 나서 나흘째 되던 날 펑리위안은 베이징으로 출장 공연을 갔고 이후 곧바로 캐나다와 미국으로 출국해 3개월을 떠나 있었다.

"공연을 나간 부인 펑리위안과 몇 달씩 떨어져 지낼 당시, 아무리 늦어도 밤에 직접 통화를 하고서야 안심하고 쉬었다. 수십 년을 이렇게 했다." "춘제春節·중국 설를 베이징에서 보낼 때면, 만두를 손수 빚어, 춘제 전날 TV 공연을 마치고 돌아온 부인에게 저녁상을 차려줬다."

 중국 관영 신화통신은 2012년 12월 23일 시진핑 총서기의 사생활에 대해 특집 보도를 내보냈는데, 그 중 나온 내용이다. 펑리위안은 인민해방군 소장 총정치부 가무단이다. 시진핑과 펑리위안은 딸 시밍쩌習明澤를 뒀다. 시밍쩌는 항저우의 저장浙江 외국어학원을 다니다가 2010년 9월 하버드대에 입학했다. 2012년 11월 부친이 총서기에 오르기 직전 학교를 중퇴하고 귀국했다고 홍콩 「명보明報」가 보도했다. 시밍쩌는 하버드대에서 신변 안전을 위해 가명을 썼으며 눈에 띄는 행동을 하지 않았던 것으로 알려졌다. 최근 중국에서는 재산과 가족을 해외로 빼돌리는 '뤄관裸官'에 대한 비난이 거세며 이 때문에 고위직에 오른 인사나 고위직으로 승진하려는 관리는 부인과 자녀를 해외로 보내는 것이 금기시되고 있다.

 시진핑의 형제들은 대부분 외국 국적을 갖고 있다. 네 살 위인 큰누나 치차오차오齊橋橋는 1980년대 후반 홍콩으로 이주했다가 이후 캐나다 국적을 얻었다. 2000년대 들어 베이징으로 돌아와 부동산 개발로 수억 달러의 큰 부를 쌓았다. 두 살 위의 둘째 누나 치안안齊安安과 남동생 시위안핑翟遠平은 호주에 거주하고 있는 것으로 알려졌다. 시진핑이 자신의 이름近平처럼 베이징베이징의 이전 지명이 베이핑임에 살고 두 살 아래인 남동생은 위안핑遠平이라는 이름처럼 베이징에서 멀리 살고 있는 게 흥미롭다. 시진핑의 두 누나는 모두 성이 시翟였는데, 문화대혁명 때 탄압을 피하기 위해 어머니 성으로 바꿨다고 한다.

블룸버그통신은 2012년 6월 29일 시진핑 일가의 각종 재산 상황을 추적한 뒤 시진핑 누나 가족 등이 총 3억7,600만 달러의 재산을 보유하고 있다고 보도했다가 중국에서 사이트 접속이 차단되기도 했다.

2 장더장 張德江 | Zhang Dejiang

직책 전국인민대표대회 상무위원장
출생 1946년 11월 랴오닝성 타이안
학력 김일성종합대 경제학과

주요 약력

1970~1972년	지린성 왕칭현 혁명위원회 선전조 간사
1972~1975년	옌볜대학 조선어과
1975~1978년	옌볜대학 조선어과 당 지도부 부서기
1978~1980년	김일성종합대학 경제학과
1980~1983년	옌볜대학 부총장
1983~1985년	지린성 옌지시 부서기
1985~1986년	지린성 옌볜자치주 부서기
1986~1990년	국무원 민정부 부부장
1990~1995년	지린성 옌볜자치주 서기
1995~1998년	지린성 서기
1998~2002년	저장성 서기
2002~2007년	광둥성 서기
2008~2013년	국무원 부총리
2012년	충칭시 서기
2013년~	전인대 상무위원장

장더장張德江 전국인민대표대회전인대 상무위원장우리나라의 국회의장에 해당함은 김일성종합대에서 공부했고 옌볜延邊 조선족 자치주의 첫 한족漢族 서기를 지내 한국말이 유창하다. 북한과의 행사 때 그를 수행하는 통역은 장 위원장의 눈치를 살핀다고 한다. 그는 장쩌민江澤民 추종자로, 대표적인 상하이방이다. 장쩌민과의 과도한 친분을 빗대 그를 '張德江'이 아니라 성姓과 이름의 마지막 글자의 순서를 바꿔 '江德張'이라고 비꼬는 사람들도 있다. 장더장이 장쩌민의 눈에 든 것도 북한 때문이었다. 그가 장쩌민과 인연을 맺은 것은 1990년 3월 장쩌민 총서기의 북한 방문을 동행하면서 부터다. 1989년 톈안먼天安門 사태를 계기로 당 총서기에 오른 장쩌민은 이듬해 3월 첫 해외 방문지로 북한을 택해 김일성과 회담을 가졌다. 김일성종합대에서 2년 동안 유학경제학했던 그는 북한 말에 능통했고, 통역 겸 수행원으로 장쩌민을 따라갔다. 수행단에 포함됐던 장더장은 유창한 북한 사투리를 구사해 북·중 양측에 깊은 인상을 남겼다. 그해 9월에는 김일성이 중국을 방문해 장쩌민을 만났다. 이 때에도 장더장은 장쩌민을 가까운 거리에서 수행했다. 장쩌민은 꼼꼼한 장더장의 업무 스타일을 높게 평가했고, 이후 장더장은 승승장구했다

그는 지린吉林·저장浙江·광둥廣東 등 주요 성省 서기를 거치며 지방 행정 경험을 쌓았다. 관영 매체들은 장더장이 저장성의 민간경제를 발전시키고 광둥성의 경제 규모를 크게 키웠다고 호평한다. 장더장이 광둥廣東성 서기로 일했던 2002년에서 2007년까지 광둥성의 GDP 규모는 127% 커졌다. 하지만 장더장에 대한 외부 평가는 다소 다르

다. 그는 조금이라도 골치 아프거나 불미스러운 일이 생기면 아예 기자들의 접근을 막았다. 광둥성 서기 시절에는 비판적인 남방도시보南方都市報 간부들을 해고하고 처벌까지 했다. 장더장은 중국 고위 지도자 중 북한말을 유창하게 구사하는 유일한 북한 전문가다. 김정일과 대학 동문이다. 그가 광둥성에서 강경정책을 펼 때 "북한에서 배운 게 그런 것강경정책 말고 뭐가 있겠느냐"는 비판이 나온 것도 북한과의 인연 때문이다.

장더장은 2012년 초 충칭重慶시 서기 보시라이가 스캔들로 낙마한 후 어수선한 충칭을 안정시켜야 하는 임무를 띠고 내려갈 때까지 에너지·통신·교통 등 산업을 담당하는 부총리로 일했다. 그는 같은 상하이방으로 18차 당대회 때 함께 정치국 상무위원으로 승진한 장가오리와 공통점이 많다. 장쩌민의 후광을 입고 정치적으로 성장한 것도 똑같고 대학에서 경제학을 전공한 경제통이라는 점, 분배보다 성장을 중시하는 정책 노선을 추구한다는 점도 닮았다. 장더장은 2013년 3월 전인대 상무위원장으로 뽑혔는데 우리로 치면 국회의장이다. 하지만 그가 국회의장 역할만 하지는 않을 것으로 보인다. 당 서열 3위인 그는 상무위원회의 의견 조율 과정에서 서열 7위인 장가오리와 공조를 펼 것으로 보인다. 그는 또 어떤 식으로든 한반도 문제에 관여할 가능성이 크다.

옌볜 조선족 자치구 첫 한족 서기

장더장 상무위원장은 1946년 11월 중국 동북지방인 랴오닝遼寧성의 타이안台安에서 태어났다. 그의 아버지는 지난齊南군구 포병 부사령관을 지낸 장즈이張志毅 소장한국의 준장에 해당이다. 장더장의 부친은 인민해방군 포병부대를 창설한 주역 중 한 명이다. 장더장이 태자당과 가까운 이유다.

장더장은 유년 시절에 지린吉林성 창춘長春에서 자랐다. 동북 성省에서 나고 자란 장더장은 이후 자신의 정치적 입지 역시 동북 지역에서 다진다. 1968년 창춘에서 명문학교인 제4중중·고교을 졸업한 그는 문화대혁명 기간 옌볜延邊 조선족자치주 왕칭汪淸현의 농장으로 하방下放됐다. 장더장과 한반도의 인연은 이 때 시작됐다. 장더장은 왕칭현에서 일생의 은인을 만난다. 당시 왕칭현 당 위원회 상무위원이던 조선족 출신 이덕수李德洙였다.

이덕수는 지린성 부성장을 거쳐 당 중앙 통일전선부 부부장우리나라의 차관에 해당함에 올랐고, 조선족 최초로 국가민족사무위원회 주임장관급을 지낸 인물이다. 국가민족사무위원회는 소수민족 문제를 담당하는 부처다.

1970년 장더장은 이덕수의 추천으로 왕칭현의 선전조 간사가 됐다. 이덕수는 1972년 장더장이 옌볜대에서 공부할 수 있도록 자리를 마련했다. 장더장은 옌볜대에서 한국어를 공부했으며 1975년 옌볜대 조선어학과 당 지부 부서기가 됐고 1978년에는 교환학생으로 뽑혀 북한 김일성종합대에서 2년 간 경제학을 공부했다. 장더장은 김일성종합대에서 유학생 당지부 서기를 맡았다. 북한 김정일이 1964년 김일성종합대를 졸업했으니 장더장은 김정일의 대학 후배인 셈이다.

김정일이 중국을 방문할 때마다 늘 장더장이 영접을 했고, 장더장은 정계에 입문한 이후 북한을 여러 차례 방문했다.

장더장이 북한에서 유학을 마치고 돌아오자 당시 옌볜자치주 당 서기였던 이덕수는 1983년 3월 그를 옌지延吉시 부서기로 발탁했다. 장더장의 정치 수업이 본격적으로 시작된 것이다. 그는 옌볜자치주 부서기1985~1986년를 거쳐 민정부 부부장차관으로 임명돼 베이징北京으로 갔다.

이덕수가 장더장을 정치 세계에 입문시켰다면, 장더장을 정계의 거물로 만든 사람은 장쩌민이다. 장더장은 장쩌민이 1990년 김일성을 만날 때 수행하며 장쩌민으로부터 높은 점수를 땄고 이는 그가 정치적으로 수직 상승을 하는 출발점이 됐다. 장쩌민은 1990년 9월 중국을 방문한 김일성과 회담을 가진 직후인 1990년 10월 장더장을 옌볜주 서기로 임명해 대북 창구 역할을 맡겼다. 한·중 수교1992년를 앞두고 중국 정부가 대북 관계에 한층 신경을 쓰는 상황에서 장더장에게 중요한 역할을 맡긴 것이다. 장쩌민은 1991년 1월에는 직접 옌볜을 찾아 그를 격려하며 두터운 신임을 보여줬다. 장더장은 1995년 6월 지린성 서기로 승진해 1998년 저장浙江성 서기로 옮겨갈 때까지 근무했다. 장더장은 1968년 문화대혁명 때 지린성에 와서 1998년 지린성을 떠날 때까지 중간에 북한 유학을 간 2년과 민정부 부부장을 지낸 4년을 빼고는 24년을 지린성에서 지냈다. 지린성은 그에게 제2의 고향이나 마찬가지였다. 이덕수의 도움으로 정치 세계에 입문한 그는 멘토였던 이덕수를 어느새 뛰어넘고 있었다.

장쩌민의 최측근

장더장 상무위원장은 노래를 잘한다. 그가 저장성 서기로 있던 2002년 장쩌민이 항저우杭州로 시찰을 왔다. 두 사람은 중국 전통 공연을 관람했다. 장더장의 노래실력이 뛰어남을 알고 있던 장쩌민은 경극이 끝난 뒤 장더장에게 노래 한 곡을 권했다. 이에 장더장은 이탈리아 가곡인 '오솔레미오'를 불렀다. 이 노래는 장쩌민이 평소 즐겨 부르는 노래였는데, 그는 장쩌민을 즐겁게 하기 위해 일부러 이 노래를 골랐을 것이다. 흥이 난 장쩌민을 본 장더장은 무대 위로 장쩌민을 불러올렸고 장쩌민은 피아노를 치며 '오솔레미오'를 불렀다. 이때 일은 장쩌민과 장더장의 관계를 단적으로 보여주는 유명한 일화로 전해진다.

장쩌민의 강력한 지지는 장더장의 든든한 정치적 기반이다. 장쩌민의 후광에 힘입은 장더장은 1992년 14차 당대회 때 중앙위원회 후보위원에 뽑힌 데 이어 1997년 15차 당대회에서 중앙위원으로 선출됐고 2002년 16차 당대회과 2007년 17차 당대회에는 2회 연속 정치국 위원으로 선출되며 탄탄한 정치 경력을 쌓았다. 장쩌민은 2003년 3월 국가 주석직에서 물러나기 직전에도 광둥성을 찾아 당시 막 이곳 당서기로 부임한 장더장이 기반을 다지는 데 큰 도움을 줬다.

장더장이 1998년 저장성 서기로 부임해 4년 동안 재임하면서 이룬 성과 가운데 손꼽히는 것이 농가 소득 증대다. 당시 연간 농가소득은 물가 상승분을 제외하고도 매년 12.5%씩 성장했다.

장더장은 저장성 서기직을 시진핑에게 넘겨주고 2002년 11월 경제

대성 광둥성의 서기로 부임했다. 동북 지역 출신인 장더장은 광둥성에 연고가 없었다. 중국 31개 성·시·자치구에서 경제 규모가 가장 큰 광둥성은 결코 만만한 곳이 아니었다.

그가 부임한 이후 광둥성에는 큰 사건·사고가 줄을 이었다. 우선 그가 부임한 직후인 2003년 초부터 사스SARS·중증 급성 호흡기증후군가 확산됐다. 사스로 중국 국민은 물론 다른 국가까지 불안에 떨어야 했다. 당초 광둥성 정부는 이 사실을 쉬쉬하고 있었지만 일간지인 「남방도시보」의 보도로 사태의 심각성이 알려졌다. 당시 홍콩 시사주간지 「아주주간亞洲週刊」은 "사스가 확산일로이던 2003년 2월 장더장 서기가 실태를 알고서도 언론 보도를 차단했다"고 전했다. 「아주주간」에 따르면, 장더장은 그해 2월 11일과 14일, 17일 등 세 차례에 걸쳐 언론사들에 "사스 보도는 정부발표문으로 제한하며, 기타 사항은 보도 말라"고 지시했다. 특히 "감염자 숫자는 국가기밀이며, 누설하면 상응하는 처벌을 받을 것"이라고 경고했다. 하지만 보도 통제 때문에 가장 중요한 방역 시기를 놓친 결과 사스가 전 세계로 급속히 확산됐다고 「아주주간」은 보도했다.

2003년 3월에는 후베이湖北성 우한武漢 출신인 쑨즈강孫志剛이라는 27세 청년이 신분증을 휴대하지 않았다는 이유로 경찰에 의해 수용소에 끌려갔다가 수용소에서 얻어맞아 사망한 사건이 발생했다. 쑨즈강은 광저우廣州에서 직장을 다니던 중 3월 17일 밤 경찰의 검문을 받았다. PC방에 가던 그는 임시거주증을 휴대하지 않았다는 이유로 부랑자로 오해받아 임시수용소에 강제 수용됐다. 심장병 환자인 그는 수용소에서 비명을 지르며 고통을 호소했다. 그러나 수용소의 의료 담당 직원을 비롯한 수용소 직원들은 다른 수용자 8명과 공모해 쑨에게 두 차례나 뭇매를 가했고, 쑨은 결국 쇼크로 숨졌다. 광둥성 정부는 또다시 쉬쉬했지만 「남방도시보」의 보도로 이 사실이 알려졌다.

광둥성 사회가 들썩였다. 일부에서는 장더장 서기가 퇴진해야 한다는 주장까지 일었다. 이에 장더장은 언론에 대한 강경 대응으로 맞섰다. 장더장은 '눈엣가시'였던 「남방도시보」를 손보기 시작했다. 2004년 1월 공안경찰이 「남방도시보」의 사무실을 수사했다. 이후 이 신문의 사장과 편집국장이 '공금 횡령' 혐의로 구속됐고 기자들이 해직됐다.

하지만 이후에도 광둥성에는 바람 잘 날이 없었다. 2005년 8월에는 메이저우梅州의 탄광에서 침수 사고가 발생해 광부 123명이 숨졌다. 베이北강에 카드뮴이 흘러 들어 오염되는 사건도 발생했다. 대형 사건·사고가 꼬리에 꼬리를 물면서 계속 터지자 그의 행정 능력에 의문을 제기하는 목소리가 거세졌다.

가장 심각한 사건은 2005년 12월 6일 벌어졌다. 산웨이汕尾시 둥저우東洲 마을 주민들이 정부의 토지 강제 수용에 반대하는 시위를 벌였는데, 경찰이 이를 진압하는 과정에서 시위대를 향해 발포, 주민들이 숨지는 사건이 발생한 것이다. 경찰 측은 당시 날이 어두워진 데다 현장이 매우 혼란스러운 상황에서 경고를 위해 총을 쏜 것이 잘못돼 3명이 죽고 8명이 다쳤다고 밝혔다. 하지만 「뉴욕타임스」는 현지 주민들의 말을 인용해 "수천 명의 시위대를 향해 경찰이 발포해 20명이 숨졌고 최소 42명이 행방불명됐다"고 보도했다.

파장은 컸다. 장더장이 파면당할 위기에 처했다는 얘기가 나왔다. 이 일이 있은 이후 공산당 중앙 정치국이 장더장을 베이징으로 소환해 발포 책임을 추궁했다고 홍콩 「아주주간」이 보도했다. 후진타오는 2004년 쓰촨四川성 한위안漢源에서 토지 강제 수용에 반대한 주민과 진압경찰이 충돌해 9명이 사망한 사건이 발생한 이후 발포를 금지하고 농민 토지에 대한 보상을 끝내기 전에는 착공하지 않도록 하는 내용의 지침을 내렸다. 후진타오는 산웨이의 발포 사건이 '조화 사회'를 내세운 자신의 통치 이념을 훼손한 것으로 판단하고 장 서기에게 책임을 물으려 했던 것으로 전해졌다. 하지만 장더장 뒤에는 장쩌민이라는 든든한 후원자가 버티고 있었다. 장더장은 발포 책임에 대한 추궁에 대해 "시위를 진압하는 경찰에게 총을 휴대하지 말라고 오래전부터 강조해 왔다"며 "책임은 지방 간부들에게 있다"고 해명했다고 「아주주간」은 전했다.

무슨 골치 아픈 문제가 생겼을 때 장더장이 책임을 지지 않고 뒤로 빠지려 한다는 얘기가 간간이 나왔다. 2011년 7월 23일 원저우溫州에서 고속철이 추돌해 40명이 사망한 사고가 발생했다. 중국이 야심 차게 추진한 고속철의 안전성과 신뢰성을 뒤흔드는 중대한 사고였다. 당시 국가안전생산감독관리총국 국장이 사고 조사단장을 맡았다. 이와 같은 큰 사고라면 교통 분야를 관장하는 부총리인 장더장이 조사단장을 맡는 게 맞을 텐데도 '위험 부담'을 고려해 본인은 뒤로 빠졌다는 얘기가 나왔다. 그러면서 인명구조작업을 빨리 끝내고 사고 차량을 땅에 묻으라는 지시를 내렸다고 홍콩 언론들이 보도했다. 당시 중국 당국은 열차 잔해를 곧바로 땅에 파묻었는데, 이를 두고 사고를 은폐하거나 증거를 인멸하려 한다는 의혹이 불거졌다.

중국 관영 신화통신은 2012년 12월 시진핑을 포함한 정치국 상무위원 7명의 개인 이력과 가족 관계 등을 보도했는데 이는 그동안 제기됐던 부정적 소문들을 반박하려는 의도라고 반중反中 인터넷 매체 「보쉰」이 전했다. 신화통신은 장더장에 대해선 "원저우 고속열차 사고 때 열차를 땅에 묻어선 안 된다는 지시를 내렸다"고 전했다.

국유기업 강조

다사다난했던 광둥성 서기 생활을 뒤로 하고 장더장은 2007년 17차 당대회 때 정치국 위원으로 재선임돼 베이징으로 올라왔다. 이듬해 부총리를 맡는 등 조금씩 권력의 정점인 정치국 상무위원 자리를 향해 전진했다. 장쩌민의 확고한 지지는 여전했고, 그는 차기 지도자 시진핑과도 친분을 유지했다. 2007년 12월 중공당사출판사는 시진핑의 부친 시중쉰習仲勳이 1978년부터 2년 동안 광둥성에 재직했을 때의 업적을 정리한 책을 출간했는데 그해 10월까지 광둥성 서기를 맡았던 장더장이 책의 서문을 썼다.

장더장은 에너지·통신·교통 등 산업을 담당하는 부총리를 맡았기 때문에 산하에 국유기업이 많았다. 부총리에 오른 그는 국유기업의 중요성을 역설했다. 그는 2009년 9월 "사회주의에 기반을 둔 중국의 경제 상황에서는 국유기업의 지속적인 발전이 아주 중요하다"고 말했다. 장더장은 2011년 2월에도 "국유기업의 활력과 영향력을 늘려 중국 경제의 양적·질적 성장을 일궈야 한다"고 재차 강조했다. 하지만 5세대 지도부에서 국유기업 개혁이 시대적인 과제로 떠오르고 있는 데다, 국유기업에 포진한 고위층 집안의 이익 독점에 대한 비판이 쏟아지는 상황인 만큼 그가 국유기업 정책과 관련해 어떤 입장을 보일지 주목된다.

그는 또 성장 위주의 경제 성장을 강조해왔다. 이는 상하이방 인사들이 대체로 지향하는 경제 노선이기도 한데, 경제를 총괄하는 리커창李克强 총리가 분배를 강조하는 것과 차이가 난다. 장더장은 전인대를 맡고 있지만 공산당 권력 서열 3위이자 정치국 상무위원으로서 국정 운영에 목소리를 낼 수 있는 위치에 있다. 장더장이 상하이방의 대표 주자로서, 정치국 상무위원회에서 리커창을 견제하는 역할을 할 것이라는 관측이 나오는 것도 이와 관련이 있다.

장더장은 2012년 3월 스캔들로 낙마한 보시라이를 대신해 충칭시 시기로 긴급 투입됐는데, 이때 이미 그의 상무위원 입성이 기정사실화 됐다는 얘기가 나왔다. 시진핑도 2007년 3월 비리 혐의로 물러난 천량위陳良宇를 대신해 상하이 서기를 맡은 후 그해 10월 열린 당대회에서 정치국 상무위원으로 선출됐다. 4대 직할시 서기는 상무위원으로 진입할 가능성이 큰 자리다. 장더장은 충칭에서 보시라이의 흔적을 지우기 위해 힘썼다. 그게 그의 임무이기도 했다. 태자당·상하이방 연합 세력은 보시라이의 충격에서 벗어나기 위해서는 충칭에서 보시라이의 흔적을 한시라도 빨리 없앨 필요가 있었고, 공청단 입장에서는 충칭 모델에 대한 공격을 통해 정치적으로 유리한 고지를 차지하려는 의도가 있었다. 장더장은 18차 당대회에 참석해 '충칭 모델'에 대한 질문에 대해 "나는 근본적으로 충칭 모델이라는 것이 없다고 생각한다"고 답하기에 이른다.

우리의 국회에 해당하는 전인대는 중국 헌법상 최고의 국가권력기관이지만 실제로는 공산당의 결정을 통과시키는 역할을 할 뿐이란 비판이 제기되고 있다. 상당수 전문가들이 전인대 수장이라는 위치보다 장더장에게 주어진 더 큰 역할은 정치국 상무위원회에서 장쩌민의 메신저 역할을 충실히 하는 것이라고 말한다.

장더장 위원장의 부인도 경제통이다. 신수썬辛樹森 중국건설은행 부행장으로, 1949년 산둥山東성 하이양海陽에서 태어나 동북재경대학 국민경제학과를 졸업했으며 중국건설은행 인사부 부주임, 중국건설은행 기율위원회 서기 등을 거쳐 부행장에 올랐다.

3 위정성 兪正聲 | Yu Zhengsheng

직책 전국인민정치협상회의 주석
출생 1945년 4월 산시성 옌안 ※ 원적은 저장성 샤오싱
학력 하얼빈 군사공정학원 탄도공학

주요 약력

1963~1968년	하얼빈 군사공정학원 탄도공학 전공
1968~1975년	허베이성 장자커우 무선전신 6공장 기술자
1975~1982년	제4기계공업부 전자기술 추진응용연구소 연구원
1982~1984	전자공업부 전자기술응용센터 부소장, 전자공업부 계획국 부국장
1984~1985년	중국장애인복지기금회 부이사장
1985~1987년	산둥성 옌타이시 부서기
1987~1989년	산둥성 옌타이시 시장
1989~1992년	산둥성 칭다오시 시장
1992~1997년	산둥성 칭다오시 서기
1997~1998년	건설부 부부장
1998~2001년	건설부 부장
2001~2007년	후베이성 서기
2007~2012년	상하이시 서기
2013년~	정협 주석

1931년 중국 산둥山東성 칭다오대靑島大 물리과 학생인 황징黃敬은 학교 도서관에서 일하던 리윈허李雲鶴라는 여성을 알게 됐다. 두 사람은 사랑에 빠졌고 동거를 시작했다. 하지만 행복은 오래가지 않았다. 공산당에 가입해 지하공작을 하던 황징이 1933년 국민당 정부에 체포됐고 리윈허는 상하이上海로 갔다.

리윈허는 상하이에서 영화배우가 됐다. 이름을 란핑藍苹으로 바꿨고 영화배우 탕나唐納와 결혼도 했다. 1936년 황징은 중화전국학생연합회 준비 모임을 주관하기 위해 상하이에 갔다. 그런데 그곳에서 이제는 이름을 란핑으로 바꾼 옛 애인을 만났다. 황징은 란핑에게 자신의 활동 근거지인 톈진天津으로 가자고 권유했고 란핑은 황징을 따라 톈진행 여객선에 몸을 실었다.

란핑과 함께 톈진에 도착한 황징은 상하이에서의 활동 내용을 보고하기 위해 베이징北京을 다녀와야 했다. 그는 란핑이 여관에 머물게 한 뒤 공산당 동지인 야오이린姚依林에게 란핑이 불편함이 없도록 잘 보살펴 달라고 부탁했다. 야오이린은 황징에게 리윈허에 대한 얘기를 들은 적이 있어 그녀를 알고 있었다. 하루 뒤 밖에서 일하고 있던 야오이린은 란핑이 집으로 찾아와 자신을 급히 찾는다는 말을 듣고 서둘러 란핑이 머물고 있는 여관으로 갔다. 란핑은 펑펑 울고 있었다. 란핑은 방바닥에 놓인 신문을 가리켰다. '란핑 도주, 탕나 자살'이라고 큼지막하게 제목이 달려 있었다. 란핑은 "오늘 중으로 상하이에 갈 거예요. 황징이 돌아올 때까지 기다릴 수가 없어요"라고 했다. 야오이린은 란핑에게 여비 20위안을 쥐여줬다. 사흘 뒤 황징이 돌아왔다. 란핑이 안 보였다. 야오이린이 황징에게 말했다. "찾아서 뭐 하게요. 또 떠나갔어요." 황징은 쓴웃음을 지었다. "할 수 없지."

그렇게 황징과 란핑의 관계는 끝났다. 1949년 황징은 초대 톈진시장이 돼 공산당 핵심 간부로 활동하고 있었다. 1950년 야오이린이 베이징병원에 입원했다. 그런데 같은 병원에 란핑이 입원해 있었다. 그녀의 이름은 바뀌어 있었다. 장칭江青. 그녀는 마오쩌둥毛澤東의 부인이 돼 있었다. 야오이린을 본 장칭은 야오이린이 쥐여준 20위안에 대해서는 한마디도 하지 않았다.

소설도, 영화도 아니다. 실제 있었던 일이고, 이야기에 나오는 사람들도 실존 인물이다. 황징의 본명은 위치웨이俞啓威로, 2012년 11월 18차 당대회에서 정치국 상무위원으로 선출돼 2013년 3월 정치협상회의정협 주석에 오른 위정성俞正聲의 부친이다. 공산 혁명 활동을 벌였던 위치웨이는 당시 집권 세력인 국민당의 눈을 피하기 위해 이름을 황징으로 바꿨는데, 그는 마오쩌둥의 부인인 장칭과 동거한 적이 있다. 야오이린은 황징과 1935년 12월 9일 베이징에서 항일 학생운동을 주도했고 이후 공산당 활동을 함께 펼친 인물로, 왕치산王岐山 중앙기율검사위원회 서기의 장인이다.

중국 최고 명문가 출신

위정성 주석은 가문으로 치면 현 중국 정치국원 가운데 최고 명문가 출신이라고 할 수 있다. 위정성 주석의 가족사에는 중국 근현대사가 흐른다. 그의 증조부 위밍전俞明震은 청나라 말기에 내무대신을 지냈으며 난징南京에서 강남수사학당江南水師學堂의 교장을 지냈다. 이 학교에는 중국의 대문호 루쉰魯迅이 다녔다. 위밍전은 루쉰의 스승인 것이다. 위정성의 종증조부증조부의 형제 위밍이俞明頤는 태평천국의 난을 평정하고 양무운동을 주도했던 당시 실력자 쩡궈판曾國藩의 손녀와 결혼했다. 재종조부할아버지의 사촌 위다웨이俞大維는 장징궈蔣經國 전 대만 총통의 사돈이자 대만 국방부장을 지냈다. 위정성의 아버지는 톈진시장에 이어 제1기계공업부장장관을 지냈고 어머니 판진範瑾도 베이징 부시장을 지낸 고위급 간부였다.

위정성은 출신 배경으로 보면 태자당이지만, 정치적 성장 과정에서는 장쩌민江澤民 전 주석을 중심으로 한 상하이방과 긴밀한 관계를 유지했으며 대인 관계가 원만해 공청단파와도 잘 지냈다. 정협은 공산당 및 기타 정당, 문화·예술·경제 등 각계의 대표로 구성되는 중국의 최고 국정 자문기구다. 공산당이 여론 주도층의 의견을 수렴한다는 취지로 설립했다. 위정성은 중국의 당·정·군을 비롯한 각계각층에 방대한 인적 네트워크를 구축하고 있어 정협 주석으로 제격이라는 평가를 받았다. 그는 18차 당대회에서 권력 4위에 올랐다. 그는 정치국 상무위원 가운데 나이가 가장 많은 맏형이기도 하다. 만 68세 이상은 승진을 못한다는 승진 연령 제한을 아슬아슬하게 통과했다.

위정성은 1945년 4월 산시陝西성 옌안延安에서 태어났다. 그는 공산당 고급간부 자녀들이 다니는 베이징 81초등학교에 입학했지만 간부 자녀들의 악습을 배우고 일반인들과 분리되는 것을 우려한 어머니가 보통 초등학교로 전학시켰다. 그는 이후 고등학교에 들어갈 때에야 공산당 고급간부 자녀들이 다니는 베이징 제4중학교^{고등학교}에 입학했고 하얼빈 군사공정학원에 진학해 탄도공학을 전공했다. 아버지는 그가 13살 되던 1958년 과로로 쓰러져 세상을 떠났다.

문화대혁명^{문혁}이 터지면서 그의 집안은 큰 박해를 받았다. 특히 장칭은 옛 애인 황징의 아내 판진을 가혹하게 탄압했던 것으로 전해졌다. 당시 베이징시 부시장으로 있던 판진은 '주자파^{走資派}'로 몰렸다. 장칭이 판진의 집으로 홍위병을 보냈는데 이는 실제로는 장칭이 예전에 황징에게 보냈던 편지를 되찾기 위해서였다는 말이 있다. 편지가 외부로 공개될 경우 장칭이 난처한 상황에 처할 수 있기 때문이라는 것이다. 장칭은 판진을 독방에 가두고 고문을 가했으며 판진은 1975년 감옥에서 나왔을 때 정신이 정상 상태가 아니었다고 한다. 고등학생이던 위정성의 여동생은 정신분열 증세를 보여 자살했다. 위정성은 2011년 상하이 자오퉁^{交通}대에서 강연을 하다가 "친척 친지 중 문혁 때 죽은 사람이 예닐곱이다"라고 말했다. 문혁 때의 경험으로 위정성은 조용히 처신하는 게 몸에 뱄다는 얘기가 있다.

위정성 본인은 1968년 하얼빈 군사공정학원을 졸업한 후 직장을 구하지 못하고 하방^{下放·문화대혁명 기간 중 시골로 내려가 노동에 종사하는 것}돼 허베이^{河北}성 장자커우^{張家口}시의 무선전신 6공장 기술자로 근무했다. 위정성은 이곳에서 7년을 근무한 후에야 베이징으로 돌아올 수 있었다.

아버지의 부하였던 장쩌민

위정성의 부친인 황징이 1952년 제1기계공업부 부장^{장관}을 맡았을 때 바로 밑 부부장차관이 왕다오한汪道涵이었다. 왕다오한은 장쩌민이 정치적 스승으로 모셨던 인물이다. 장쩌민이 상하이시 시장에 올라 중앙 정치 무대로 진출하는 데 큰 역할을 한 사람이 바로 왕다오한이다.

황징과 왕다오한이 각각 부장과 부부장을 맡아 함께 일할 때 장쩌민도 제1기계공업부 소속으로 일하고 있었다. 황징은 장쩌민이 1955년 소련으로 유학갈 수 있도록 배려해 줬고, 장쩌민은 그런 황징을 따랐다. 황징에서 왕다오한을 거쳐 장쩌민으로 이어지는 제1기계공업부 인맥은 위정성의 정치 행로에 유리한 요소로 작용했다. 장쩌민은 위정성을 적극 후원했고, 그 결과 위정성은 정계에서 순탄한 길을 걸을 수 있었다.

장쩌민 전 주석이 1982년 전자공업부 제1부부장차관을 거쳐 부장장관으로 승진해 1985년 상하이시 시장으로 갈 때까지 위정성은 전자공업부에서 고속 승진을 거듭했다. 문화대혁명 시절 장자커우에서 7년간 기술자로 재직했던 위정성은 1975년 제4기계공업부이후 전자공업부로 개명 산하 전자기술응용연구소로 자리를 옮겨 엔지니어로 일했다.

이 연구소에서 7년간 있으면서 위정성이 최고로 높이 올라간 자리는 차석 엔지니어였다. 하지만 1982년 연구소의 부소장에 오른 것을 시작으로 2년 사이 전자공업부 계획국 부국장까지 승진했다. 장 전 주석의 후원이 있었기 때문에 가능한 일이었다.

전자공업부에서 잘 나가던 위정성은 1984년 자리를 옮긴다. 1984년 3월 중국장애인복지기금회가 설립될 때 이 단체의 부이사장을 맡았던 덩푸팡鄧朴方이 전자공업부 계획국 부국장으로 있던 위정성을 부른 것이다. 덩푸팡은 덩샤오핑鄧小平의 아들로, 문혁 기간 박해를 받다 장애인이 된 인물이다. 위정성은 덩푸팡과 남다른 인연이 있다. 위정성의 둘째 형 위민성俞敏聲은 덩푸팡의 초등학교 동창인 것으로 알려져 있다. 문혁은 위정성이 덩푸팡과 가까워지는 계기가 됐다. 덩푸팡은 문혁 때 정치적 탄압을 받았던 아버지 때문에 홍위병에 쫓겨 다녔다. 그러던 중 홍위병을 피하다 건물 4층에서 떨어졌다. 중국 포털사이트 중화망에 따르면, 당시 덩푸팡이 척추를 크게 다쳤지만 '타도의 대상'인 그를 받아들이는 병원이 없었는데, 당시 병원을 설득해 덩푸팡을 입원시킨 사람이 위정성이었던 것으로 전해졌다. 덩푸팡은 하반신 불구가 됐고 이후 중국장애인연합회 주석과 정협 부주석을 지냈다. 위정성은 한 살 위인 덩푸팡과 오랜 친분을 유지해 왔다. 중국 최고 권력자인 덩샤오핑 가문과 맺은 인연은 이후 위정성의 정치 인생에서 중요한 작용을 했다. 덩푸팡 덕분에 위정성은 덩샤오핑의 눈에도 들었다.

덩푸팡이 1984년 장애인복지기금회로 위정성을 불렀을 때 장쩌민이 처음에는 위정성을 보내기 어렵다고 했다는 말이 전해진다. 하지만 다른 사람도 아니고 당시 최고 실력자인 덩샤오핑의 아들이 하는 부탁을 끝끝내 거절할 수는 없었다. 위정성은 1985년에는 장애인 복지기금을 운영하는 캉화康華공사 사장 대리를 맡았다. 캉화공사는 덩푸팡이 이끌던 회사였다.

덩샤오핑·장쩌민 등 당대 최고 실권자와 두루 친분을 유지하며 전도양양했던 위정성에게 위기가 닥친 것은 1985년이었다. 위정성에게는 위창성俞强聲이라는 형이 있었는데, 중국의 국가안전부 소속이었다. 그런데 국가안전부 북미정보국장이던 위창성이 미국에 망명하면서 세상을 놀라게 했다. 위창성이 미국으로 망명한 이유는 정확히 알려지지 않았다. 위창성은 미국에 중국의 1급 정보를 넘겼는데, 이 중에는 미국에서 30여 년을 암약하던 중국 간첩 진우다이金無怠에 대한 정보가 포함돼 있었다. 위창성의 폭로로 진우다이는 체포돼 자살했다. 위창성은 미국으로 망명하고 나서 2년 후 남미의 한 해변에서 변사체로 발견됐는데, 여기에 중국의 비밀 요원이 개입했다는 의혹이 제기됐다. 위창성의 미국 망명은 위정성의 정치 인생에서 아킬레스건이 됐다.

1985년 형의 미국 망명 사건으로 위정성은 궁지에 몰렸다. 당시 덩샤오핑은 "30년간 서방에 구축해놓은 비밀 정보망 절반이 무너졌다"며 격노했다. 국가안전부장을 교체하는 등 대대적인 문책 인사를 가했다. 위정성도 장애인복지기금회 일을 그만 둬야 했다. 당시 덩샤오핑은 위정성을 미래 총리 후보로 점찍었었는데 이 사건 때문에 크게 실망했다는 얘기가 전해진다. 장애인복지기금은 주요 국가 기관은 아니었지만 최고 실력자 덩샤오핑의 아들을 보좌한다는 것은 정치적으로 큰 의미가 있었다. 하지만 위창성 일이 터지고 나자 그동안 위정성을 총애했던 덩샤오핑은 자신의 아들이 국가를 배신한 죄인의 동생 위정성과 함께 일하도록 놔둘 수는 없었다. 불필요한 시비에 휘말릴 여지가 있기 때문이었다.

위정성은 지방을 돌게 된다. 위정성은 1985년 산둥성 옌타이煙臺시 부서기로 사실상 좌천됐다. 위정성은 지방에서 가시밭길을 돌았지만, 지방 근무에서 보여준 능력은 그가 재기하는 발판이 됐다. 1987년 옌타이 시장으로 승진한 그가 주도한 주택제도 개혁이 큰 성공을 거뒀다. 당시 주민들의 주택 문제가 가장 큰 현안이었는데, 위정성은 이를 해결하기 위해 서민 거주 지역에 값싸면서도 편리한 주택 단지를 보급했고, 이게 효과를 본 것이다. 위정성은 1989년 칭다오青島시 시장으로 자리를 옮겨 1992년 칭다오시 서기가 됐다. 그는 칭다오의 도시 발전 계획을 새롭게 마련했는데 마침 한·중 수교 이후 급증한 한국 기업의 진출에 힘입어 칭다오시의 경제를 도약시킬 수 있었다. 칭다오에서 있을 때 위정성은 한국 기업 유치를 위해 시 공무원들에게 한국어 공부를 독려했다고 한다. 위정성은 칭다오시장 재직 시절 전용 승용차를 외제에서 중국 국산으로 교체하라고 지시했고, 시의 수입내역 및 시장 자격으로 받은 선물내역과 처리결과를 모두 공개하는 모습도 보였다.

베이징으로 권토중래

위정성은 칭다오에서의 업적에 힘입어 다시 베이징으로 상경했다. 1997년 칭다오시 서기직을 마치고 국무원 건설부 부부장차관에 임명된 후 1998년 주룽지朱鎔基가 총리에 오른 이후 부장장관으로 승진했다. 산둥성에 있을 때의 경험을 살려 전국적으로 주택 개발을 적극 추진했다.

그는 건설부장으로 능력을 인정받은 후 2001년 후베이湖北성 서기로 발령받았다. 위정성은 후베이에서 개혁을 단행했다. 우선 공무원들이 누렸던 특권을 없애기 시작했다. 성 직속기관 차량이 특별 번호판을 달고 통행료 면제 등 혜택을 누리는 경우가 많았는데 위정성은 이 같은 관행에 손을 댔다. 한편으로는 35명의 순찰원을 임명해 산하 행정기관과 성省 직속기관에 대한 감독을 강도 높게 진행했고, 내부 기구를 합병해 공무원 수를 줄이고 비용 지출을 줄이는 등 구조조정도 밀어붙였다. 그가 추진한 농촌 개혁은 성공 사례로 소개되기도 했다.

위정성은 2002년 16차 당대회 때 정치국 위원으로 선출되며 지도자 반열에 올랐다. 2007년에는 정치국 상무위원에 오르며 차기 최고 지도자 자리를 예약한 시진핑習近平의 뒤를 이어 상하이시 서기를 맡았다. 위정성이 상하이시 서기로 임명되는 과정에서 장쩌민의 입김이 작용했다.

위정성은 상하이시 서기로 취임하면서 "시진핑을 배우자"고 여러 차례 강조했다. 2002년 16차 당대회에서 위정성이 정치국 위원에 올랐을 때 시진핑은 그보다 한 단계 아래인 중앙위원이었다. 하지만 17차 당대회에서 위치가 완전히 뒤집혔다. 위정성은 집안 배경이나 경력으로 보면 시진핑에게 절대 뒤지지 않는다. 그는 '태자당 중의 태자당'이라고 할 수 있는데다 덩샤오핑 가家와 친하고 장쩌민과도 잘 통하는 인맥은 시진핑보다 더 탄탄하다고 할 수 있다. 하지만 그는 2007년 당시 이미 차기 최고 지도자로 발돋움한 여덟 살 아래 시진핑에게 확실한 예우를 갖췄다.

위정성이 상하이시 서기로 부임했을 때 천량위陳良宇 전 서기가 비리 혐의로 낙마한 이후 시진핑에 이어 또다시 외부 출신이 서기로 온 것에 대해 상하이 공무원들 사이에서 불만이 터져 나왔다. 위정성은 상하이에서 잔뼈가 굵은 한정韓正 상하이시 시장을 옆에 두고 상하이 공무원들을 움직였다. 한정은 천량위가 서기를 지낼 때 이인자인 시장을 하고 있어 정치적 입지가 불안했고, 중앙 무대로 가는 길목인 상하이시 시장 자리를 노리는 사람들이 많았다. 하지만 위정성은 한정을 밖으로 내보내지 않았다. 위정성은 2010년 상하이 엑스포도 원만하게 치렀다는 평가도 받았다. 하지만 전반적으로 상하이 서기로서의 업적은 기대에 못 미쳤다는 평이 많다. 상하이의 한 정치 평론가는 그가 이전보다 무감각해졌고 상하이를 세계 금융의 중심으로 만드는 문제나 상하이의 하드웨어·소프트웨어를 현대화시키는 문제에 있어서도 구체적인 리더십을 보여주지 못했다고 지적했다. 그가 최고 지도층과 공동보조를 맞추는 문제에 보다 더 많은 신경을 썼다는 지적도 나온다.

막차로 상무위원 진입

위정성이 '막차'를 타고 정치국 상무위원회에 입성했다는 말이 많이 나온다. 그의 나이 때문이다. 정치국 상무위원 인선 과정에서 위정성은 고령이라는 점이 걸림돌이었다. 1945년 4월생인 그는 18차 당대회 시점에 만 67세 7개월이 됐다. '68세 이상은 당대회 시점에 새로운 임기를 시작할 수 없다'는 규정에 위배되지는 않지만, 정년이 불과 6개월도 채 남지 않았다는 점이 논란 거리였다. 그의 형 위창성이 미국으로 망명한 사실도 다시 부각됐다. 당대회를 앞두고 위정성은 상무위원회 진입설과 탈락설 사이를 오갔다. 위정성이 정치국 상무위원에 오를 경우 전임 상하이 서기였던 시진핑에 이어 상하이 서기가 연속으로 상무위원에 오르는 것이어서 지역 안배 원칙에 맞지 않는다는 지적도 나왔다.

하지만 2012년 중국 정계를 뜨겁게 달궜던 보시라이 사건이 그에게 유리하게 작용했다는 분석이 나왔다. 반중反中 매체에 따르면, 보시라이 전 충칭重慶시 서기의 실각에 위정성이 결정적인 역할을 했다. 보시라이 스캔들이 터지고 보시라이가 해외에 재산을 도피시켰다는 의혹을 받고 있을 무렵 위정성은 2012년 3월 전인대에서 '나관裸官·해외에 재산을 빼돌리고 축재한 부패 관리'을 거론하며 보시라이의 약점을 공격했다. 태자당인 위정성이 보시라이를 비판하면서 보시라이의 입지가 한층 좁아졌고 이는 보시라이의 실각을 재촉했다는 것이다.

위정성이 오늘의 위치까지 올 수 있었던 것은 줄곧 조용히 처신했고, 원만한 일처리 스타일을 가졌기 때문이다. 그는 태자당 멤버이자 동시에 장쩌민과의 친분으로 상하이방과 다양한 연계를 맺고 있으며 그러면서 공청단과도 잘 융합하고 시진핑과의 관계도 좋다. 보시라이가 스캔들로 낙마하기 전까지만 해도 위정성의 상무위원 진입 가능성은 보시라이보다 높지 않아 보였다. 보시라이 사건 이후 중국 지도부에서 가장 시급한 임무는 정권 안정이었다. 이런 측면에서 비교적 안정적이고 논쟁의 여지가 적은 위정성은 같은 태자당 소속인 보시라이와 대비됐다. 연령 등 일부 조건이 문제시되기는 했지만 전체적으로 '그만한 인물도 없다'는 평가를 얻어 상무위원 진입에 성공했다는 게 정치 평론가들의 분석이다. 위정성은 태자당·상하이방 연합세력과 공청단파 사이에서 조정 역할을 할 것으로 보인다.

위정성은 대對대만공작업무영도소조의 부조장도 맡았다. 대만공작업무영도소조 조장은 시진핑 주석이다. 위정성은 집안 배경 덕분에 대만과 남다른 관계가 있어 양안 관계兩岸關係·중국과 대만과의 관계를 풀어나가는 데 여러모로 유리할 것이라는 전망이 나오고 있다.

위정성의 아내 장즈카이張志凱는 국방 과학기술공업위원회 부주임을 지낸 장전환張震寰 장군의 딸이다. 장전환은 원자탄·수소폭탄·탄도미사일 등 실험의 책임을 맡았고 중국 최초의 핵실험 때에는 일선에서 지휘했다. 장즈카이는 1944년생으로 위정성보다 한 살 많다. 창청長城 컴퓨터 회장까지 맡았지만 2004년 현직에서 은퇴했다.

4 왕치산 王岐山 | Wang Qishan

직책 중앙기율검사위원회 서기
출생 1948년 7월 산둥성 칭다오 ※원적은 산시山西성 톈전天鎭
학력 시베이대 역사학과

주요 약력

1971~1973년	산시성 박물관 근무
1973~1976년	시베이대 역사학과
1976~1979년	산시성 박물관 근무
1979~1982년	중국사회과학원 근대역사연구소 실습연구원
1982~1986년	중앙서기처 농촌정책연구실
1986~1988년	중앙서기처 농촌정책연구실 국장급 연구원
1988~1989년	중국농업신탁투자공사 사장
1989~1993년	중국 건설은행 부행장
1993~1994년	중국 인민은행 부행장
1994~1997년	중국 건설은행 행장
1998~2000년	광둥성 부성장
2000~2002년	국무원 경제체제개혁판공실 주임
2002~2003년	하이난성 서기
2003~2007년	베이징시 시장
2007~2013년	국무원 부총리
2013년~	중앙기율검사위원회 서기

'소방대장', '폭탄제거 전문가', 왕치산王岐山 중국 공산당 중앙기율검사위원회 서기에게 따라붙는 별명에는 그의 뛰어난 문제 해결 능력과 카리스마 넘치는 리더십이 그대로 묻어난다. 1998년 아시아 금융위기 때 광둥廣東성으로 옮겨 붙은 금융부실을 해결했고 2003년에는 전염병 사스SARS·중증 급성 호흡기증후군로 패닉에 빠진 수도 베이징에 급파돼 파동을 잠재웠다. 그는 국가 차원의 큰 위기가 생겼을 때 곧바로 현장에 투입돼 이를 성공적으로 해결하며 자신의 진가를 발휘했다.

리콴유 전 싱가포르 총리는 왕 서기에 대해 "재능이 아주 뛰어나고 대담하다"며 극찬했고, 티머시 가이트너 전 미국 재무장관은 "문제를 푸는 능력이 뛰어난 인물이다. 확실히 대단한 해결사에 특급 소방수다"라고 칭찬을 아끼지 않았다. 2009년 4월 시사주간지 「타임」이 선정하는 '세계에서 가장 영향력 있는 100인'에 시진핑習近平 당시 국가 부주석과 함께 뽑히기도 했다. 업무 추진 능력만 놓고 보면 2012년 11월 선임된 7인의 중국 공산당 정치국 상무위원 가운데 최고라는 평가가 나온다.

경제통인 왕 서기는 당초 상무 부총리를 맡아 리커창李克强 총리를 보좌하며 중국 경제를 총괄하는 역할을 할 것으로 예상됐다. 하지만 그는 당의 사정司正과 기율·감사 분야를 책임지는 중앙기율검사위 서기를 맡았다. 시진핑 주석이 이끄는 5세대 지도부는 부패 문제가 정권의 운명을 좌우할 것으로 보고 부패 척결을 핵심 과제로 삼고 있다. 그 과제가 '해결사'의 손에 쥐어진 것이다. 그의 별명이 하나 더 늘었다. 바로 '포청천'이다.

역사학도 출신

왕치산은 1948년 7월 산둥山東성 칭다오靑島에서 태어났다. 그의 부친은 칭화淸華대에서 토목공정건축을 전공했다. 왕치산의 부친은 국무원 산하 도시 설계원에서 엔지니어로 일했다. 그는 부친을 따라 베이징으로 올라와 베이징에서 학창 시절을 보냈다.

하지만 문화대혁명이 터지면서 이전까지 평범했던 그의 인생에 큰 변화가 찾아 왔다. 1969년 21세의 왕치산은 다른 학생들과 함께 산시陝西성 옌안延安의 펑좡馬莊공사에 배치돼 농사를 지으며 지식청년 활동을 했다. 여기에서 그는 그의 인생을 바꿀 한 여인을 만났다. 그녀의 이름은 야오밍산姚明珊이었다. 야오밍산은 야오이린姚依林의 딸이다. 야오이린은 1979년 국무원 부총리에 올랐고 1985년 공산당 정치국 위원에 이어 1987년 정치국 상무위원에 오른 중국 정계의 거물이다. 왕치산이 혁명 원로의 자제가 아님에도 태자당으로 분류되는 것은 그의 장인 때문이다. 왕치산이 지금의 자리에 오르는 데 있어 장인의 후광이 결정적인 역할을 했다. 문혁이 없었다면 오늘날의 왕치산은 없었을지도 모른다.

그는 1971년 산시성 박물관 직원으로 발탁됐다. 시안西安 비림碑林의 안내원 일이었다. 문혁이 한창이던 당시, 하방下放 2년 만에 고된 농촌 생활에서 벗어나 박물관에서 일한다는 것은 고위 관리의 도움 없이는 어려운 일이었다. 역사에 관심이 많았던 왕치산은 1973년 노동자·농민·병사 출신 대학 특채에 뽑혀 시베이西北대학 역사학과에 진학했다. 문혁 때 정치적 박해를 받았던 그의 장인 야오이린이 다시 중앙 정부로 발탁돼 국무원 대외무역부 제1부부장차관에 올랐던 바로 그해다. 1976년 시베이대를 졸업하고 다시 산시성 박물관으로 돌아간 그는 1979년 박물관을 떠나 베이징에 입성, 사회과학원 근대사연구소에서 실습 연구원으로 일하게 됐다. 사회과학원은 중국 최고의 학술 연구 기구였다. 지방 박물관 직원이 하루아침에 사회과학원에 들어간다는 것은 고위 인사의 입김 없이는 사실상 불가능한 일이었다. 야오이린은 당시 국무원 부총리 겸 국가계획위원회 주임이었다.

당시 중국은 개혁·개방 초창기였다. 사람들의 관심사는 개혁·개방이었다. 왕치산도 예외가 아니었다. 역사학도였던 그는 경제 문제에 관심을 갖게 됐다. 그가 역사학에서 경제 분야로 방향을 트는 과정에서 장인이 영향을 미쳤다는 얘기가 있다. 야오이린은 중화인민공화국 수립 전부터 공산당 안에서 경제 부문의 업무를 담당했으며 1973년 대외무역부 제1부부장차관을 맡은 데 이어 1977년 국무원 재정무역 영도소조 조상에 올랐고, 1978년 상무부장장관을 거쳐 1979년 경제 담당 부총리에 임명됐다. 야오이린은 중국의 경제 정책을 주도한 핵심 인물이었다.

1980년 왕치산은 사회과학원 경제 분야 연구생이었던 황장난黃江南, 사회과학원 공업경제 전공 연구생이었던 주자밍朱嘉明, 베이징에서 대학을 졸업하고 농민일보農民日報에서 기자로 일했던 웡융시翁永曦와 함께 경제 정책 보고서를 만들었다. 당시 국가계획위원회는 국민경제가 6~8% 성장할 것으로 예상했지만 이들 4명은 농업·공업 등 산업 부문이 마이너스 성장으로 돌아설 것이라고 전망했다. 왕치산이 장인인 야오이린에게 보고서를 전달했고 야오이린은 당 중앙위원회 부주석 천윈陳雲에게 이 보고서를 제출했다. 내용에 감탄한 천윈은 자오쯔양趙紫陽 총리에게 보고서를 건넸다. 보고서를 본 자오쯔양은 네 사람을 불러 직접 의견을 물었다. 이 네 사람은 이후 '개혁 사군자四君子'로 불렸다.

왕치산은 1982년 공산당 싱크탱크 중 하나인 중앙서기처 농촌정책연구실로 배치받았다. 역사학도 출신인 그가 본격적으로 경제 분야에 발을 들여놓은 순간이다. 왕치산은 1983년 공산당에 가입했다. 당원도 아니면서 당 싱크탱크에 들어갈 수 있었던 것은 장인 덕 때문이었을 것이다. 왕치산은 농촌정책연구실에서 경제 분야에 매진했다. 1984년 왕치산은 저장浙江성 모간산莫干山에서 전국의 청년 경제학자들이 모인 가운데 열린 학술 토론회를 주도했다. 당시 토론 참가자 중에는 왕치산 외에 2013년 3월 전국인민대표대회 때 부총리에 오른 마카이馬凱와 재정부장에 오른 러우지웨이樓繼偉, 저우샤오촨周小川 인민은행장, 중국 최고 수준의 경영대학원으로 손꼽히는 베이징대 광화光華관리학원장을 지낸 장웨이잉張維迎 교수가 있다. 왕치산을 비롯한 참석자들은 중국의 개혁·개방과 관련해 다양한 견해를 발표했다. 이들은 가격 제도 개혁을 통해 중국의 물가 제도를 바꾸자고 건의했다. 동일한 상품의 경우에도 계획 범위 내에 속하면 가격을 국가에서 정하고 계획 범위 밖에 속하면 시장 기능에 따라 가격을 정하자는 '이중가격제' 아이디어가 당 중앙에 제출됐고, 이는 국무원이 몇 개월 후 이중가격제 개혁을 실시하는 데 주요 참고 자료가 됐다. 왕치산은 1986년 38세 나이에 국장급 간부로 승진했다.

왕치산은 1988년 중국 최초의 전국 단위 민간농촌금융기구인 중국농업신탁투자공사의 사장을 맡으면서 금융계에 투신했다. 그는 이후 중국건설은행 부행장1989~1993년, 중국의 중앙은행인 인민은행 부행장1993~1994년, 중국건설은행장1994~1997년을 역임하면서 금융계를 주름잡았다.

왕치산이 경제통으로 이름을 날리게 된 데에는 중국 경제 사령탑을 지냈던 주룽지朱鎔基와의 관시關係가 큰 도움이 됐다. 왕치산은 중국농업신탁투자공사 사장 재직 시절 상하이와 선전深圳의 증권 거래소 설립을 주도했는데 이 때 상하이 시장이 바로 주룽지였다. 증권 거래소 설립 문제로 왕치산은 주룽지와 접촉할 기회가 많았으며 이는 왕치산이 주룽지의 눈에 들 수 있는 기회였다고 전해진다. 왕치산은 1990년 중국건설은행 부행장으로 있을 때 상하이에서 금융산업 발전 방안을 발표했는데, 이게 주룽지의 마음을 사로잡았다고 한다. 당시 중국은 금융개혁이 시급한 시점이었다.

주룽지는 자신처럼 결단력이 있고 과감한 성격의 왕치산을 마음에 들어 했다. 주룽지는 1993년 3월 야오이린의 뒤를 이어 경제 담당 부총리에 올랐다. 그해 6월 인민은행장까지 겸직한 주룽지는 왕치산 당시 중국건설은행 부행장을 인민은행 부행장으로 발탁했다. 왕치산이 야오이린의 사위라는 점도 주룽지가 왕치산을 중용하는 데 있어 고려 사항이 됐을 것으로 보인다. 주룽지와 왕치산은 과감하게 금리를 인상하고 대출을 회수해 당시 21%까지 치솟았던 물가를 잡았다. 왕치산이 '리틀 주룽지'라고 불리기 시작한 것은 이 같은 배경 때문이다.

왕치산은 1994년 중국건설은행 행장에 취임했다. 왕치산은 1995년 미국 모건스탠리와 합작해 중국 최초의 투자은행인 중국국제금융공사中國國際金融公司·CICC를 만들었다.

소방대장

왕치산의 진가는 1998년 아시아 금융 위기 때 발휘됐다. 당시 '세계의 공장' 중국 남부 광둥성에 금융 위기 여파가 미치면서 대형 금융 기관들이 연쇄 도산 위기에 빠졌다. 광둥국제투자신탁회사廣東國際投資信託公司·GITIC과 웨하이粤海 등 두 개의 정부 배경 투자은행이 파산 상태에 직면해 있었다. 주룽지 당시 부총리는 건설은행장이던 왕치산을 광둥성 부성장으로 급파해 수습을 맡겼다. 두 은행은 정부의 신용을 바탕으로 해외에서 거액의 융자를 받아 투자를 하고 있었다. 하지만 두 투자은행은 아시아 금융위기가 닥치면서 유동성 부족에 시달리게 됐다.

광둥국제투자신탁은 10억 달러 이상의 부실 채권을 떠안고 있었고 해외 채권단은 광둥투자신탁의 채무를 전액 보상하라고 광둥성 정부에 요청했다. 하지만 왕치산은 "정부 신용과 기업 신용이 분리되지 않으면서 도덕적 해이가 발생했다. 그렇다고 해서 정부가 국유금융회사의 채무를 대신 갚아주는 방식은 더이상 용납할 수 없다"고 맞섰다. 왕치산은 해외 채권단의 반발에도 불구하고 광둥국제투자신탁을 단호히 파산시켰다.

웨하이 처리 문제를 놓고 왕치산과 해외 투자자들이 첨예하게 대립했다. 해외 채권단은 광둥성 정부가 담보 의무를 이행해 대신 웨하이의 빚을 갚으라고 요구했다. 하지만 왕치산은 물러서지 않았다. 채무를 대신 갚을 수 없다고 잘라 말했다. 해외 채권단이 정부를 상대로 소송을 제기하겠다고 위협했다. 왕치산은 "소송할 테면 해보라. 중국에서든, 해외에서든 어디든 좋다. 중국에서 고소한다면 당신들은 이기지 못할 것이다. 해외에서 소송을 걸더라도 언제든 상대해 주겠다"며 강경한 입장을 굽히지 않았다. 하지만 웨하이의 경우 파산 대신 시장화 해결 방안을 내놨다. 세계적인 회계·컨설팅그룹인 KPMG에게 웨하이의 자산 심사를 맡기고 골드만삭스를 광둥성 재정고문으로 위촉해 웨하이의 채무 재조정을 맡겼다. 2000년 웨하이는 채권자들과 채무조정 협의안에 합의했다. 광둥성 정부는 웨하이의 채무를 상환하지 않고 대신 웨하이에 우량자산을 투입했다. 채권자들도 손해 감수를 인정한 채 골드만삭스의 구조조정안에 동의했다. 왕치산은 당시 골드만삭스 이사회 의장이었던 헨리 폴슨 전 미국 재무장관과 친분 관계를 쌓았다. 이후 2008년 두 사람은 미·중경제전략대화 파트너로 다시 만나 양국 간 경제 협력에 긍정적인 역할을 했다는 평가를 받았다.

왕치산은 광둥국제투자신탁과 웨하이의 유동성 위기 해소에 머물지 않았다. 800여 개의 지방 중소형 금융회사를 구조조정하거나 폐쇄하는 조처를 내렸다. 왕치산은 광둥성에 불어닥친 금융 위기를 막아내는 데 성공했다.

왕치산은 2000년 베이징으로 올라왔다. 장관급인 국무원 경제체제 개혁판공실 주임에 임명된 것이다. 국무원 총리인 주룽지를 돕는 자리였다. 2002년 11월 후진타오 총서기가 이끄는 4세대 지도부가 출범하면서 정부 전 분야에 대한 인사 조정 작업이 진행됐다. 누구를 인민은행장에 임명할 것인가를 두고 당시 장쩌민 주석과 주룽지 총리2003년 3월 전인대에서 4세대 지도부가 선출되기 전까지 장쩌민과 주룽지가 각각 주석과 총리직 유지가 부딪쳤다. 주 총리는 측근인 왕치산 경제체제개혁판공실 주임을 앉히려고 했다. 인민은행 부행장, 건설은행장 등을 거치며 쌓은 실무 경험과 광둥성 금융 위기 해결 때 보여준 그의 능력을 높이 산 것이다. 하지만 장쩌민은 저우샤오촨周小川 당시 증권감독위원회 주석을 밀었다. 저우샤오촨의 부친인 저우젠난周建南은 장쩌민을 정계에 발탁한 인물이다. 장쩌민의 뜻이 관철돼 저우샤오촨이 인민은행장에 임명됐다.

왕치산은 2002년 11월 하이난海南성 서기로 취임했다. 하이난성은 중국 최대 경제 특구이지만 부동산 거품이 꺼져 휘청거리며 성장이 주춤한 상태였다. 왕치산은 하이난을 부흥시켜야 하는 임무를 띠고 있었다. 하이난성의 발전 전략을 연구한 왕치산은 '지속 가능한 발전'이라는 개념을 제시했다. 왕치산은 "모든 것은 현재의 이익과 미래의 이익을 동시에 챙겨야 한다. 눈앞의 이익을 위해 미래의 이익을 희생해서는 안 된다. 하이난에 필요한 것은 보호다"라고 말했다. 하이난을 꽃과 공원의 도시, 휴양지로 만들자는 구상이었다. 기존의 공업화 경제 성장 모델과는 다른 방안이었다. 왕치산은 하이커우海口와

산야三亞 일대에서 자금부족으로 개발 작업이 중단된 건물 문제도 해결했다. 채권자들과 분쟁이 벌어지자 눈앞의 이익에 눈이 멀어 장기적인 이익을 놓치지 말라며 양측의 합의를 이끌어 냈다.

왕치산은 하이난성 성장 부임 5개월 만인 2003년 4월 베이징으로 불려 왔다. 사스로 공황 상태에 빠진 베이징을 구하는 게 그가 맡은 임무였다. 당시 사스가 베이징을 습격하고 있었지만 장원캉張文康 위생부장장관과 멍쉐눙孟學 베이징시장은 베이징이 안전하며 사스가 곧 진정될 것이라고 말했다. 하지만 이 두 사람의 말과 달리 사스는 베이징을 패닉으로 몰아 넣었다. 장쩌민 전 주석 세력인 장 부장과 후진타오 주석의 측근인 멍 시장이 한꺼번에 물러나고 왕치산에게 '사스 진압' 명령이 떨어진 것이다.

왕치산은 2003년 4월 22일 베이징시 대리 시장으로 임명됐다. 왕치산 시장은 취임하자마자 각급 기관에 "보고를 할 때 1은 1이고 2는 2다. 전쟁터에서 농담은 없다. 절대 사태를 축소하거나 숨기려 하지 말고 사실 그대로 보고하라"고 지시했다. 그는 베이징시 대리시장에 취임한 직후 사스와의 전쟁이 두렵지 않다는 것을 보여주기 위해 베이징의 농산물·채소 도매 시장을 돌았다. 그는 중국중앙방송CCTV과 인터뷰를 자청, 베이징 시민들에게 자신을 믿어달라고 요청했다. 왕치산은 "시민은 시장이 상황을 모르고 해결할 방법도 찾지 못한다는 점을 가장 걱정한다"면서 수습책으로 진상공개와 신뢰구축을 제시했다. 그는 진솔한 태도로 모든 유언비어를 없애겠다고 약속했다. 세계보건기구WHO의 지원도 적극 수용했다. 정보공개와 기민한 대응조치는 시민들의 불신을 잠재웠고 사스 사태도 진정국면에 들어섰다. 왕치산이 베이징에 온 지 3개월 만인 6월 24일 세계보건기구WHO는 베이징 지역에 내린 사스 경보를 해제했다. 베이징이 사스 전염 지역이라는 오명에서 벗어난 것이다. 왕치산은 '사스와의 전쟁'을 성공적으로 완수했다. '경제통'이었던 왕치산은 기민한 위기 대처 능력과 탁월한 행정 능력을 과시했다. 그는 이를 통해 차세대 지도자 후보로서 자리를 확실히 굳혔다. 왕치산은 그해 7월 한 여론조사기관이 전국 20개 주요 도시 및 현 지도자를 대상으로 실시한 지지도 조사에서 최고인 70.5%를 기록할 정도로 전국적인 스타로 떠올랐다. 왕치산은 2007년까지 베이징 시장직을 수행하며 2008년 베이징 올림픽 준비에 매진했다.

2007년 17차 공산당대회에서 왕치산은 정치국 위원으로 선출됐다. 2008년 3월에는 금융·대외무역 담당 부총리에 임명돼 본연의 업무로 복귀했다. 장인과 사위가 대를 이어 부총리에 오른 것이다. 왕치산은 2008년 불어닥친 글로벌 금융 위기 대응을 총괄 지휘했다. 2008년부터 대미 경제 협상의 중국 측 대표로 참여해 미국과 협조를 이끌어냈다. 미국은 대중 무역 적자와 위안화 환율 문제를 제기하며 공격에 나섰지만 왕치산은 이에 적절히 대응했다.

18차 당대회를 앞두고 왕치산은 총리 후보로 급부상했다. 왕치산은 정치국 상무위원 진입이 확실시된다는 관측이 많았지만 2012년 상반기까지만 해도 경제를 담당하는 부총리 후보로 많이 거론됐다. 하지만 유력한 총리 후보였던 리커창이 의료개혁 등의 분야에서 이렇다 할 실적을 내지 못하자 업무 수행 능력이 뛰어난 왕치산이 부각된 것이다. 주룽지 전 총리가 18차 당대회를 앞둔 2012년 10월 24일 베이징 댜오위타이釣魚臺 국빈관에서 열린 칭화대경영관리학원 고문위원회에 참가했는데 이 자리에 왕치산이 참석했다. 그동안 공개 석상에 모습을 잘 드러내지 않던 주 전 총리가 당대회를 앞두고 나타난 것은 왕치산에 힘을 실어주기 위한 것이라는 관측이 나왔다.

하지만 18차 당대회를 통해 왕치산은 중앙기율검사위원회 서기를 맡았다. 당의 부패 척결을 위한 선봉장으로 발탁된 것이다. 시진핑은 2012년 11월 17일 공산당 총서기 취임 후 처음 열린 첫 정치국 집체학습연설에서 송宋나라 시인 소식蘇軾의 글에 나오는 '물건이 먼저 썩고 벌레가 생긴다物必先腐以後蟲生·물필선부이후충생'는 내용을 인용하면서 "부패가 만연하면 당도 국가도 망한다"고 말했다.

중국 공산당 기관지 「인민일보」는 2013년 1월 18일 프랑스 역사학사 토크빌의 저서 「구체제앙시앵 레짐와 프랑스 혁명L'Ancien Résime et la Revolution」을 소개하면서 "현재 중국의 상황은 대혁명 시기의 프랑스와 유사하다"고 보도했다. 이 책은 왕치산이 2012년 11월 말 추천한 이후 전국 서점에서 불티나게 팔렸다. 「인민일보」는 책 서평에서 "현재 중국과 대혁명 직전의 프랑스는 물질적 번영 속에서 인권 의식이 성장해 불평등과 부패를 참지 못하는 분위기가 팽배해 있다는 공통점이 있다"고 했다. 당시 프랑스가 귀족 특권과 불평등이란 구제도의 고질병을 악화시켰던 것처럼 지금 중국도 빈부차와 계층 고착화가 날로 심해지는 상황이라는 것이다. 그러면서 "중국의 탈출구는 결국 개혁 심화에 있다. 하지만 현재 '개혁의 바람'만큼 '반反개혁 바람'도 강하게 불고 있다. 개혁 세력은 반드시 기존 특권에 기대 이익을 얻으려는 집단의 저항을 받게 된다"고 했다. 인민일보는 이어 "가장 위험한 순간은 막 개혁을 시작한 시기"라는 토크빌의 말을 전했는데, 혁명은 폭정과 부패가 최악일 때보다 그것에서 벗어날 가능성이 엿보일 때 폭발하며 중국이 바로 그런 시기에 있다고 했다. 왕치산이 하고 싶은 말을 그대로 옮겨놓은 듯하다. 그는 보수파였던 장인보다 개혁적인 색채가 짙다.

  왕치산이 지금의 자리까지 온 데에는 분명 그가 태자당 출신이라는 점이 도움이 됐다. 하지만 그 자신의 노력과 인간미가 더해지면서 시너지를 냈다. 그는 권위적이지 않다. 중화권 매체는 그가 착실하고 겸손하며 세심하다고 평가한다. 원고 없이 연설하고 말을 짧게 직설적으로 하는 것도 지금까지의 중국 지도자와 다르다는 평을 받고 있다. 왕치산은 태자당 소속이기는 하지만 상대적으로 정치색이 강하지 않으며 공청단파에서도 그의 업적과 능력을 인정한다.

5 장가오리 張高麗 | Zhang Gaoli

직책 국무원 부총리
출생 1946년 11월 푸젠성 진장
학력 샤먼대 경제학과

주요 약력

1965~1970년	샤먼대 경제학과
1970~1984년	석유부 광둥성 마오밍석유공사 근무
1984~1985년	광둥성 마오밍시 부서기
1985~1988년	광둥성 경제위원회 주임
1988~1997년	광둥성 부성장
1997~2001년	광둥성 선전시 서기
2001~2002년	산둥성 성장
2002~2007년	산둥성 서기
2007~2012년	톈진시 서기
2013년~	국무원 부총리

장가오리張高麗 국무원 상무 부총리는 확실한 장쩌민江澤民파로 분류된다. 그가 산둥山東성 서기를 맡고 있을 때였다. 공산당 총서기에서 이미 퇴임한 장쩌민이 2006년 5월 1일 노동절에 부인 왕야핑王冶坪 여사와 산둥성에 있는 태산泰山을 찾았다. 장가오리는 태산을 봉쇄하고 일반 등산객의 출입을 막고서 장 전 주석과 함께 태산에 올랐다. 그는 성省 간부들을 소집해 장 전 주석의 환영 행사를 열었는데 그 자리에서 "장 주석은 모든 당원, 전군全軍, 모든 인민이 가장 경애하는 지도자"라고 외쳤다. 장쩌민은 흡족해했다. 장가오리는 장쩌민을 축으로 하는 '상하이방'으로 분류된다.

중국석유화학총공사 마오밍茂名석유공업회사 사장으로 있던 그는 1985년 광둥성 경제위원회 주임으로 발탁됐다. 장가오리를 공직으로 불러낸 것은 쩡칭훙曾慶紅인 것으로 알려졌다. 쩡칭훙은 1982년부터 이듬해까지 석유부 외사국 연락부에서 근무했고, 1983년부터 중국해양석유총공사 연락부 부사장과 석유부 외사국 부국장을 겸직해 1984년 상하이시로 이동할 때까지 근무했다. 쩡칭훙은 흔히 '태자당'으로 불리지만 '석유방'의 좌장이기도 하다. 석유방은 석유 분야에서 근무한 경력이 있는 인사들의 정가 인맥을 말한다. 장가오리가 정계에서 승진을 거듭할 때 그 뒤에는 쩡칭훙이 있었다. 장가오리는 '석유방'이다.

장가오리가 1998년부터 2001년까지 선전深圳시 서기로 있었을 때였다. 선전에는 시진핑習近平의 부친 시중쉰習仲勳이 정계 은퇴 후 1990년부터 요양을 하고 있었다. 시중쉰은 선전을 경제특구로 건설한 주인공이어서 선전에 대한 애착이 남달랐다. 장가오리는 시중쉰을 자주 찾아 극진히 모셨다. 이를 계기로 장가오리는 시진핑과도 좋은 관계를 유지했다. 장가오리는 '태자당'과도 인연을 쌓았다.

그는 2012년 11월 중국 공산당 제18기 중앙위원회 1차 전체회의^{18기 1중전회}에서 정치국 상무위원으로 선출됐다. 2013년 3월 전국인민대표대회^{전인대}에서는 리커창 총리를 보좌해 중국 경제를 담당하는 상무 부총리로 선임됐다. 그가 상무위원에 선출되고 상무 부총리에 오른 데에는 상하이방·석유방·태자당 등 그를 지지하는 정치 세력의 뒷받침이 큰 힘이 됐다.

하지만 그게 전부가 아니다. "지독하게 가난했던 소년이 중국 최고위층이 됐다."

중국 관영 신화통신이 신임 정치국 상무위원회 출범 이후 지도부를 홍보하는 시리즈를 내보내면서 2012년 12월 26일자로 장가오리 부총리에 대해 쓴 내용이다. 그는 시멘트 운반 노동자로 사회생활을 시작해 지방 성省을 맡아 빼어난 업무능력을 선보였고, 이는 국가 지도자로 올라서기에 충분한 자격 요건이 됐다. 특히 그는 경제가 발달한 선전, 광둥성, 산둥성, 톈진 서기를 거치면서 경제 관료로서의 이미지를 굳혀 왔다.

시멘트 운반 노동자로 사회생활 시작

장가오리는 1946년 11월 푸젠福建성 진장晉江시의 시골마을인 판징춘潘徑村에서 태어났다. 그는 10살 때 아버지를 여의었다. 집은 몹시 가난했다. 초등학교에 다닐 때 그가 주로 먹은 것은 말린 고구마였다.

하지만 성적은 상위권이었다.

그는 1965년 샤먼廈門대 경제과에 입학했다. 대학을 졸업한 1970년 문화대혁명이 한창이었다. 그의 전공과 별로 관련이 없는 곳에서 사회생활을 시작했다. 첫 직장은 석유부 산하 광둥성 마오밍석유공업공사였다. 마오밍은 석유로 발전한 공업 도시였다. 장가오리가 처음 맡았던 일은 시멘트 운반이었다. 지금도 크게 달라지지 않았지만, 그는 말이 별로 없고 묵묵히 일했다. 성실했던 그는 착실히 승진했다. 말단 직원에서 시작해 생산지휘부 판공실 비서, 정유공장 작업장 당 총지부 서기, 공장 당위원회 서기 등을 거쳐 1984년에는 이 회사 사장을 맡았다.

마오밍석유회사의 성실한 업무 태도가 알려지면서 그는 1985년 광둥성 경제위원회 주임으로 발탁됐다. 15년간 석유회사 근무를 뒤로 하고 공직 생활에 발을 들여놓은 그는 승승장구하기 시작했다. 1988년 광둥성 부성장, 1993년 광둥성 위원회 상무위원 겸 부성장을 거쳐 1997년 경제특구 선전시 서기로 임명됐다. 그를 중용한 인물은 장쩌민의 측근인 리창춘李長春 전 정치국 상무위원이었다. 이때부터 장쩌민도 장가오리를 주목하기 시작했다.

그는 선전시 서기가 되면서 결정적인 도약의 발판을 마련했다. 당시 선전은 중국 내에서는 현대화된 도시였지만 인근 홍콩에 비하면 낙후된 면모가 있었다. 중국 개혁·개방의 전초 기지였던 선전은 초기의 활력을 상당 부분 잃은 상태였다. 장가오리는 선전을 국제적인 하이테크 도시로 육성하는 동시에 녹색 환경 조성에도 힘써 활기를 불

어넣었다. 그는 이곳을 시찰 온 장쩌민의 호평을 받았다

장쩌민은 2000년에 두 차례 선전을 방문했다. 2월에는 "선전이 돈을 벌 때는 그 근원이 어디 있는지를 생각하고, 부자가 된 후에는 어떻게 나아갈지를 생각하라"며 "우세한 부분을 새로 더 만들어 한층 더 높이 올라가고, 앞장서 사회주의 현대화를 실현하라"고 격려했다. 그해 11월 선전경제특구 건립 20주년 경축대회에 참석한 장쩌민은 "경제특구는 계속 개혁·개방과 현대화 건설의 선도자가 돼야 하고, 중국의 특색, 중국의 품격, 중국의 기개를 담아내야 한다"고 말했다. 장쩌민의 신임을 얻은 그는 2001년 산둥성 성장으로 승진해 옮겨갔다.

석유방의 대표주자

장가오리는 쩡칭훙·허궈창夏國强·저우융캉周永康의 뒤를 잇는 '석유방'의 대표주자로 불린다. 석유방은 중국 권부에 형성된 석유 업종 출신의 인맥을 일컫는 말이다.

석유방 1세대는 1958년 초대 석유공업부장장관을 지낸 위추리余秋里, 1975년 석유화학공업부장석유공업부를 개명을 지낸 캉스언康世恩이다. 중국은 건국 이후 석유 수급 문제 해결이 급했는데, 두 사람은 다칭大慶 유전 개발을 주도해 석유계의 대부가 됐다. 공산당 중앙에서 "공업은 다칭을 배우자工業學大慶"라는 슬로건을 내걸었을 정도로 위추리와 캉스언의 업적은 컸다. 자연스럽게 석유방이 정계에 뿌리내리기 시작했다. 위추리와 캉스언 모두 부총리에 올랐다.

석유방 제2세대의 대표적인 인물은 천진화陳錦華 전 정협 부주석과

성화런盛華仁 전 전인대 부위원장을 꼽을 수 있다. 천진화는 1983년부터 7년간 중국석유화공집단공사시노펙 사장을 맡았고, 1990년대 들어 국가계획위원회 주임을 거쳐 정협 부주석을 지냈다. 성화런은 천진화 밑에서 부사장 생활을 했다가 1990년 시노펙 사장에 올라 1998년까지 근무했다. 2003년 전인대 부위원장에 선임됐다.

쩡칭훙도 2세대에 속한다. 그는 출생을 기준으로 하면 태자당으로 분류되지만, 석유방의 주축이기도 하다. 쩡칭훙은 부친 쩡산曾山과 장시江西성 동향인 위추리의 비서로 공직에 입문해 국유기업인 중국해양석유총공사 등에서 근무하며 석유방 인맥을 갖췄다. 이후 쩡칭훙은 석유 계통에 근무했던 인재들을 직·간접적으로 키웠다.

석유방 3세대로는 후진타오 정권에서 중앙정법위원회 서기를 지낸 저우융캉周永康, 중국해양석유 총재를 역임한 웨이류청衛留成 전 하이난海南성 서기, 중국석유화공집단공사 총재였으며 공업정보화부 부장을 지낸 리이중李毅中을 들 수 있다. 저우융캉은 베이징석유학원을 졸업해 다칭 유전 노동자로 시작해 중국석유천연가스 사장에 오르기까지 31년간 석유 업종에서 일한 경력의 소유자다. 허궈창 전 중앙기율검사위 서기도 1980년부터 1986년까지 산둥화공석유공업청에서 청장까지 지내 광의의 석유방에 속한다고 볼 수 있다. 장가오리는 3세대에 속한다.

왕안순王安順 베이징시 시장도 중국 동북 지역 유전에서 근무해 석유방에 포함된다. 쑤수린蘇樹林 푸젠성 성장은 다칭 유전 관리국장을 맡은 바 있으며 시노펙 사장을 지냈다. 이렇듯 석유 분야에 종사한 인사들이 계보를 형성하며 정계의 주요 부문에 진출했다. 장가오리가 상무위원에 오르면서 가장 높은 위치에 앉은 현직 석유방 멤버가 됐다. 장가오리가 쩡칭훙을 도와 석유방 네트워크를 이끄는 역할을 할 것으로 보인다.

산둥성·톈진에서의 성과

장가오리가 2001년 선전시에서 산둥성 서기로 올라오는 과정에서 쩡칭훙의 역할이 컸던 것으로 알려졌다. 당시 중앙조직부장이던 쩡칭훙이 장가오리를 산둥으로 올리자고 장쩌민에게 건의했으며, 장가오리를 신임하고 있던 장쩌민 역시 이를 흔쾌히 승락했다는 것이다. 장가오리는 2002년 산둥성 서기에 올라 2007년 톈진시 서기로 갈 때까지 있었다.

장가오리가 서기로 있는 동안 산둥성 경제는 가파른 상승 곡선을 그었다. 산둥성 GDP는 2002년 11.6% 성장한 것을 시작으로 2003년 13.7%, 2004년 15.3%, 2005년 15.2%, 2006년 14.5% 성장률을 기록했다. 2006년 산둥성의 GDP는 2조1,847억 위안을 기록, 처음으로 2조 위안을 넘어서며 광둥성에 이어 2위에 올랐다.

그는 산둥성 기업들과 외자 기업들의 대규모 합작을 추진했다. 외자 기업을 유치해 자금도 확보하고 선진적인 관리 기법을 배워 경쟁력을 높이겠다는 의도였다. 개방이 심화된 선전과 광둥성에서 얻은 노하우를 활용해보려는 것이었다. 장가오리는 산둥성의 기업인들을 이끌고 홍콩을 방문해 기업유치 활동을 벌였다. 장가오리는 선전·광둥성에서 근무하면서 홍콩 기업인과 화교 출신 기업인들과 친분을 많이 쌓았다.

장가오리는 중화권의 '유리대왕'으로 통하는 리셴이李賢義 신이信義 유리 회장과 사돈 관계다. 그의 딸이 리 회장 아들과 결혼했다. 리셴이는 선전에 투자하다 장가오리와 가까워진 것으로 전해졌다. 아시아 최고 부자인 홍콩의 리카싱李嘉誠 청쿵그룹 회장을 장쩌민 전 주석과 연결해 준 사람도 바로 장가오리인 것으로 알려져 있다.

장가오리는 산둥성에 있는 동안 다양한 개혁 아이디어를 내놓았다. 당시 장쑤江蘇성 쑤저우蘇州 서기였던 왕민王珉과 저장浙江성 원저우溫州 서기였던 리창李强 등을 초청해 경제가 발전한 이들 도시에서 어떻게 기회를 잡아 민간 기업을 육성하고 자원을 활성화시켰는지에 대해 공무원을 대상으로 강연하게 했다. 이전에는 산둥성에서 볼 수 없었던 모습이었다.

2007년 3월 텐진시 서기로 부임한 이후 그는 텐진을 빈하이濱海신구新區와 전통 도시지역, 교외의 농촌지역으로 나눈 뒤 세 지역을 상호 유기적으로 발전시킨다는 계획을 마련했다. 후진타오·원자바오 정부는 빈하이 신구를 제조·물류·금융·첨단산업을 주력으로 하는 경제 중심지로 육성하고 여기에 산둥성의 경제력을 결합시켜 환보하이環渤海만 경제권을 구축한다는 구상을 세우고 있었다. 장가오리는 "빈하이를 상하이 푸둥浦東보다 더 발전시키겠다"며 막대한 자금을 쏟아부었는데, 그 덕택에 2011년 텐진시의 GDP 증가율은 16.4%로 전국 최고를 기록했다.

그에게 쏟아지는 의혹

장가오리는 석유회사의 말단 노동자에서 출발해 중국 권력의 심장부인 정치국 상무위원의 자리까지 오는 과정에서 이런저런 구설에 휘말리기도 했다. 주로 반중反中 단체를 통해 관련 소문이 일부 퍼지고 있는데, 사실 여부는 정확히 확인되지 않고 있다. 반중 단체의 말이기 때문에 신뢰성이 보장되지 않는다.

우선 홍콩 재벌 리카싱과 관련된 얘기다. 앞서도 언급했듯이 장가오리는 리카싱과 장쩌민을 연결시켜준 것으로 알려졌는데, 반중 단체 관계자에 따르면 이게 끝이 아니라는 것이다. 리카싱은 중국 IT업계 실력자로 불리는 장쩌민 아들 장멘헝江綿恒에게 500억 위안을 투자했는데 장쩌민은 이에 대한 보답으로 리카싱이 베이징의 번화가 왕푸징 입구에 추진 중이던 비즈니스 컴플렉스 '둥팡東方광장' 프로젝트가 빨리 진행되도록 해줬으며 이 과정에 장가오리가 관여를 했다는 것이다. 이 내용이 얼마나 신빙성이 있는 것인지는 알 수 없다. 다만 몇 가지 확인되는 사실이 있다. 우선 리카싱이 창안제長安街·톈안먼 광장 앞을 지나는 베이징의 대로에 인접한 왕푸징 금싸라기 땅에 1993년부터 둥팡광장 건설을 추진하고 있었는데 사업이 몇 년째 지지부진해 전전긍긍했다가 어느 순간부터인가 사업이 일사천리로 진행됐다는 사실이다. 또 하나는 둥팡광장의 건물 최고 높이가 40m가 넘어 인근 톈안먼35m, 톈안먼광장 내 인민영웅기념비38m보다 높고 둥팡광장의 건축면적80만㎡은 인근 인민대회당국회의사당·17만㎡의 4배가 넘는다는 점인데, 다른 곳도 아니고 베이징 심장부에 톈안먼보다 높고 인민대회당보다

넓은 대규모의 상업용 건물이 들어서기가 절대 쉽지 않다는 얘기가 나왔다.

또 반중反中 인사가 전하는 말이다. 이에 따르면, 장가오리는 2006년 5월 1일 장쩌민이 태산을 찾았을 때 "가장 경애하는 지도자"라는 말만 한 게 아니었다고 한다. "장쩌민 만세"를 외쳤다고 한다. 이 말이 당시 국가주석이었던 후진타오의 귀에 들어갔고, 후진타오는 노발대발해 장가오리를 손보려 했다는 것이다. 하지만 장가오리의 뒤에는 장쩌민과 쩡칭훙이 버티고 있었기 때문에 후진타오로서도 어쩔 수 없었다는 게 소문의 결말이다. 이 소문의 신빙성 여부도 확인할 길이 없다.

장가오리는 2007년 3월 톈진天津시 서기로 발령받았는데 그는 취임한 날 열린 첫 간부 회의에서 "중앙이 하지 말라고 하는 것은 단호히 하지 않겠다. 중앙이 하라고 하는 일은 가장 먼저 하겠다"고 말했다. 장가오리는 2010년 보시라이薄熙來가 서기로 있는 충칭重慶을 방문해 "우리 간부들이 배울 점이 많다"고 하며 치켜세운 바 있다. 하지만 잇따른 돌출 행동으로 후진타오 눈 밖에 났던 보시라이가 2012년 부패 스캔들로 낙마하자 그는 간부들에게 "절대 패거리를 짓지 말아야 한다"며 보시라이를 비판한 뒤 "후진타오 총서기를 중심으로 단결해 18차 당대회를 성공적으로 개최해야 한다"고 강조했다.

중국 경제 책임 막중한 역할

상무 부총리는 총리와 함께 국무원을 이끌면서 경제와 정책 전반에 막대한 영향력을 행사하는 자리다. 18차 당대회를 앞두고 경제 전문가로 인정받는 왕치산이 상무 부총리를 맡을 것이라는 전망이 많았다. 그런데 당대회가 임박할수록 왕치산이 '부패 척결'이라는 중요한 임무를 띠고 중앙기율검사위 서기로 갈 것이라는 예상이 나오기 시작했다. 그렇게 되면 상무 부총리는 경제 분야 경험이 많은 장가오리가 맡게 된다는 것이었다. 실제 인선도 이 시나리오대로 됐다. 그가 석유 회사에서 근무한 적이 있어 현장 경험이 있고 주로 경제가 발전한 지역에서 관료 생활을 해 경제 문제에 밝기 때문에 적임자라는 말이 나왔다.

하지만 장가오리가 경제 운용을 잘할 것인지에 대해 우려하는 목소리도 나오고 있다. 홍콩「사우스차이나모닝포스트」의 칼럼니스트인 톰 홀랜드는 당대회가 열리기 전인 2012년 11월 6일 장가오리가 상무 부총리에 오를 것으로 보인다면서 칼럼을 실었는데 그 제목이 '장가오리의 텐진 경제모델은 중국에 재앙을 약속하고 있다'였다. 텐진 모델이란 막대한 공적 투자를 통해 초고속 성장을 추구하는 것을 말한다. 장가오리는 분배보다는 성장을 중시하는 성향이다. 민간기업보다는 국유기업을 더 중시한다.

사우스차이나모닝포스트 칼럼니스트가 지적한 내용은 무엇일까. 그는 텐진시가 2011년 16.4%에 달하는 경제성장률로 전국 최고를 기록했지만, 이는 빚을 통해 조달한 돈으로 이룬 것이라고 지적했다. 텐진시의 GDP 대비 금융권 대출 보증 비율은 136%를 넘어섰다. 홀랜드는 "장가오리가 상무 부총리를 맡는다면 중국이 빚에 의한 투자

주도형 경제에서 소비주도형 경제로의 전환에 성공할 가능성이 크게 낮아질 것"이라고 지적했다.

「파이낸셜타임스」도 2012년 11월 5일자에서 텐진에 대한 비판적인 내용의 기사를 게재했다. 이 신문은 텐진이 자체적으로 미래의 국제 금융센터라고 선전하고 있지만 실제는 중국의 '인터넷 검열 수도'로 떠오르고 있다고 보도했다. 장가오리가 야심 차게 추진해온 '텐진의 맨해튼화' 계획이 사실상 좌초됐으며 중국의 주요 IT 기업 검열 부문이 인건비가 싼 텐진으로 속속 이동하면서 검열의 도시로 전락하고 있다는 내용이었다.

장가오리가 상대적으로 여건이 좋은 지역에서만 관료 생활을 해 위기가 터졌을 때 대처하는 능력을 아직 검증받지 못했다는 지적도 나오고 있다.

사실 서방에서는 왕치산이 중국의 금융시장에 정통하고 개혁·개방을 적극적으로 추구해 왔다며 그가 상무 부총리에 오르기를 바라는 의견이 많았다.

하지만 중국 내에서 그에게 거는 기대는 크다. 그는 복잡한 문제를 전체적인 판도에서 파악하고 해결하는 능력이 뛰어나다는 평가를 받고 있다. 평소에는 신중하다가도 필요할 때에는 과감하게 결단을 내리는 스타일이기도 하다. 허궈창은 장가오리에 대해 "생각이 명쾌하고 창조적이며 당무黨務와 경제에 해박하다"고 평가했다.

6 마카이 馬凱 | Ma Kai

직책 국무원 부총리
출생 1946년 6월 산시山西성 싱현
학력 중국 인민대 경제학 석사

주요 약력

1979~1982년	중국 인민대 정치경제학과
1982~1983년	국가물가국 물가연구소 보조연구원
1983~1985년	베이징 시청西城구 계획위원회 부주임·주임
1985~1986년	베이징 체제개혁위원회 부주임
1986~1988년	베이징 물가국 국장
1988~1993년	국가물가국 부국장
1993~1995년	국가경제체제개혁위원회 부주임
1995~1998년	국가계획위원회 부주임
1998~2003년	국무원 부비서장
2003~2008년	국가발전개혁위원회 주임
2008~2013년	국무위원, 국무원 비서장
2013년~	국무원 부총리

마카이馬凱 부총리는 바쁜 업무 가운데 틈틈이 시를 써 시집까지 출간했다. '카이凱'라는 그의 이름부터가 바로 시에서 나왔다. 마카이의 아버지는 1937년 시작된 중국의 항일抗日전쟁 때 공산당의 주력 부대였던 팔로군八路軍에 소속된 고위 간부였다. 그의 어머니 역시 전장을 누볐다. 1945년 9월 중국군이 일본과의 전쟁에서 최종 승리했다. 마카이의 어머니가 뱃속에 그를 가진 것은 이 무렵이다. 마카이는 1946년 6월 태어났다. 마카이의 부모는 중국이 일본군에 승리한 것을 기념해 아들의 이름을 '싸움에서 이기다'는 뜻의 '카이凱'로 지었는데, 당나라 시인 송지문宋之問의 시에 나오는 구절에서 따온 것이라고 한다. 군대가 개선하는 모습을 그린 송지문의 '군중인일등고증방명부軍中人日登高贈房明府'에 나오는 구절 '문도개선승기입 간군주마견방비聞道凱旋乘騎入, 看君走馬見芳菲'[1]이다.

마카이는 2012년 11월 18차 당대회를 거치며 정치국 위원에 올랐을 때 당나라 두목杜牧의 시 '제오강정題烏江亭'에 나오는 '권토중래捲土重來'를 떠올렸을지도 모른다. 항우가 패전의 좌절을 딛고 훗날을 도모하였다면 다시 한번 패권을 얻을 기회를 얻을 수 있었으리라는 아쉬움을 토로하며 두목이 쓴 시가 '제오강정'勝敗兵家事不期 包羞忍恥是男兒 江東子弟多才俊 捲土重來未可知[2]이다.

마카이는 2007년 17차 당대회를 앞두고 유력한 정치국 위원 후보

---
1 길가에 울리는 개선가 들으며 말 타고 들어온다, 왕을 보며 말 달리는데 꽃 향기 퍼진다.
2 승패병가사불기 포수인치시남아 강동자제다재준 권토중래미가지·승패란 병가에서 기약할 수 없는 일이니, 부끄러움을 안고 참을 줄 아는 것이 사나이라네. 강동의 젊은이 중에는 준재가 많으니, 흙먼지 일으키며 다시 돌아왔다면 어찌 되었을까.

로 꼽혔지만 결국 오르지 못했다. 상심이 컸는지 그는 당대회에 모습을 드러내지 않았다. 그로부터 5년 후. 상대적으로 고령이며 건강이 안 좋다는 소문이 돌면서 그의 정치국 위원 승진이 물 건너갔다는 전망이 나왔다. 하지만 그는 이 같은 소문을 잠재우며 화려하게 개선凱旋했다. 예산·물가·재정 정책 분야에서 잔뼈가 굵은 정통 관료 출신인 그는 2013년 3월 전국인민대표대회에서 부총리로 선출돼 금융·교통 등의 분야를 맡았다.

시 쓰는 관료

마카이는 1946년 6월 산시山西성 싱興현에 있는 팔로군 후방병원에서 태어났다. 그의 조적祖籍·원적은 상하이다. 마카이는 태어나고 나서 얼마 안 돼 부모 곁을 떠났다. 당시 중국 대륙에서 공산당은 국민당과 치열한 내전을 벌이고 있었고 마카이의 부모는 전선戰線으로 나가야 했다. 마카이의 부모는 갓난아이인 그를 고향 사람 손에 맡겼다. 하지만 척박한 고향 땅에서 제대로 먹지 못한 마카이의 건강은 나빠졌고 그는 생사의 문턱을 넘나들었다. 마카이를 맡았던 고향 사람은 전장을 뒤져 가까스로 그의 부모를 찾았다. 마카이는 이때부터 부모와 함께 '종군 생활'을 했다.

그는 1953년 시안西安에 있는 서북보육소학에 입학했다. 군간부 자제가 다니는 학교였다. 1955년에는 부모와 함께 베이징으로 상경했다. 1959년 베이징 제4중학에 입학했다. 역시 고급 간부 자제들이 다니는 학교다. 8인의 중국 혁명 원로 중 천윈陳雲의 아들 천위안陳元, 보이보薄一波의 아들 보시라이薄熙來가 이 학교 출신이다. 마카이가 태자당으로 분류되는 것은 그가 군 간부의 자식으로 태어나 당 간부 자제들과 친분을 쌓은 이력 때문이다. 마카이는 제4중학에서 성적이 좋았다. 하지만 1965년 졸업하던 해 몸이 약해 대입 시험에 응시하지 못했다. 마카이는 제4중학에 남아 교사로 일했다.

문화 대혁명이 한창이던 1970년 그는 베이징 교외의 57간부학교에서 3년간 노동 교화를 받았다. 백면서생이나 다름없었던 그는 이곳에서 땅을 갈고 돼지우리를 청소했다.

마카이는 1973년 베이징 시청구西城區 당교黨校에서 교편을 잡는다. 철학과 정치경제학을 가르쳤다. 마카이는 이 기간을 공부하는 기회로 삼고 마르크스·엥겔스·레닌의 주요 저작을 독파했다. 매일 한두 시간씩 1년 여에 걸쳐 마르크스의 자본론을 읽어나갔다.

1979년 마카이는 33세 나이로 중국인민대학 경제학과 석사과정에 입학했다. 그는 1982년 석사학위를 땄다. 그의 석사 논문 '계획 가격 형성의 요소 분석'은 '중국사회과학' 잡지 영문판에 게재됐다.

인민대학의 교수들은 그가 학교에 남기를 원했지만 마카이는 관료의 길을 걷기로 결심했다. 고급 간부 자제인 그가 석사학위까지 따자 거칠 게 없었다.

거시경제 전문가

1983년 마카이는 베이징 시청구 계획위원회 주임으로 일하기 시작했다. 당시 시청구 서기는 그의 제4중학 선배인 천위안이었다. 업무 능력을 인정받으면서 1985년에는 베이징시 체제개혁위원회 부주임으로 옮겨갔고 1986년에는 베이징시 물가국 간부로 승진하면서 물가관리 업무를 맡았다.

1988년 중앙 정부에서 그를 불러들였다. 국가물가국 부국장을 맡았다. 이때부터 마카이는 본격적으로 거시정책 전문 관료의 길을 걷는다. 마카이는 거시경제를 담당하는 국무원의 핵심 부처를 돌며 경험을 쌓았다. 그는 국가물가국 부국장, 국가경제체제개혁위원회 부주임, 국가계획위원회 부주임을 거쳐 1998년 국무원 판공청 부비서장에 올랐다. 주룽지 당시 총리가 그를 발탁했다. 그는 지방 행정경험이나 실물경제 경험은 없지만, 물가나 예산, 경제계획 등 분야에 있어서는 중국 최고의 경력이라는 평가를 받고 있다.

마카이는 2003년부터 2008년까지 거시경제를 총괄하는 국가발전개혁위원회^{발개위} 초대 주임을 맡았다. 발개위는 경제와 사회발전 정책에 대한 종합적인 연구를 통해 경제체제 개혁 등 거시조정을 지도하는 기능을 수행한다. 철도 사업 등 중국의 대규모 개발사업에 대한 종합심사·허가 업무도 맡고 있다. 마카이는 발개위 주임 5년 동안 원자바오 총리와 함께 거시조정의 추진과 중요계획의 제정^{制定}을 담당했다. 환율·화폐·무역·물가 등 광범위한 영역에서 영향력을 행사했다.

화려한 경력을 쌓은 그는 2007년 10월 제17차 공산당대회를 앞두고 유력한 정치국 위원 후보로 거론됐다. 하지만 마카이는 정치국 위원으로 승진하지 못했다. 홍콩 일간지 「명보^{明報}」에 따르면, 그해 9월 호주에서 열린 APEC^{아시아태평양경제협력체} 정상회담 참석을 위해 전용기를 타고 이동하던 후진타오 국가주석은 동행한 마카이 주임을 불러 그가 정치국 위원 후보 명단에서 빠졌다는 사실을 말해줬다고 한다. 마 주임은 상당히 당황해 했던 것으로 알려졌다. 마 주임은 APEC 정상회담이 끝나고 나서 얼마 뒤 허리 통증을 비롯한 건강 악화를 호소했던 것으로 전해졌다. 그는 17차 당대회에 나타나지 않았는데, 그가 건강 악화로 입원 치료를 받기 위해 회의에 참석하지 못한다고 통보했지만 실제로는 정치국 위원 승진 대상에서 제외된 것에 대한 불만 또는 충격 때문에 불참한 것이라는 얘기가 나오고 있다.

그가 정치국 위원에 오르지 못한 것은 지방에서의 반대 목소리가 너무나 컸기 때문이었다고 한다. 소식통에 따르면 중국 당 중앙은 17차 당대회를 앞두고 차기 정부를 이끌 정치국 후보를 추천, 평가하는 회의를 개최했는데 마카이의 평점이 매우 낮았다고 한다. 이는 대규모 사업에 대한 승인권을 쥐고 있던 마카이가 지방의 불만 세력을 많이 키웠기 때문인 것으로 보인다고 홍콩 언론들이 보도했다. 그가 발개위 주임으로서 법규 위반 등을 이유로 지방의 개발 정책에 여러 건 제동을 걸자 좋은 소리를 듣지 못했다는 것이다.

마카이는 국무위원 겸 국무원 비서장으로 자리를 옮겼다. 국가행정학원 원장을 겸했다. 그는 자신에 대한 거부감을 희석시키는 데 힘썼다. 그는 2012년 정치국 위원에 오르며 화려하게 복귀했다. 2012년 12월 5일 시진핑 총서기가 중국에 거주하는 외국인 전문가를 초청해 중국 새 지도부의 시정 방침을 밝히는 자리가 있었는데 이때 마카이는 시진핑의 바로 오른쪽에 앉았다. 이날 좌담회는 시진핑이 총서기에 오른 후 처음 외빈을 만나는 자리였다. 이날 행사는 마카이의 위상이 5년 전과 완전히 달라졌음을 보여준 자리이기도 했다.

그는 일 걱정 때문에 잠 못 드는 심정을 '난면難眠'[3]이라는 제목의 시로 풀어낸 적이 있다.

마카이는 복잡한 현안이 산적해 있는 금융·교통 등 분야를 맡아 경쟁력을 높이기 위한 해답을 찾아 내야 하는 임무를 손에 쥐었다. 연령을 고려하면 그는 2017년 19차 당대회 때에는 현직에서 물러나야 한다. 그는 자리를 떠나면서 어떤 시를 남길까.

---

[3] 頭雖落枕且鬚身, 總有竹聲繞在心. 但助難題得破解 , 何妨曉鏡又添銀·두수낙침차번신 총유죽성요재심 단조난제득파해 하방효경우첨은 · 베개를 베고 누웠지만 뒤척뒤척, 온통 대나무 소리가 마음을 어지럽히네. 하지만 난제를 풀 수만 있다면, 새벽에 거울 보니 흰머리가 또 생겼다 한들 어떠하리.

7 멍젠주 建柱 | Meng Jianzhu

직책 중앙정법위원회 서기
출생 1947년 7월 상하이
학력 상하이기계학원 공업기계공정과 석사

주요 약력

1968~1986년	상하이시 첸웨이농장 근무
1986~1990년	상하이시 촨사현 서기
1990~1991년	상하이시 자딩현 서기
1991~1993년	상하이시 농촌공작위원회 서기
1993~1996년	상하이시 부시장
1996~2001년	상하이시 부서기
2001~2007년	장시성 서기
2007~2012년	공안부장
2012년~	중앙정법위원회 서기

중국 수도 베이징北京 중심부를 동서로 가로지르는 창안長安대로를 타고 가다 보면 톈안먼天安門 광장 동쪽 편으로 중국 국기가 새겨져 있는 대형 건물이 하나 보인다. 치안·질서 유지, 테러 예방 및 진압, 출입국 사무, 요인 경호 등 업무를 담당하는 기관인 공안부의 건물이다. 공안公安은 우리의 경찰에 해당한다. 사회주의 국가 중국에서 공안이 차지하는 위상은 중국의 심장부인 톈안먼 옆에 공안부 건물이 있다는 사실만 봐도 쉽게 알 수 있다.

21세에 농장에서 농작물 운송 선박 선원으로 사회생활을 시작해 트랙터를 몰았던 경력의 소유자. 이렇다 할 배경 없이도 특유의 성실함과 친화력으로 정부 실력자의 눈에 띄어 승승장구하다 경쟁자에 밀려 지방 성省으로 밀려났지만, 와신상담, 공안 조직을 총지휘하는 자리에 오른 인물이 있다. 멍젠주孟建柱 얘기다. 그는 2007년 공안부의 수장인 공안부장우리나라의 장관에 해당함에 올랐다. 그는 2012년 공산당 18차 당대회를 거치면서 한 단계 더 올라섰다. 공안 경력을 바탕으로 정치국 위원 겸 중앙정법위원회 서기로 승진한 것이다. 정법위 서기는 사법부법원·검찰와 치안공안·무장경찰, 정보기관을 관할하는 요직이다. 멍 서기야말로 무無에서 유有를 일궈낸 인생 드라마의 주인공이다.

멍젠주는 상하이에서 태어나 상하이에서 33년을 근무한 '상하이방'이다. 전임 정법위 서기였던 저우융캉周永康도 상하이방이었다. 상하이방은 사법·치안·정보 부문을 계속 틀어쥐게 됐다.

농장서 트랙터 운전 경력

멍젠주는 1947년 7월 상하이에서 태어났다. 그는 조적원적은 장쑤江蘇성 우吳현이다.

고등학교를 졸업한 그는 1968년 상하이 창싱長興섬에 있는 첸웨이前衛농장에서 사회생활을 시작했다. 이 농장은 국영농장이다. 멍젠주는 이 농장에서 18년 동안 일하며 말단 노동자로 시작해 농장의 책임자 자리까지 올랐다. 그가 처음 한 일은 농장의 농작물을 옮기는 운송 선박의 선원 일이었다. 그는 이후 배차원, 터빈 담당 등을 거쳐 운송담당 당지부 서기, 선전조 조장, 정치처 주임을 거쳤다. 그는 안 해본 일이 없었다. 트랙터도 몰아봤다. 멍젠주는 농장에서 일한 지 13년 만인 1981년 농장장에 올랐다. 농장장 일은 1986년 농장을 떠날 때까지 계속됐다. 그는 농장장이 되고 나서도 성실한 태도가 전혀 변하지 않았다. 농장의 노동자들과는 격의 없이 지냈다. 그는 바쁜 농장생활 와중에도 시간을 내 1983~1986년 경제관리통신대학공업·기업관리전공 과정을 마쳤다. 농장에서 그와 함께 일했던 한 근로자는 당시 멍젠주에 대해 이렇게 회상했다.

"그에게서 권위적인 모습은 찾아볼 수 없었다. 그는 늘 부드럽게 웃는 표정이었고 말도 나긋나긋한 목소리로 했다. 원체 마른 체격이었는데, 그는 농장에서 일하는 사람이 아니라 지식인 같았다."

농장에서 보여준 그의 성실함과 친화력이 결국 빛을 발했다. 멍젠주는 농장에 견학을 왔던 쩡칭훙曾慶紅에게 강한 인상을 남겼다. 이를 계기로 그는 인생의 전기를 맞았다. 1984년부터 상하이에서 근무한 쩡칭훙은 1986년 상하이 부서기가 됐는데 그는 그동안 눈여겨봐뒀던 명젠주를 상하이 촨샤川沙현 서기로 추천했다. 이후에도 쩡칭훙은 명젠주의 든든한 후견인 역할을 했다.

1986년 촨사현 서기를 시작으로 명젠주의 관직 생활이 시작됐다. 주룽지朱鎔基 당시 상하이시 서기도 그의 능력을 인정했다. 1990년에는 자딩嘉定현 서기에 임명됐다. 상하이 서북부에 위치한 자딩현은 상하이시 정부가 관심을 쏟고 있는 지역으로, 중국의 대표적인 자동차 산업단지로 조성됐다.

주룽지 당시 상하이시 서기는 1991년 명젠주를 시 정부로 불러올렸다. 주룽지의 후임인 우방궈吳邦國와 황쥐黃菊 역시 그의 능력을 높이 샀다. 명젠주는 1991년 상하이시 농촌행정 담당 서기를 시작으로 상하이 시정부 부비서장1992년, 상하이시 부시장1993년, 상하이시 부서기1996년 등으로 승진에 승진을 거듭했다.

하지만 명젠주는 상하이시 부서기에서 더는 올라서지 못했다. 2001년 그와 마찬가지로 상하이시 부서기였던 천량위陳良宇와 상하이 시장을 두고 경합을 벌였지만, 고배를 마셨다. 매체에 등장하기를 좋아했던 천량위에 비하면 명젠주는 성실하기는 했지만, 눈에 띄지는 않았다. 황쥐 당시 상하이시 서기의 강력한 추천이 더해지면서 천량위가 상하이시 시장으로 승진했다. 명젠주는 장시江西성 서기로 부임해 간다. 상하이시 부서기에서 장시성 서기로 옮긴 것은 외견상으로는 승진인사였지만 속을 들여다보면 만족할 만한 내용은 아니었다. 당시 중국 정계는 상하이방의 시대였다. 그런 상하이를 떠나는 것도 모자라 가난한 성省이었던 장시로 옮겨간다는 게 정치적 시각에서 보면 그리 반가운 일은 아니었다. 2002년 16차 공산당대회를 앞두고 그는 상하이시 서기직을 놓고 천량위와 경쟁했지만, 다시 한 번 천량위에게 자리를 내줘야 했다.

공안·사법 등 '칼자루' 쥐어

하지만 멍젠주는 장시에서 반전의 발판을 마련했다. "부자가 되고 싶으면 멍젠주를 주저앉혀라要想富, 留住孟建柱·야오상푸 류주멍젠주". 장시성 주민들 사이에서 나돈 말이다. 장시성 주민들은 2007년 공안부장에 임명된 멍젠주를 계속 붙잡아두고 싶어 했다. 그가 성 발전에 그 누구보다도 크게 기여했기 때문이었다.

멍젠주가 서기로 부임한 2001년 장시성의 1인당 국내총생산GDP은 5,221위안. 산시山西, 허난河南, 안후이安徽, 후베이湖北, 후난湖南 등 중부 지역 6개 성 가운데 꼴찌였다. 하지만 2006년의 장시성 1인당 GDP는 1만798위안으로 그가 당 서기를 역임한 지 5년 만에 두 배로 뛰어올랐다. 농촌에 대한 이해와 경제도시인 상하이에서의 근무 경험을 앞세워 장시성의 체질을 개선하는 데 성공한 결과다.

멍젠주는 장시성의 모든 지방을 직접 발로 뛰는 현장 행정을 바탕으로 신농촌 건설 사업에 나서 100여 건의 도시개조 프로젝트를 발주해 성과를 거뒀다. 멍 서기 밑에서 일했던 장시성의 한 공무원은 멍젠주를 '걸음이 아주 빠른 서기'로 기억했다. 그는 장시성 부임 직후 하루에 2~3개 현을 도는데 보통 속도로는 소화할 수 없는 일정이었다. 멍젠주는 계속 걸으면서 현 담당자로부터 보고를 들었다고 한다. 멍젠주는 상하이는 물론, 창장長江·주장珠江 지역과 푸젠福建성 등 인근 동부 성과도 협력을 강화해 경제를 발전시킨 노하우를 넘겨받았다.

멍젠주는 2007년 10월 공안부장으로 발탁됐다. 상하이 재직 시절 경쟁자였던 천량위는 2006년 비리 혐의로 체포된 상태였다. 멍젠주의 베이징 입성은 그가 장시성에서 거둔 탁월한 성과도 밑바탕이 됐지만, 쩡칭훙의 후원이 있었기에 가능한 일이었다. 한편 공안 분야에서 전혀 경험이 없는 멍젠주가 공안부장에 임명되자 홍콩 언론은 이를 후진타오 주석의 정치적 계산으로 해석했다. 당시 검찰·법원·공안으로 구성된 사법 분야를 상하이방이 장악한 상황이었다. 이에 공청단파인 후 주석은 공안 부문이라도 억제하기 위해 공안 경험이 없는 멍젠주를 공안부장에 앉히는 것에 동의했다는 분석이었다.

멍젠주는 공안부 내부 비리를 단속하면서 조직을 장악했다. 2009년 1월 정샤오둥鄭少東 공안부 경제범죄 정찰국장차관보급과 공안부 베이징 직할총대 샹화이주相懷珠 총대장이 뇌물수수 혐의로 체포돼 조사를 받고 있다는 사실이 밝혀졌다. 이 사건을 처리하는 과정에서 멍젠주는 공안부 조직을 완전히 장악했다. 그는 공안부장으로서 베이징 올림픽과 상하이 엑스포를 무난하게 처리했다는 평가도 받았다.

멍젠주는 2012년 11월 15일 공산당 제18기 중앙위원회 제1차 전체회의에서 정치국 위원으로 확정됐고 나흘 후 중앙정법위 서기에 임명됐다. 마침내 공안과 사법, 정보기관을 총괄하는 '칼자루'를 한 손에 쥔 것이다.

　18차 당대회를 앞두고 멍젠주는 정치국 상무위원 후보로까지 거론됐다. 하지만 전임 정법위 서기인 저우융캉이 정치국 상무위원을 겸임했던 것과 달리 멍젠주는 상무위원보다 한 단계 낮은 정치국원 신분으로 서기직을 맡았다. 보시라이薄熙來 전 충칭重慶시 당서기가 뇌물수수·직권남용 등의 중죄를 저지른 사실이 밝혀진 가운데 저우융캉은 사법 수장의 지위를 이용해 보시라이를 독단적으로 지원하려 했다는 의혹을 받아왔다. 중앙정법위 서기를 상무위원이 맡으면서 권한이 과도하게 집중돼 견제가 제대로 이루어지지 않았다는 지적에 따라 정법위 서기의 직급을 하향 조정했다는 관측이 제기됐다. 그렇다고 멍 서기의 역할까지 하향 조정된 것은 아니다. 중국에는 빈부격차 확대나 소수민족의 불만 확대와 같은 사회 불안 요소가 커지고 있는 만큼 멍 서기의 역할이 한층 중요해졌다.

　2014년 67세가 된 멍젠주는 2019년 19차 당대회 때 정치국 상무위원 연령제한68세에 걸려 상무위원에는 오르지 못한다. 그만큼 더 사심 없이 칼자루를 쓸지도 모른다.

8 자오러지 趙樂際 | Zhao Leji

직책 중국 공산당 중앙조직부장
출생 1957년 3월 칭하이성 시닝
학력 베이징대 철학과

주요 약력

1975~1977년	칭하이성 상업청 통신원
1977~1980년	베이징대 철학과
1980~1982년	칭하이성 상업청 정치처 간사
1983~1984년	칭하이성 상업청 정치처 부주임
1986~1991년	칭하이성 상업점 부점장
1991~1993년	칭하이성 상업청 청장
1993~1994년	칭하이성 재정청 청장
1994~1997년	칭하이성 부성장
1997~1999년	칭하이성 시닝시 서기
1999~2000년	칭하이성 대리성장
2000~2003년	칭하이성 성장
2004~2007년	칭하이성 서기
2008~2012년	산시陝西성 서기
2012년~	중국 공산당 중앙조직부장

중국 공산당 중앙조직부장은 공산당 내에서 핵심 요직이다. 2013년 초 현재 집계된 공산당원의 수는 8,260만 명. 중앙조직부장은 공산당원의 인사와 관리를 총괄하면서 당 총서기를 보좌하는 막강한 자리다. 공산당 중앙 조직의 간부 인사는 물론이고 각 성의 당 서기와 성장 자리가 중앙조직부장의 손을 거쳐 결정된다.

정권의 핵심 자리인 만큼 역대 최고 지도자는 믿을 수 있는 측근에게 중앙조직부장 자리를 맡겼다. 장쩌민 전 주석은 그의 측근인 쩡칭훙을 조직부장으로 임명했다. 후진타오는 2002년 시작된 집권 1기에 자신의 사람을 중앙조직부장에 앉히지 못했다. 장쩌민 계열의 허궈창賀國強이 조직부장에 올랐다. 영향력을 계속 유지하려는 장쩌민의 의도 때문이었다. 후진타오는 집권 2기 때 비로소 공청단파의 측근인 리위안차오李源潮를 조직부장에 임명했다. 시진핑이 총서기로 선출된 이후 누가 조직부장을 맡느냐에 큰 관심이 쏠렸다. 시 서기 측 인사가 맡느냐, 전임 후진타오 측 인사가 맡느냐에 따라 향후 공산당의 권력 지도에 적지 않은 영향을 미치기 때문이다.

시진핑 집권 1기 중앙조직부장에 임명된 자오러지趙樂際는 입지전적인 인물이다. 그는 18세 때 서부 칭하이靑海성 상업청의 말단 통신원으로 공직 생활을 시작했지만 이후 착실히 승진을 거듭한 끝에 공산당의 요직에 올랐다. 성실함과 원만한 성격이 그의 정치적 성장에 밑바탕이 됐다.

서부 오지 칭하이성 출신

자오러지가 2012년 11월 제18기 중앙위원회 1차 전체회의에서 정치국 위원에 임명되고 중앙조직부장을 맡기 전까지 그는 흔히 후진타오 세력으로 분류됐다. 그가 젊은 시절 칭하이성 상업청에서 공청단 서기를 지낸 경력이 있는데다 서부 칭하이성에서 오래 근무하면서 '서북방후 전 주석이 간쑤성과 티베트에서 서기를 지내면서 가까이했던 인맥'으로 분류된 것이다. 하지만 그가 칭하이성 공청단 서기도 아니고 칭하이성 상업청의 공청단 서기를 역임한 데다 이후 공청단에서 중요한 역할을 한 것이 아닌 만큼 공청단파의 색채가 강한 편은 아니다.

자오러지가 조직부장에 임명된 이후 그가 시진핑 세력에 속한다는 분석이 제기됐다. 자오러지의 조적祖籍·원적은 산시陝西성이다. 산시성은 시진핑의 고향이자 시 주석이 문화대혁명 기간 하방 생활을 했던 곳이다. 산시성은 시진핑의 아버지 시중쉰이 혁명활동을 벌인 곳이기도 하다. 자오러지는 조직부장에 임명되기 전까지 산시성 서기로 일했으며, 자연스럽게 시진핑과 교류가 잦았던 것으로 알려졌다. 공산당에서 조직부장과 함께 요직으로 꼽히는 자리가 바로 사상·문화·여론 관리 업무를 담당하는 선전부장이다. 이 선전부장에 공청단파의 핵심으로 꼽히는 류치바오가 임명됐는데, 중화권 매체는 시진핑 주석이 당 조직을 총괄하는 조직부장에 자파自派를 앉히면서 선전부를 공청단파에 내줬다고 전했다. 하지만 자오러지가 태자당 소속도 아니고, 상하이방도 아니기 때문에 완전한 시진핑 주석 계파라고 부르기 어렵다는 지적도 있다.

자오러지는 중앙조직부장을 맡기 전까지 전체 공직생활을 칭하이성과 산시성에서 했다. 그가 중앙에서의 활동경험이 없으며 지방경험도 두 개의 성에 국한돼 있다는 점을 약점으로 꼽는 사람들도 있었다. 그럼에도 불구하고 자오러지가 조직부장에 발탁된 것은 그가 정치색이 뚜렷하지 않고 시진핑·후진타오와 동시에 관계가 원만해 각 정치 세력이 모두 수용할 수 있는 인물이기 때문이라는 분석에 힘이 실리고 있다.

자오러지는 조적이 산시성 시안西安이지만 출생지는 칭하이성 성도 시닝西寧이다. 1957년 3월 태어났다. 그는 17세 때 문혁에 휩쓸려 칭하이성 구이더貴德현 허둥河東향 궁바대대貢巴大隊에서 지식청년으로 활동했다. 이듬해 칭하이성 상업청의 통신원으로 사회생활을 시작했다. 문혁이 끝나고 난 후인 1977년 공농병 출신으로 베이징대 철학과에 입학했다. 1980년 졸업 후 칭하이성으로 돌아간 그는 다시 상업청으로 복귀했고 이후 경제 분야에서 많은 경험을 쌓았다. 1991년 상업청 청장에 올랐고, 1993년에는 칭하이성 재정청 청장에 올랐다.

공산당원 인사 담당

자오러지는 1997년 칭하이성 시닝시 서기로 승진했고 2000년에는 칭하이성 성장으로 다시 승진했다. 당시 만 43세. 전국 최연소 성장이었다. 2003년 후진타오 정부가 출범하면서 그는 칭하이성 서기에 임명됐다. 역시 전국에서 가장 나이가 어린 지방 성 서기였다. 공청단 제1서기로 있다가 43세에 성장을 거치지 않고 구이저우貴州성 서기에 곧바로 임명된 후진타오보다는 세 살 늦었지만 리커창보다는 한 살 일찍 성 서기에 오른 것이다.

그는 중국 정계에서 보기 힘든 '칭하이맨'이다. 2007년 산시성 서기로 자리를 옮기기 전까지 칭하이성에서 일했다. 그는 칭하이성을 떠나는 이임식 자리에서 "이후 내가 어디 있든지 나는 항상 칭하이와 꿈에서도 연결돼 있을 것"이라고 말할 정도로 칭하이성에 대한 애정이 크다.

자오러지는 서부 칭하이성과 산시성에서만 공직 생활을 해 경제적으로 발전한 동부나 남부 연해 지역에서 근무한 경험이 없다. 그가 중앙 정치 무대에서 활약하기에는 이 같은 경력이 단점으로 작용한다는 지적이 나오기도 했다. 하지만 그가 칭하이성과 산시성에서 보여준 뛰어난 성과는 이런 지적을 무색하게 만들었다. 오히려 그의 서부 지역 경험이 그에게 플러스 요인이 됐다. 자오러지는 서부의 열악한 환경에서 혹독한 훈련을 거치며 중앙 정부의 서부 대개발 전략을 충실히 이행해 높은 점수를 땄고, 서부 출신으로서 지역 안배 정책의 혜택까지 누렸다.

자오러지는 '서부=낙후'라는 편견을 깨뜨리기 위해 노력했다. 서부 토박이인 그는 동부 연안에만 발전 모델이 있다는 통념을 무너뜨렸다. 동부 연안지방의 개발 경험은 '참고사항'일 뿐 서부에는 서부의 방식이 있다고 믿었다. 중앙 정부는 동·서간 격차 해소를 위해 대대적인 서부대개발 전략을 추진했다. 자오러지는 여기에서 생긴 기회를 놓치지 않았다.

그가 칭하이성을 맡았던 기간 칭하이성은 1949년 중화인민공화국 건국 이후 가장 빠른 성장세를 보였다. 자오러지가 성장에 오른 2000년 263억 위안이던 칭하이성의 GDP는 2006년 641억 위안으로 증가했다. 그가 재임하던 기간 2배 넘게 성장한 것이다. 자오러지는 칭짱靑藏고원의 차이다무柴達木분지에 순환경제구 건설에 나서는 등 발전 전략을 마련해 성과를 거뒀다.

그는 2007년 서북지역 문화·경제·금융의 중심지인 산시성 서기로 자리를 옮긴 이후 산시성 경제를 끌어올리는 데에도 성공했다. 그는 내륙형 경제 개발 전략을 추진했다. 주민들의 창업을 장려하고 기회의 균등을 보장하는 한편 관료 사회에 개방 실무형 풍조가 자리잡도록 했다. 2011년 산시성의 GDP는 1조2,000억 위안을 기록, 처음으로 1조 위안을 돌파했다. 그해 경제 발전 속도는 전국 1위였다.

하지만 자오러지는 경제성장률을 최우선 순위에 놓는 중국 동부 연안지역의 지도자와 달리 인간에 대한 이해에 기초해 정책 방향을 마련했다. 이는 그의 대학 전공베이징대 철학과과 무관하지 않은 것으로 보인다.

자오러지는 양적 성장보다 지속적인 발전을 추구했다. 그는 "경제성장의 속도도 중요하지만 발전의 성과를 대중에 미치게 하는 게 중요하다. 인민들에게 물질적인 풍요와 정신적인 풍요를 가져다 주고, 끊임없이 행복지수를 높여야 한다"고 강조했다. 그는 부하들에게 "동부가 걸었던 길을 그대로 반복하지 말라"고 주문했다고 한다. 그가 원한 것은 고속 성장보다 환경과 성장의 조화였다. 소득증대에 도움이 되더라도 공해산업은 억제했다. 대신 칭하이성의 천연지형을 이용한 수력발전, 관광업에 힘을 쏟는 식이었다. 칭하이성은 양쯔강長江과 황허黃河의 발원지다. 자오러지는 강물의 발원지에 자연보호구를 건립했다. 중앙정부와 담판 끝에 이 보호구에 중앙 예산 수십 억 위안의 투자를 유치했다.

그는 칭하이성 서기를 맡고 있던 2006년 "칭하이성은 소득도 낮고 여러 가지 여건도 좋지 않다. 하지만 사람들의 마음이 항상 즐겁게 만들려고 한다. 높은 고원에서 마음까지 유쾌하지 못하면 병을 얻기 쉽다. 칭하이성은 비록 경제적으로는 풍족하지 않지만 각 소수민족과 촌락, 가정이 모두 조화를 이루기 위해 노력한다"고 말했다.

자오러지는 외형과 실적만을 중시해온 여타 지도부와 다르다. 지금까지 공직 생활에서 성장 못지않게 조화와 균형을 함께 강조해 온 자오러지가 중앙조직부장에 임명된 것은 시사하는 바가 크다고 전문가들은 지적한다. 자오러지는 역대 조직부장과 면모를 달리 하고 있다. 기존 조직부장은 특정 정파 쪽 인사가 장악해 자파 세력을 확장시키는 역할을 해온 측면이 있다. 이에 비해 자오러지는 시진핑·후진타오와 두루 친분이 있고 특정 정파 소속이라는 정치색도 뚜렷하지 않다. 공산당 내 계파 간 갈등이 첨예한 상황에서 자오러지 중앙조직부장이 어떤 역할을 할 것인지 주목된다.

그의 향후 정치 행로도 관심사다. 19차 당대회 때 자오러지의 정치국 상무위원 진입이 유력하다는 말이 나오고 있다.

9 왕후닝 王滬寧 | Wang Huning

직책 중앙정책연구실 주임
출생 1955년 10월 상하이
학력 푸단대 국제정치학 석사

주요 약력

1972~1977년	상하이사범대 외국어연수반
1977~1978년	상하이시 출판국 간부
1978~1981년	푸단대 국제정치학 석사
1981~1988년	푸단대 국제정치학과 강사·부교수·교수
1989~1994년	푸단대 국제정치학과 주임
1994~1995년	푸단대 법학원 원장
1995~1998년	중앙정책연구실 정치조 조장
1998~2002년	중앙정책연구실 부주임
2002년~	중앙정책연구실 주임

'중난하이 최고의 브레인 中南海第一智囊'.

왕후닝王滬寧 정치국원을 부를 때 흔히 쓰는 말이다. 중난하이는 베이징에 있는 중국 최고 지도부의 집단 거주지다. 학자 출신인 왕후닝은 중국 공산당 내 대표적인 이론가로, 정권의 집권 이념을 구상한 인물이다. 그는 장쩌민江澤民 전 주석의 '3개 대표 이론'과 후진타오胡錦濤 전 주석의 '과학적 발전관'의 틀을 마련했다. 그는 장 전 주석이 해외 순방을 할 때마다 '주석 특별보좌관'이라는 직제상에 없는 신분으로 수행했다. 후진타오 전 주석 시절에도 그는 마찬가지로 정책 수립에 중요한 역할을 했다. 이를 두고 홍콩 사우스차이나모닝포스트는 장쩌민과 후진타오간 권력 투쟁을 감안할 때 '기적적인 정치적 재주'라고 묘사했다.

시진핑習近平이 2012년 11월 총서기로 취임한 후 첫 지방 방문지로 광둥廣東성을 택해 개혁·개방의 설계사인 덩샤오핑鄧小平의 남순강화南巡講話·남방 경제특구 순시 루트를 따라 시찰하며 국내 개혁에 속도를 높이겠다는 의지를 내비쳤을 때 왕후닝이 동행했다. 시진핑이 정치·경제·사회 각 방면에 걸쳐 광범위한 개혁 아이디어를 왕후닝으로부터 얻으려 한 것으로 풀이됐다.

시진핑을 중심으로 한 25명의 정치국 위원 중 왕후닝은 기존의 중앙정책연구실 주임직 외에 별도의 보직을 맡지 않았다. 이와 관련해 왕후닝이 시진핑 정권에서 특정 보직을 맡는 대신 막후에서 핵심 브레인 역할을 할 것임이 분명하다고 전문가들은 분석했다. 그는 장쩌민·후진타오에 이어 시진핑까지 삼대三代에 걸친 최고 지도자의 책사로 활약하게 됐다.

그가 그동안 해왔던 역할은 정권의 새 노선과 정책 방향, 정치 이론을 연구하는 것이었다. 장쩌민 상하이방에서 후진타오 공청단로, 이어 시진핑 태자당으로 계파를 넘나들며 최고 권력이 바뀌어도 변함없이 참모의 자리를 지키기는 결코 쉬운 일이 아니다. 왕후닝에게 어떤 비결이 있는 것일까.

중국 공산당 최고 브레인

왕후닝은 1955년 10월 상하이에서 태어났다. 이름의 '후滬'가 바로 상하이의 별칭이다. 그의 원적은 산둥山東성 라이저우萊州다.

그는 어렸을 때부터 철학과 정치 서적을 좋아했다고 한다. 그가 중학교에 진학할 무렵 문화대혁명이 터졌다. 학교에서는 정상적으로 수업이 진행되지 않았다. 그는 집에 틀어박혀 책만 읽었다. 그는 책을 좋아했다. 그는 지금도 자신을 소개할 때 "전 그냥 독서인讀書人·책 읽는 사람일 뿐입니다"라고 말한다. "일생에 가장 이루고 싶은 꿈이 뭐냐"고 물으면 그는 "좋은 책 몇 권 읽고, 좋은 학생 몇 명 가르치고, 좋은 책 몇 권 쓰는 것"이라고 대답했다.

왕후닝은 1974년 상하이사범대 간부 외국어 훈련반에 진학했다. 여기에서 프랑스어를 3년 간 배웠다. 외교관의 길이 보장됐다. 하지만 그는 공부의 길을 택했다. 왕후닝은 1978년 푸단復旦대 국제정치학과 대학원에 입학했다. 덩샤오핑이 1978년 개혁·개방을 선언한 뒤 첫 정치학 전공 대학원생이었던 것이다. 그의 지도교수는 자본론 연구로 권위가 높았던 천치런^{陳其人} 교수였다.

왕후닝은 1985년 푸단대 부교수로 임용됐다. 그의 나이 30세였다. 당시 중국 최연소 부교수였다. 1988년 미국으로 건너가 이듬해까지 아이오와대와 캘리포니아대 버클리캠퍼스에서 방문학자로 연구 활동을 했다.

귀국 후 1989년에는 푸단대 국제정치학과 주임교수가 됐다. 1994년 푸단대 법학원 원장으로 승진했다. 그가 푸단대 교수로 있을 때 얼마나 열심히 연구를 했는지에 대한 주변 사람들의 증언이다. "푸단대 캠퍼스를 오가는 사람 중에 문과대 건물을 유심히 살펴본 사람이라면 6층에 바람이 불든 비가 오든 천둥 번개가 치든 늘 불이 꺼지지 않는 방이 있다는 사실을 알아챘을 것이다. 국제정치학과 컴퓨터실로 왕후닝 교수가 책을 읽고 글을 쓰던 곳이었다." "왕후닝 교수는 자신의 연구실을 '공장'이라고 불렀다. 아침 8시부터 밤 10시까지 왕 교수는 하루 14시간씩 이 '공장'에서 일했다."

왕후닝은 1986년 신권위주의 이론을 발표해 정계와 학계의 수복을 받았다. 중국의 경제개혁은 중앙 권력의 집중이 필요하고 반드시 강력한 정부의 힘으로 추진돼야 하며 한국·대만·홍콩·싱가포르 등 아시아의 4마리 용^龍은 이런 과정을 거쳐 산업화에 성공했다는 내용이었다.

삼대에 걸친 책사

그의 이력은 다른 정계 인사에 비하면 복잡하지 않다. 그는 1995년 푸단대 법학원 원장 시절 당시 중앙판공청 주임이던 쩡칭훙曾慶紅과 중앙서기처 서기였던 우방궈吳邦國의 추천을 받아 중앙정책연구실로 자리를 옮겨 줄곧 이곳 소속으로 일했다. 1998년 부주임을 거쳐 2002년 주임으로 승진했다. 왕후닝은 2002년 16차 당대회 때 중앙위원에 당선됐고 2007년 17차 당대회 때 6명으로 구성된 중앙서기처 서기에 올랐다. 중앙정책연구실 주임직은 유지했다. 당시 중앙서기처 서기 가운데 서열 1위가 시진핑이었다. 이때부터 이미 왕후닝은 시진핑과 정치적으로 교감하기 시작한 것으로 알려졌다. 2012년 18차 당대회에서는 정치국 위원으로 선출됐다.

그가 1995년 베이징으로 상경한 것은 쩡칭훙과 우방궈의 천거에 힘입은 것이기는 하지만 당시 주석이었던 장쩌민이 이미 그의 신권 위주의 이론에 매료돼 있었기 때문이기도 하다.

왕후닝 이론의 핵심은 다음과 같다. 정치체제는 일정한 역사·사회·문화적 조건에 맞아야 하는데, 민주정치는 절대로 중국의 역사적 단계와 조건을 뛰어넘어 이뤄질 수 없으며 서구식 민주주의 제도를 그대로 실시할 수 없다는 것이다. 중국의 현실을 고려해 경제 성장을 먼저 이룩한 다음 민주정치를 발전시켜야 중국 현실에 맞는 민주주의가 뿌리내릴 수 있다는 것이다.

왕후닝에 대한 장쩌민의 신임은 두터웠다. 장 전 주석의 정치 이념과 기본 정책은 왕후닝의 머리에서 나왔다고 한다. 16차 당대회 때 장 전 주석은 정치 보고 기초 작업의 실무를 왕후닝에게 전담시키다시피 했다.

장쩌민은 2002년 '3개 대표 이론'을 발표했다. 중국 공산당이 선진 생산력의 발전 요구와 선진 문화의 전진 방향, 광범위한 인민의 근본 이익을 대표해야 한다는 이론인데, 공산당의 계급 기초를 기존의 인민노동자·농민에서 선진 생산력자본가과 선진 문화지식인를 담당하는 세력으로 확대해야 한다는 내용이었다. 개혁·개방 이후 급속히 성장한 자본가 계급을 공산당이 끌어안아야 한다는 것이었다. 이 '3개 대표 이론'의 기초를 마련한 사람이 왕후닝이다. '3개 대표 이론'은 2002년 11월 16차 당대회에서 공산당 당헌에 지도사상으로 들어갔다.

왕후닝은 장쩌민의 정치적 이미지를 개선하는 일도 맡았다. 마오쩌둥毛澤東이나 덩샤오핑鄧小平에 비해 중량감이 떨어지는 장쩌민을 국제 감각을 갖추고 대중 친화적인 지도자로 부각시키는 작업이었는데, 장쩌민이 왕후닝의 조언에 상당히 귀를 기울였다고 한다.

왕후닝은 2002년 장쩌민이 공산당 총서기에서 물러나자 자신도 물러나려고 했다. 하지만 후진타오가 그의 능력을 높이 샀다. 왕후닝은 후진타오의 정치 이론을 만드는 작업에 참여했다. '장쩌민의 사람'이었던 왕후닝은 '후진타오의 사람'으로 변신했다. 장쩌민을 그림자처럼 따라다녔던 왕후닝은 후진타오를 지근거리에서 보좌했고, 중앙서기처 서기에도 올랐다.

후진타오가 2007년 6월 처음 제시한 '과학적 발전관'도 왕 주임이 틀을 마련했다. 기존의 성장 일변도 정책으로 빈부·지역 격차가 확산되고 환경 오염 등 문제가 심각해지는 상황에서 분배는 물론 사회·환경 등 모든 분야를 함께 챙겨 지속 가능한 발전을 이루겠다는 내용이다. '과학적 발전관'은 2012년 11월 18차 당대회 때 당헌에 지도 사상으로 포함됐다. '과학적 발전관'과 함께 후진타오의 핵심 이론으로 꼽히는 '조화和諧사회 건설론민주와 법치, 공평과 정의, 성심과 우애, 활력과 충만, 안정과 질서, 인간과 자연의 조화로운 생존이 실현되는 사회' 역시 왕후닝이 이끄는 중앙정책연구실에서 나왔다.

시진핑으로 정권이 넘어오면서 왕후닝의 역할은 한층 커졌다. 미국 월스트리트저널WSJ은 2013년 6월 5일자에서 "왕 주임은 미국의 헨리 키신저 전 국무장관과 칼 로브 전 백악관 정치고문을 합쳐놓은 것 같은 인물"이라고 보도했다. 그가 대외 정책에서 대내 정책에 이르기까지 시진핑 주석에 막강한 영향을 미치는 '최고의 자문역Top Advisor'이라는 것이다.

당초 왕후닝이 새로 만들어질 외교 담당 부총리를 맡아 외교 정책을 총괄할 것이란 관측이 있었지만 외교담당 부총리직은 신설되지 않았다. 하지만 왕후닝은 시진핑이 국가주석에 오른 이후 시 주석의 각종 외교 행사에 동행해 시 주석을 빠짐없이 수행하면서 그가 실질적인 외교 사령탑 역할을 하는 게 아니냐는 관측이 제기됐다. 왕후닝은 정치국원 중 한 명으로, 공식적인 외교 사령탑인 양제츠楊潔篪 국무위원과 왕이王毅 외교부장보다 서열이 높다. 왕후닝이 미국 백악관의 국가안보보좌관에 해당하는 역할을 부여받았다는 분석도 나온다. 시진핑 주석은 취임한 이후 미·중 관계의 청사진으로 기존 강국 미국과 부상하는 중국이 상호 신뢰 위에서 대등하게 서로의 전략적 이익을 존중하자는 '신형 대국 관계'를 제시했는데 이 역시 왕후닝의 작품인 것으로 알려졌다.

왕후닝의 발언권이 외교·대외 분야에 한정되지 않을 것이란 지적도 끊이지 않는다. 그는 시 주석의 각종 국내 행사에도 모습을 자주 드러낸다. 그가 시 주석 가까이에서 각종 국제·국내 문제를 보좌하는 중책을 맡아 강력한 영향력을 행사할 것이라는 전망이 나오는 것도 이 때문이다. 왕후닝은 당내 민주화와 부패척결 등 신임 지도부에게 맞는 정치 이념을 정리하는 작업에도 참여했다.

정권이 바뀌어도 왕후닝이 핵심 참모 역할을 이어가는 것은 각 정파가 그를 계파적 시각에서 보지 않기 때문에 가능하다고 할 수 있다. 일부에서는 정권이 바뀔 때마다 새로운 이론을 만들어내며 자리를 지키는 왕후닝을 두고 "소신이 없는 것 아니냐"며 좋지 않게 바라보기도 한다. 하지만 긍정적인 평가가 많이 나온다. 지도부가 바뀔 때 그가 내놓은 이론은 서로 충돌하는 게 아니라 발전 선상에 있다고 해야 하며, 그가 시대와 사회의 변화 흐름을 잘 읽고 혁신하려는 노력을 게을리하지 않는 장점을 갖췄다는 것이다.

10 리잔수 栗戰書 | Li Zhanshu

직책 중앙판공청 주임
출생 1950년 8월 허베이성 핑산현
학력 허베이사범대 야간대학

주요 약력

1972~1976년	허베이성 스좌창시 상업부 근무
1976~1983년	스좌창시 위원회 판공실 근무
1983~1985년	허베이성 우지현 서기
1986~1990년	공청단 허베이성 위원회 서기
1993~1997년	허베이성 상무위원
1998~2000년	산시陝西성 상무위원
2000~2002년	산시성 조직부장
2002~2003년	산시성 시안시 서기
2003~2007년	헤이룽장성 부서기
2007~2008년	헤이룽장성 대리성장
2008~2010년	헤이룽장성 성장
2010~2012년	구이저우성 서기
2012년~	중앙판공청 주임

"구이저우貴州성 서기에 자오커즈趙克志 구이저우 성장이 임명됐다. 리잔수栗戰書 서기는 현직에서 물러나지만 곧 다른 직책을 맡을 것이다."

중국 관영 신화통신이 2012년 7월 18일 짤막한 소식을 보도했다. 7월 3일 폐막한 베이징시 당대회를 끝으로 31개 성·시·자치구의 지도부 인사가 마무리된 지 보름 만에 나온 이 뉴스는 눈길을 끌기에 충분했다. 중국 공산당 18차 전국대표대회18차 당대회를 앞둔 시점이었다. 관영 매체에서 리잔수가 '다른 직책을 맡을 것'이라는 예고까지 했으니 그의 거취에 관심이 쏠리는 게 당연했다.

닷새 후인 23일 리잔수는 전국 장관급 주요 간부 전문 세미나에 모습을 드러냈다. 그의 자리는 맨 앞줄 중앙기율검사위원회 서열 2위 장후이신張惠新 부서기와 공산당 중앙조직부 선웨웨沈躍躍 부부장 사이였다. 리잔수가 이미 중요한 당내 직책을 맡은 게 아니냐는 관측이 나왔다.

관영 신화통신은 9월 1일 리잔수가 중앙판공청 주임에 임명됐다고 보도했다. 중앙판공청 주임은 우리나라로 치면 대통령 비서실장과 경호실장을 합친 자리다. 최고 지도자인 당 총서기의 각종 지시와 의견을 전파하고 조율하는 동시에 정보를 수집하고 경호까지 관리하는 당의 핵심 요직이다. 그 권한은 막강하다.

리잔수는 2012년 7월 16일 중앙판공청 부주임에 임명돼 업무 인수 절차를 밟았던 것으로 알려졌다. 사실 그는 중앙판공청 주임에 오르기 전까지만 해도 중앙 정계에서 큰 관심을 끌었던 인물은 아니었다.

하지만 리잔수의 이력을 살펴보면 그가 중앙판공청 주임에 오른 것이 결코 '깜짝 발탁 인사'가 아니라는 것을 알 수 있다.

혁명 집안

리잔수는 1950년 8월 허베이河北성 핑산平山현의 산골 마을에서 태어났다. 그는 공산당 혁명가 집안 출신이었다. 리잔수의 넷째 작은 할아버지는 1927년 공산당에 입당해 산둥山東성 부성장까지 지냈다. 문화대혁명 때 박해를 받아 사망했지만 1979년 복권됐다. 셋째 작은 할아버지는 항일 팔로군에 참가했고, 친할아버지도 열혈 공산당원이었다. 부친도 당지부 위원으로 활동한 당원이었다. 그의 숙부 리정퉁栗政通은 항일전쟁 당시 왕전王震 장군 휘하 부대에서 활약하다 26세에 전사했다. 또 다른 숙부 리정칭栗政清은 공산당원으로 항일운동을 펼치다 일본군에 잡혀 투옥돼 20세에 감옥에서 사망했다. 그의 집안에서 모두 27명이 공산혁명에 가담했다고 한다. 리잔수는 출신 배경을 놓고 보면 태자당이라고 할 수 있다.

리잔수가 중학교를 졸업할 무렵 문화대혁명이 터졌다. 리잔수는 고향의 생산대에 배치돼 양 키우는 일을 맡았다. 그는 틈날 때마다 책을 읽었다. 1971년 기회가 찾아왔다. 그가 평소 책을 즐겨 읽는 것을 눈여겨본 생산대 간부의 추천으로 허베이성 스자좡石家莊재정무역학교에 입학한 것이다. 정치·경제·문학·역사 등 닥치는 대로 책을 읽었다. 수석으로 졸업한 그는 1972년 스자좡시 상업부에 배치돼 사무담당으로 공직 생활을 시작했다. 1976년 스자좡시 위원회 판공실로 옮겨 이후 과장까지 승진해 1983년까지 일했다.

1983년 늦깎이로 허베이사범대 야간학부를 졸업하면서 인생에 변화가 생겼다. 당시 청년 간부 선발 바람이 불면서 리잔수는 33살의 젊은 나이로 허베이 우지無極현 서기로 승진했다. 우지현에서 불과 30km 떨어진 정딩正定현 서기가 바로 시진핑이었다. 둘은 지역 행사가 있을 때 얼굴을 맞대고 젊은 지도자로서 고민을 주고받았다.

리잔수는 1986년부터 4년간 허베이성 공청단 서기로 근무하면서 공청단과도 인연을 맺었다. 당시 공청단 중앙에는 리커창李克强·리위안차오李源潮 등이 활동하고 있었다.

리잔수는 1993년 허베이성 위원회 상무위원으로 승진하면서 성급省級 지도자 반열에 들어섰다. 이때 쩡칭훙曾慶紅이 도움을 줬다. 리잔수의 삼촌 리장장栗江江은 쩡칭훙의 누이동생 쩡하이성曾海生과 초등학교 동창이다.

리잔수는 1998년 산시陝西성 상무위원으로 옮겼다. 성 조직부장을 거쳐 2002년 1월 시안西安시 서기에 취임했다. 그해 5월에는 성 부서기를 겸직했다. 리잔수가 산시성에서 정치적 입지를 다진 것도 시진핑과 묘한 인연을 만들었다. 산시성은 시진핑의 고향이자 시진핑 아버지 시중쉰의 혁명운동 근거지였다. 문화대혁명 시절 시진핑이 농촌 지식청년으로 7년간 활동한 곳도 산시성 옌안延安이었다.

2003년 말에는 중국 동북의 끝 헤이룽장黑龍江성 부서기로 옮겨 갔다. 2007년 성장으로 승진한 뒤 2010년에는 서남부 구이저우貴州성 서기로 자리를 옮겼다. 그는 허베이·산시·헤이룽장·구이저우 4개 성에서 근무, 대륙을 횡단하며 다양한 행정 경험을 쌓은 것이다.

리잔수가 부임하기 한 해 전인 2009년 구이저우성은 전국 31개 성·시·자치구 가운데 주민 1인당 평균 소득은 티베트자치구보다 한 단계 높아 꼴찌에서 2번째, GDP 순위는 끝에서 5번째일 만큼 경제가 침체돼 있었다. 하지만 리잔수가 서기로 부임한 이후인 2011년 GDP는 2년 전보다 50% 증가했다. 역사상 가장 빠른 성장 속도였다. 2011년 구이저우성에 실제 유입된 국내외 투자액은 2,500억 위안으로 1년 전보다 152% 늘어 증가율 전국 1위를 기록했다.

구이저우성에 무슨 일이 있었던 것일까. 리잔수는 부임 이후 경제를 활성화하기 위한 3대 목표를 내걸었다. '공업화' '도시화' '농촌현대화'였다. 산업구조를 전환해 활기를 불어넣자는 전략이었다. 구이저우는 자원이 풍부하다. 석탄을 포함해 20여개 광물 자원 매장량이 전국 성 가운데 3위 안에 들어 있다. 리잔수는 자원을 최대한 활용해 공업화를 추진하겠다는 복안을 갖고 있었다. 문제는 돈이었다. 베이징으로, 홍콩으로, 광저우로, 상하이로 투자 설명회를 열기 위해 기업과 돈이 있는 곳으로 직접 뛰었다. 한 번 갈 때마다 많게는 수십조원의 계약을 따냈다. 각종 규제도 풀었다. 성과가 나기 시작했다.

그는 경직된 관료 사회 분위기도 바꿔 놓았다. 리잔수가 농촌으로 시찰을 나갔을 때였다. 그는 한 농민에게 당에 대해 무슨 불만이 없느냐고 물었다. 리잔수가 누구인지 몰랐던 그 농민은 불만을 쏟아냈다. "이렇게 가뭄이 심한데 관리는 왜 한 명도 보이지 않는가. 구호 식량을 나눠준다고 들었는데 왜 아직 소식이 없는가. 관리는 누구를 위해 존재하는 것인가."

이웃 마을에서는 한 농민으로부터 아들이 며칠씩 촌 위원회 간부에게 붙잡혀 있었던 사연을 들었다. 아들이 촌 위원회 업무 공간으로 집을 빌려줬는데, 촌 위원회가 다른 곳으로 옮겨간 이후에도 집을 반환하지 않자 돌려달라고 했더니 아들을 가뒀다는 것이다. 리잔수는 당나라 시인 두보杜甫의 '석호리石壕吏·석호의 관리'의 한 구절을 읊으며 탄식했다. '暮投石壕村, 有吏夜捉人, 老翁踰墙走, 老婦出門看, 吏呼一何怒, 婦啼一何苦.'[4]

사무실로 돌아온 리잔수는 성 간부들을 모아 놓고 호되게 질책했다. 간부들을 현장으로 보내고 신상필벌信賞必罰을 확실하게 했다. 관료 사회 분위기가 바뀌니 성 전체 분위기도 달라졌다.

구이저우 사례가 중앙 정부의 관심을 끌었다. 2011년 후진타오胡錦濤·우방궈吳邦國·원자바오溫家寶는 별도로 업무 성과를 보고받고 격려했으며 자칭린·시진핑·리커창·허궈창·저우융캉 등 상무위원이 잇달아 구이저우성을 방문해 높이 평가했다. 그해 5월 시진핑이 구이저우성을 3박4일 일정으로 시찰했을 때 그는 시진핑을 밀착 수행했다. 이때 둘은 모종의 교감을 나눈 것으로 알려졌다.

시진핑의 비서실장 겸 경호실장

2002년 11월 총서기가 된 후진타오는 장쩌민이 1999년 임명해놓

---

4 모투석호촌, 유리야착인, 노옹유장주, 노부출문간, 리호일하노, 부제일하고 · 날 저물어 석호촌에 투숙하였는데, 한밤중에 관리가 사람을 잡으러 왔네, 영감은 담을 넘어 달아나고, 할멈이 문 밖에 나가본다, 관원의 호통은 어찌 그리 사납고, 할멈의 울음소리는 어찌 그리 고통스럽던지.

은 중앙판공청 주임 왕강王剛을 자기 사람으로 바꾸지 못했다. 장쩌민의 측근인 왕강이 후진타오를 감시한다는 말까지 돌았다. 후진타오는 2007년이 돼서야 측근인 링지화令計劃를 주임에 임명할 수 있었다. 이에 비해 시진핑은 총서기에 취임하기 두 달 전에 자기 사람인 리잔수를 중앙판공청 주임에 앉혔다. 링지화가 일가족의 부패 혐의와 아들의 음주 교통사고 등 집안에 문제가 발생하면서 중앙판공청 주임 자리를 지킬 수 없었던 측면도 있다. 어쨌거나 시진핑으로서는 리잔수를 중앙판공청 주임에 앉힘으로써 정국 운영이 수월해졌다.

리잔수는 62세에 중앙판공청 주임이 됐다. 역대 주임 중 가장 많은 나이에 취임했다. 리잔수의 경륜과 폭넓은 경험, 모나지 않은 성격, 튀지 않는 스타일, 공청단과의 원만한 관계, 무엇보다 시진핑과의 호흡을 고려한 인선이라는 평가다.

양상쿤楊尙昆·차오스喬石·원자바오·쩡칭훙 등 역대 중앙판공청 주임 출신 가운데 당 최고 지도부에 오른 인사가 많다. 2017년 19차 당대회 때 67세로 승진 연령 제한에 걸리지 않는 리잔수에게도 정치국 상무위원 승진의 기회가 남아 있다.

11 리젠궈 李建国 | Li Jianguo

직책 전국인민대표대회 상무위원회 부위원장
출생 1946년 4월 산둥성 쥐안청
학력 산둥대 중문과

주요 약력

1964~1969년	산둥대 중문과
1972~1976년	톈진시 닝하현 문화교육국 선전 담당
1976~1978년	톈진시 농업위원회 선전 담당
1978~1983년	톈진시 판공청 판공실 간사, 부주임
1983~1989년	톈진시 판공청 주임
1989~1992년	톈진시 비서장
1992~1997년	톈진시 부서기
1997~2007년	산시陝西성 서기
2007~2008년	산둥성 서기
2008년~	전인대 상무위원회 부위원장

리젠궈^{李建國} 전국인민대표대회^{전인대·국회} 상무위원회 부위원장^{비서장 겸임}은 2012년 11월 15일 18기 공산당 중앙위원회 1차 전체회의^{18기 1중 전회} 직후 25명의 정치국 위원 명단이 발표됐을 때 가장 의외의 인물이라는 평가가 나왔다. 10월까지만 해도 전인대 상무위원회 부위원장인 그가 정치국에 진입할 것이라고 예상한 전문가는 많지 않았다.

1중 전회가 임박해서야 그의 이름이 일부 거론되기 시작했다. 중국 정가 소식에 밝은 홍콩 명경^{明鏡}망은 11월 8일 발간한 18차 당대회 특집판에서 새로 선출될 정치국 위원 25명의 예상 명단을 공개했다. 하루 뒤인 11월 9일에는 중국 정치 내부 사정과 관련 특종 보도를 여러 차례 한 인터넷 매체 보쉰이 소식통으로부터 입수했다며 역시 25명의 정치국 위원 명단을 공개했다. 두 매체가 전한 명단을 비교해 보면 23명이 일치했는데 2명이 차이가 났다. 보쉰이 입수한 명단에는 명경이 보도한 25명 가운데 마카이^{馬凱} 국무원 비서장과 리젠궈가 빠져 있었다. 대신 천더밍^{陳德銘} 상무부장과 왕민^{王珉} 랴오닝성 서기가 진입하는 것으로 돼 있었다. 실제 정치국 위원 명단은 명경이 보도한 내용과 일치했다. 경제통인 마카이 비서장의 경우 정치국에 진입해 리커창^{李克強} 총리를 보좌할 것이라는 전망이 꾸준히 나왔지만 리젠궈는 정치국 위원 후보로 전문가들 입에 거의 오르내리지 않았다.

리젠궈가 한국 언론에 이름이 등장한 횟수를 살펴보면, 정치국 위원으로 선출된 이후 보도된 것이 그 이전까지의 공직 생활 40년 간 나왔던 뉴스를 모두 합한 것보다 훨씬 많다. 그가 언론의 집중 조명을 받은 것은 2012년 11월 29일이었다. 시진핑^{習近平} 총서기 체제 출범 이후 북한을 처음 방문하는 특사단 대표가 당초 류치바오劉奇葆 당 중앙선전부장에서 리젠궈로 교체됐다는 사실이 알려진 직후부터였다. 사실 그때에도 관심의 대상은 리젠궈가 아니라 류치바오였다. 류치바오의 비리 연루설이 나돌았는데 당내 핵심 요직인 중앙선전부장의 스캔들은 중국 정계에서 큰 뉴스였다. 하지만 한 달쯤 후에는 리젠궈 본인이 뉴스의 초점이 됐다. 그가 '정실 인사' 문제로 당국의 조사를 받고 있다는 얘기가 나온 것이다.

그는 톈진방天津幇의 대표주자로 손꼽힌다. 상하이방上海幇처럼 중국 정계에서 큰 힘을 발휘하지는 못하고 있지만 리루이환李瑞環 전 정치협상회의 주석, 원자바오溫家寶 전 총리로 이어지는 톈진 출신 정치인들이 무시할 수 없는 세력을 형성하고 있다. 리젠궈는 산둥山東성 출신으로 톈진 출생은 아니지만 사회 진출 이후 27년 동안 톈진에서 생활했으며 톈진방의 대부인 리루이환의 비서를 지냈다. 하지만 지금은 시진핑 주석 세력으로 분류된다. 그는 시진핑 주석과 가깝다. 리젠궈는 시진핑의 고향인 산시陝西성 서기를 10년 간 지내면서 시진핑과 자주 연락을 주고받았다. 리젠궈가 시진핑의 대북 특사로 북한을 방문했을 때 "급이 낮은 게 아니냐"는 얘기가 나오기도 했지만, 시진핑이 취임 이후 첫 대북 특사로 리젠궈를 보낸 것은 그만큼 그를 신임하기 때문이라고 베이징의 한 외교 소식통이 전했다. 그는 가는 곳마다 경제 발전을 일궈내는 수완을 발휘했다. 그가 정치국 위원에 오른 것이 결코 '아니 땐 굴뚝에 연기 난' 것은 아닌 셈이다.

톈진방 소속

리젠궈는 1946년 4월 산둥성 쥐안청鄄城현에서 태어났다. 기원전 632년 진晉 문공文公이 바로 이 지역에서 초나라 군대를 무찔러 춘추전국시대에 두 번째로 패권을 장악했다. 쥐안청은 춘추전국시대 군사모략가였던 손빈孫臏의 고향이기도 하다.

리젠궈는 문화대혁명이 터지기 전인 1964년 산둥대 중문과에 입학했다. 1969년 졸업을 했지만, 문화대혁명이 한창이던 당시 그는 직장을 잡을 수 없었다. 지식인은 눈치를 보고 살아야 했던 시절이었다. 그는 1970년 톈진 닝허寧河현 둥지퉈東棘坨공사 장좡姜莊대대라는 이름의 생산대에 배치돼 2년간 농촌 생활을 했다.

생산대 생활이 끝난 이후에도 리젠궈는 톈진에 그대로 남았다. 1972년 톈진시 닝하현 문화교육국에 배치돼 4년 동안 선전 담당 업무를 맡았다. 당시 리젠궈는 현에서 최고 학력 소지자였다. 대학에서 중문학을 전공한 그에게 선전 활동은 어려운 일이 아니었다. 현에서 능력을 발휘했고, 1976년에는 톈진시로 불려 올라가 농업위원회에서 선전을 담당했다. 1978년 톈진시 위원회 판공청 판공실로 자리를 옮긴 이후 리젠궈 앞에 승진 가도가 열렸다. 1981년 판공실 부주임을 거쳐 1982년에는 판공청 전체를 관장하는 부주임으로 승진했고 1983년에는 주임으로 승진했다.

시 판공청은 시위원회 서기와 시장을 보좌하는 부서다. 당시 톈진시 서기가 리루이환이었다. 톈진 출신인 리루이환은 1981년 톈진시 부시장을 거쳐 1982년 톈진시 서기에 올라 1989년 정치국 상무위원으로 베이징에 갈 때까지 톈진을 책임졌다. 판공청 주임이었던 리젠궈는 열심히 리루이환을 보좌했다. 총명했고 일 처리가 꼼꼼했던 리젠궈는 리루이환 눈에 들었다. 리젠궈는 1988년 판공청 주임에 톈진시 부비서장을 겸직했다가 1989년에는 톈진시 비서장으로 승진했다. 리루이환의 두터운 신임을 받았던 그는 1992년 톈진시 부서기에 올랐다.

그는 톈진시 부시장으로 근무하면서 빈하이濱海신구 프로젝트에 관여했다. 빈하이신구는 1994년 개발이 시작됐다. 개혁·개방 이후 남부 연안 도시가 빠르게 성장했던 것에 비해 북부 지역은 성장 속도가 더뎌 격차가 벌어지기 시작했다. 이에 중앙 정부는 1991년 경제특구로 지정한 상하이 푸둥浦東 개발로 경제 혜택이 남부 연안 지역 전체에 파급된 것처럼 항만과 공항을 끼고 있는 빈하이신구를 육성, 환보하이環渤海만에 활력을 불어넣으려고 했다. 리젠궈는 국가 차원에서 관심을 쏟는 빈하이신구 프로젝트를 밤낮으로 챙겼다. 톈진에서 구축된 인맥은 이후 그의 중요한 정치적 자산이 됐다.

1997년에는 산시陝西성 서기로 부임한다. 27년 만에 톈진을 떠나는 것과 동시에 처음으로 지방 성의 일인자 자리에 오른 것이다. 그가 부임하기 전 산시성은 낙후된 지역이었다. 1996년 성 전체의 GDP가 1,175억 위안으로 전국 31개 성·시·자치구에서 21위였다. 하위권이었다. 1차 산업 비중이 30%가 넘을 만큼 공업화가 뒤처져 있었다. 리젠궈는 서기로 부임한 이후 산업 구조 개편에 힘썼다. 산업 구조의 중심을 제조업과 서비스업으로 옮기는 작업에 돌입했다. 리젠궈가 서기로 있는 동안 산시성은 매년 두 자릿수의 성장률을 기록했다. 리젠궈는 2007년 3월 산시성을 떠났는데 2006년 산시성의 GDP는 3,675억 위안을 기록, 그가 서기로 재임했을 당시의 3배로 증가했다.

리젠궈는 2007년 산둥성 서기로 '금의환향'했다. 1970년 고향을 떠난 지 37년 만에 산둥성 일인자로 부임한 것이다. 하지만 그는 고향 성_省에 그리 오래 있지 않았다. 2008년 전인대 상무위원회 부위원장으로 발탁되면서 베이징으로 간 것이다. 그는 전인대 상무위원회 비서장도 겸했다.

그가 정치적으로 상하이방·태자당 연합 세력과 대척점에 섰던 톈진 출신 리루이환의 영향권 안에 있다고 분류되지만, 전반적으로 계파색이 덜하다는 평가다. 리젠궈는 산시성 서기로 10년 간 있으면서 시진핑과 자주 접촉했던 것으로 알려졌다. 2005년 5월 시진핑의 부친 시중쉰의 묘역을 베이징에서 산시성으로 이장할 때 당시 산시성 서기로 있었던 리젠궈가 적지 않은 일을 했다고 한다. 성격이 원만해 각계각층의 의견을 수렴해야 하는 전인대 부위원장에 맞다는 평가도 나온다.

그를 둘러싼 의혹

그가 18차 당대회에서 정치국 위원으로 승진할 때만 해도 일이 순조롭게 풀리는 듯했다. 하지만 그는 지방에서 재직하던 시절 부당하게 인사를 했다는 의혹이 불거지면서 발등에 불이 떨어졌다. 한 네티즌은 웨이보_{중국판 트위터}를 통해 리젠궈가 산둥성 서기로 재직하던 지난 2007~2008년 누나의 아들인 장후이張輝를 초고속 승진시킨 혐의가 있다고 주장했다. 이에 따르면 당시 28세의 장후이는 8개월 만에 부과장급에서 부청장급으로 두 단계 뛰어 전국에서 최연소 부청장급으로 '벼락 출세'했으며 이는 당의 간부선발임용제도에 위배된다는 것이다. 이 네티즌은 또 리젠궈가 산둥성 서기로 옮겨오기 전 산시성에서 능력과 관계 없이 자신과 가까운 사람을 대거 승진시켜 후임 자오러지趙樂際 산시성 서기가 크게 반발했다고 전했다.

18차 당대회 때 중앙조직부장에 선임된 자오러지와 왕치산王岐山 중앙기율검사위 서기가 2012년 말 리젠궈를 만나 세간에 제기된 의혹과 관련해 문책했다는 등 리젠궈가 정신적으로 큰 압박을 받아 병원에 몇 차례 다녀갔다는 등 미확인 소문이 확산되면서 사태는 일파만파 번져나갔다. 이와 관련, 시진핑이 2013년 1월 "부패 관련자들은 호랑이에서 파리에 이르기까지 지위고하를 막론하고 한꺼번에 척결해야 한다"고 말했는데 중국 인터넷에서는 시진핑이 말한 '호랑이'의 정체에 대해 리젠궈의 실명이 거론됐다. 리젠궈에 대해 제기된 의혹이 신빙성이 있다는 의견과 과장된 것이라는 주장이 엇갈리고 있다.

정확한 사실 관계는 확인되지 않았지만, 정치국 위원으로서 좋지 않은 출발을 한 것은 분명해 보인다. 그가 자신에게 쏟아진 의혹에 잘 대처해 임기를 채울 것인지, 중간에 낙마한 정치국 위원이 될 것인지 지켜볼 일이다.

12 한정 韓正 | Han Zheng

직책 상하이시 서기
출생 1954년 4월 저장성 츠시
학력 화둥사범대 경제학 석사

주요 약력

1975~1980년	상하이 쉬후이기중기설치공장 창고 관리
1980~1982년	상하이 화공장비공업회사 근무
1982~1986년	상하이시 화학공업국 공청단 위원회 서기
1987~1988년	상하이 고무신공장 부공장장
1988~1990년	상하이 다중화大中華 고무공장 부공장장
1990~1992년	공청단 상하이시 부서기·서기
1992~1995년	상하이 루완구 부서기
1995~1998년	상하이시 부비서장
1998~2003년	상하이시 부시장
2003~2012년	상하이시 시장
2012년~	상하이시 서기

2007년 3월 24일 상하이시 옌안시루延安西路 전람센터 3층. 허궈창賀國强 당시 공산당 중앙조직부장과 시진핑習近平 저장浙江성 서기가 긴급 소집된 상하이시 당·정 간부회의에 나타났다. 상하이는 천량위陳良宇 전 서기가 사회보장기금 불법 운영 혐의로 2006년 9월 직무를 박탈당한 뒤 어수선한 상태였다. 상하이시 당·정 간부회의에는 당시 서기 직무대리였던 한정韓正도 참석해 있었다. 허궈창은 중앙 정부의 결정을 발표했다. 시진핑이 상하이시 서기를 맡고 한정은 더 이상 상하이시 서기 직무를 대리하지 않는다는 내용이었다.

한정은 49세 때인 2003년 중국 공산정권 수립 이래 40대로는 처음으로 상하이 시장에 선출되면서 정치 스타로 떠올랐다. 하지만 천량위가 비리 혐의로 낙마하면서 상하이시의 이인자였던 한정에게도 위기가 닥치는 듯했다. 일인자의 비리를 그가 모를 리가 없으며 그가 천량위 사건에 연루된 게 아니냐는 말까지 나왔다. 중앙 정부는 천량위를 면직한 후 한정에게 뒷수습을 맡겼다. 현지 사정에 밝은 한정을 통해 상하이시가 동요하지 않도록 안정을 유지하겠다는 게 중앙 정부의 뜻이었다.

하지만 한시적인 관리인 역할에 불과했다. 차기 최고지도자로 부각된 시진핑이 상하이 서기로 오면서 한정의 거취는 불투명해졌다. 이후 한정이 다른 지역으로 배치될 것이라는 관측이 계속 제기됐다. 2007년 17차 당대회 때에는 한정이 안후이安徽성 서기로 내정됐다는 홍콩 매체의 보도가 나왔고, 2009년에는 그가 구이저우貴州성으로 갈 것이라는 보도가 나오기도 했다. 하지만 한정은 상하이를 떠나지 않았고 18차 당대회를 거치면서 상하이시 서기 자리에 올랐다. 상하이 서기는 중앙 정치 무대로 통하는 자리다. 장쩌민 전 주석, 주룽지 전 총리, 우방궈 전 전인대 상무위원장, 시진핑 주석 등이 모두 상하이 서기를 거쳤다.

40대 상하이 시장

한정은 1954년 4월 저장浙江성 츠시慈溪에서 태어났다. 그는 문화대혁명이 끝나갈 무렵인 1975년 상하이에 있는 중기계공장 창고 관리원으로 사회생활을 시작했다. 한정은 이후 상하이에서만 일했다. 1980년부터 2년간 화학공장에서 사무직으로 일했으며 이 경력을 바탕으로 1982년 상하이시 화학공업국 공청단 위원회 서기로 발탁됐다.

이어 상하이 고무신공장 부공장장1987~1988년, 상하이 다중화大中華고무공장 부공장장1988~1990년으로 재직하면서 테크노크라트로서 경력을 쌓았다.

1990년 주룽지 전 총리가 상하이시 서기를 맡았을 시기에 36세의 한정은 성실함과 능력을 인정받아 상하이시 공청단 부서기로 발탁됐다. 이듬해에는 상하이시 공청단 서기를 맡았다. 그는 사회 진출 이후 상하이에서만 근무했고 그의 인맥이 주로 상하이에 구축돼 있어 상하이방이라고 할 수 있다. 하지만 그는 상하이시 공청단 서기를 지내면서 공청단과도 관계를 맺었다. 공청단 근무 경력이 비교적 짧아 공청단과 색채가 옅다는 평가가 많지만, 상하이방인 그에게 공청단과의 연결 고리는 그의 정치 인생에 적지 않은 도움이 됐다는 지적이 나온다.

한정은 39세 되던 1992년 상하이시 중심가인 루완盧灣구로 자리를 옮겨 부서기 겸 구청장을 맡았다. 그는 이곳에서 3년간 근무하면서 화이하이루淮海路 재개발 사업을 성공적으로 처리해 상하이의 대표적인 상업지구로 변모시키는 실적을 거뒀다. 이 시절의 활약은 그가 향후 고속승진을 하는 발판이 됐다. 1994년에는 40세 나이로 화둥華東사범대학 국제관계·세계경제학과에서 경제학 석사학위도 받았다.

한정은 1995년 상하이 시정부 부비서장으로 발탁됐다. 부지런하고 일처리 솜씨도 좋았던 그는 당시 상하이방의 선두 주자였던 황쥐黃菊의 눈에 들었다. 1998년 한정은 상하이시 부시장으로 승진했다. 부시장을 맡은 그는 도시계획과 교통문제를 담당하며 상하이시를 실무적이며 효율적인 현대화 도시로 탈바꿈시켰다는 평가를 받았다. 새해 첫날 시민으로부터 직접 의견을 청취하는 '시민 핫라인 제도'를 운영하는 등 친근한 대민對民 행정으로 그의 인기는 계속 높아졌다. 만원 지하철을 타고 시민들의 교통불편 민원을 일일이 청취, 시민들이 내화하고 싶은 관리로 칭송을 받기도 했다.

2001년 총리 후보로까지 거론되던 쉬쾅디徐匡迪 상하이 시장이 돌연 사임했다. 쉬쾅디의 후임이 바로 천량위다. 쉬쾅디의 사임은 천량위를 황쥐 당시 상하이 서기의 후임으로 만들기 위한 사전 조치였다. 이듬해인 2002년 11월 황쥐가 정치국 상무위원 겸 부총리로 승진해 중앙으로 올라가자 천량위는 시장이 된 지 1년여 만에 서기에 올랐다. 천량위의 승진으로 공석이 된 상하이 시장 자리는 한정이 맡았다.

한정이 49세 나이로 시장이 되자 국내외에서 큰 화제가 됐다. 부총리와 외교부장을 역임한 천이陳毅가 1949년 5월 48세의 나이로 상하이 시장에 임명됐지만 당시는 공산정권이 수립되기 이전이다. 중국에서 공산 정권이 수립된 이래 40대에 상하이 시장으로 임명된 것은 한정이 처음이었다. 그는 자연스럽게 차세대 지도부 후보로 떠오르기 시작했다.

천량위 사건으로 위기

한정에게 있어 2006년 터진 천량위 사건은 그의 입지를 좁아지게 할 수 있는 사안이었지만 오히려 전화위복이 됐다. 상하이방의 거물이었던 천량위는 후진타오의 정책에 사사건건 반기를 들었고, 천량위를 겨누고 있던 후진타오는 그를 비리 혐의로 축출했다. 2006년 9월 25일 한정은 상하이의 대리 서기에 임명됐다. 천량위가 비리 연루 혐의로 전격 해임된 지 하루 만이다. 당 중앙은 한정이 천량위 사건에 직접 관련이 없다는 결론을 내렸다. 한정이 상하이방이기는 하지만 공청단 근무 경력이 있어 후진타오로서도 그를 마다할 이유는 없었다. 한정은 대리서기에 임명되고 나서 중앙 정부의 정책에 순종할 것을 다짐하며 '충성 맹세'를 했다. 천량위와는 다른 자세를 취하겠다는 선언이었다. 한정은 상하이시의 대리 서기를 맡은 이후 상하이의 안정과 발전을 잘 이루어냈다는 평가를 받았다.

하지만 공산당의 각 파벌은 상하이방의 대들보였던 천량위가 물러난 빈자리를 두고 팽팽한 신경전을 벌이고 있었다. 서로 상하이를 장악하려고 했다. 상하이의 안정과 시정의 연속성을 감안해 한정에게 임시로 대리 서기를 맡기기는 했지만 한정을 계속 놓아두지는 않았다. 상하이의 위상에 비해 한정의 경력은 상대적으로 화려한 편이 아니었다. 리커창 당시 랴오닝성 서기, 리위안차오 당시 장쑤성 서기 등 공청단파 인사들이 상하이 서기 후보로 거론됐다. 이에 태자당은 시진핑 카드를 내밀어 상하이를 장악하는 데 성공했다. 물론 숨죽이고 있던 상하이방도 태자당과 손잡고 시진핑을 지원했다.

시진핑이 상하이시 서기로 부임하자 상하이에서 한정의 정치적 생명은 끝난 것처럼 보였다. 그가 조만간 상하이를 떠나게 될 것이라는 관측이 제기됐다.

하지만 시진핑은 한정에 대해 신뢰를 보이면서 공무원 사회를 안정시켰다. 2007년 10월 17차 당대회에서 시진핑이 부주석으로 승진하며 베이징으로 가고 위정성俞正聲 후베이湖北성 서기가 신임 상하이 서기로 부임했다. 한정의 거취 문제가 또 도마 위에 올랐다. 홍콩 언론은 당 중앙이 위정성 서기가 상하이에 안착하는 대로 한정을 지방으로 보내거나 한직으로 좌천시킬 생각이라고 전했다. 그가 가게 될 곳이라며 구체적인 지방 성 이름도 떠돌았다. 하지만 이런 소문과 달리 한정은 상하이에 머물렀다. 한정의 업무 능력은 인정을 받는 상태였고 2010년 상하이 세계박람회를 앞둔 시점에서 현지 상황에 정통한 한정을 다른 곳으로 보낼 수는 없다는 주장이 힘을 얻었던 것이다. 한정은 세계박람회를 무난하게 성공시켰으며 글로벌 경제 위기에도 잘 대처했다는 평가를 받았다. 그는 상하이시장직을 10년간 수행하는 과정에서 이렇다 할 스캔들에 휘말리지 않았다.

한정은 공산당 중앙위원회 18기 1차 전체회의에서 정치국 위원에 올랐고, 정치국 상무위원으로 승진한 위정성에 이어 상하이시 서기로 임명됐다. 2012년 11월 20일 열린 상하이시 서기 이취임식에서 위정성은 "당 중앙이 한정 동지에게 상하이시 서기를 맡긴 것은 상하이 업무를 고도로 중시한다는 것이다. 한정은 당성이 강하고 지도자 경험이 풍부하며 혁신의식을 갖고 있다"며 치켜 세웠다.

한정은 1954년생으로 19차 당대회가 열리는 2017년에도 승진 연령 제한 규정에 걸리지 않는다. 상하이시 서기가 잇따라 정치국 상무위원에 진입한 데다 그는 공청단 배경까지 갖추고 있어 한정이 향후 최고 지도부에 입성할 가능성이 있다는 얘기가 나온다. 하지만 그의 이력이 상하이 근무 일색이라는 게 단점으로 꼽힌다. 정치국 상무위원으로서 국정을 챙기기에는 경험이 다소 부족한 게 아니냐는 지적이 나오는 것이다. 중국 최고 지도부의 인선 작업에서 다양한 지방 경험이 갈수록 중시되는 추세는 한정에게 불리한 요소다.

13 쑨정차이 孫政才 | Sun Zhengcai

직책 충칭시 서기
출생 1963년 9월 산둥성 룽청
학력 중국농업대학 농학박사

주요 약력

1984~1987년	베이징시 농림과학원 재배경작학 석·박사
1987~1993년	베이징시 농림과학원 작물연구소 부주임
1993~1994년	베이징시 농림과학원 토지비료연구소 소장
1994~1997년	베이징시 농림과학원 부원장·상무부원장
1997~2002년	베이싱시 순이현 부서기, 서기
2002~2006년	베이징시 위원회 비서장
2006~2009년	농업부장
2009~2012년	지린성 서기
2012년~	충칭시 서기

'옥수수 박사에서 최고 지도자 후보로.'

쑨정차이孫政才 충칭重慶시 서기는 농학박사 출신이다. 옥수수 재배 방식에 대한 연구로 성과를 거둬 '옥수수 박사'로 불렸다. 그랬던 그는 전공과 다른 정계에 발을 들여놓아 더 승승장구했다. 43세 나이로 농업부장장관에 올랐으며 지린吉林성 서기를 거쳐 18차 당대회를 통해 차기 최고 지도자 후보군의 선두 주자로 확실히 자리매김했다. 동갑내기인 후춘화胡春華와 함께 1960년대생으로는 가장 먼저 정치국에 진입했으며 2012년 11월 중국 4대 직할시 중 하나인 충칭시 서기에 발탁됐다. 4대 직할시 당서기는 정치국 상무위원으로 가는 직행 티켓을 쥘 수 있는 유리한 자리로 손꼽힌다. 그가 초고속 승진을 이어가자 "이름이 정차이政才라서 정치政에 재능才이 있다"는 말이 나오기도 했다.

그는 산둥山東성의 평범한 농촌 가정에서 태어났다. 출신 지역이나 성향으로 분류하면 상하이방도 아니고, 태자당도 아니지만, 그는 상하이방·태자당 연합 세력이 내세운 차세대 지도자 후보로 거론된다. 그는 정치적으로 자신을 관계에 입문시킨 상하이방 자칭린賈慶林 전 중국정치협상회의 주석 계열로 분류된다. 이와 관련, 상하이방과 태자당이 특권층이라는 비판적 시각을 의식, 인재 풀을 확대하기 위해 능력 있는 테크노크라트를 적극 영입하고 있다는 분석이 제기되고 있다.

쑨정차이는 2017년 19차 당대회 때 상무위원에 진입해 6세대 지도부가 집권하는 2022년 20차 당대회에서 최고 지도자 자리를 놓고 공청단파 소속 후춘화와 경쟁을 벌일 전망이다.

농학 박사 출신

쑨정차이는 1963년 9월 산둥성 룽청榮成시 후산虎山진에서 출생했다. 농촌가정에서 태어나 가난한 유년시절을 보냈다. 그는 마을에서 고등학교를 졸업하고 1980년 대학에 진학한 3명 중의 한명이었다.

1984년 쑨정차이는 산둥 라이양萊陽농학원을 졸업했다. 그는 곧바로 베이징시 농림과학원에 석사 연구생으로 들어갔고, 이곳에서 중국 옥수수 연구의 대가인 천궈핑陳國平 교수 밑에서 연구생 생활을 시작했다. 천 교수는 1980년부터 1996년까지 베이징시 옥수수 고문단 단장으로 일하면서 베이징시의 1무畝·1무는 약 666㎡당 옥수수 수확량을 1979년 229kg에서 1996년 482kg으로 끌어올린 전문가다. 쑨정차이는 이곳에서 똑같은 면적에 많은 옥수수를 심어 수확량을 늘리는 재배 방식을 집중 연구했다. 쑨정차이는 이 학교에서 석사학위를 받았으며, 1997년 중국농업대학에서 농학박사 학위를 받았다.

그와 얽힌 대학 시절 일화가 하나 있다. 라이양농학원 재학 시절 밀 품종실험을 하고 있을 때였다. 교수와 학생들이 실험을 하는 밭 어디에서인가 분필 하나가 없어졌다. 어디에서 없어졌는지 아무도 몰랐다. 교수는 분필이 토양의 성분에 영향을 줘 밀의 발아와 생장生長에 영향을 미치고 결국 실험 결과가 바뀔 수 있으니 분필을 찾아내야 한다고 말했다. 쑨정차이가 나섰다. 그는 실험하고 있는 밭 전체를 뒤집은 끝에 분필을 찾아냈다. 그는 엄격한 과학적 연구 분위기 속에서 대학과 대학원 시절을 보냈으며, 이는 이후 그가 정계에 진출한 이후 한 번 맡은 일은 완벽하고 꼼꼼하게 처리하는 업무 태도와 맞닿아 있다고 주변 사람들은 전했다.

쑨정차이는 1987년 베이징시 농림과학원 작물연구소 부주임에 임명된 데 이어 30세 되던 1993년 베이징시 농림과학원 토지비료연구소 소장에, 1994년에는 베이징시 농림과학원 부원장에 오르며 농업 전문가의 길을 걸었다.

그는 1997년 인생의 전환점을 맞는다. 그해 정치권에 입문할 것을 제안받은 것이다. 당시 공산당은 각계 전문가를 정계에 영입했다. 쑨정차이가 그 대상자 중 한 명이었다. 그는 1997년 베이징 순이順義현 1998년 순이구로 승격 부서기로 관계官界에 입문했다. 순이현은 행정구역상 베이징에 속하기는 했지만 농업을 기반으로 하는 지역이었다. 쑨정차이는 전공을 살려 순이현에서 성과를 냈고, 2002년 베이징시 순이구 서기에 임명됐다.

차세대 최고지도자 후보

이후 그는 정계에서 고속 승진을 거듭했다. 쑨정차이는 2002년 열린 중국 공산당 베이징시 당 대표대회에서 시 위원회 상무위원에 당선됐고 그의 이름이 중앙 무대에 본격적으로 알려지기 시작했다.

쑨정차이의 고속 승진이 그의 능력 때문만은 아니었다는 얘기가 나온다. 이러한 고속 승진은 자칭린의 후원이 있었기 때문에 가능한 것이었다고 중화권 매체들은 분석했다. 쑨정차이의 능력을 높이 사

발탁하고 밀어준 사람이 바로 자칭린이라는 것이다. 자칭린은 1996년 베이징시 시장에 올랐고 1997년 베이징시 서기에 임명된 후 1999년 정치국 상무위원으로 승진했다. 자칭린은 쑨정차이를 후원하는 데 있어 충분히 힘을 발휘할 수 있는 위치에 있었다.

2006년 쑨정차이는 43세의 젊은 나이로 농업부장에 발탁됐다. 국무원 부장_{장관}으로는 최연소였다. 행정 경험이 많다고 할 수 없는 그를 중국 농업의 최고 책임자인 농업부장에 기용하는 것에 대한 우려의 목소리가 일었다. 하지만 쑨정차이의 전문성이 높게 평가됐다. 쑨정차이는 이전에 옥수수 증산 연구에서 업적을 남겼다. 식량 증산이라는 중국 정부의 목표를 실현할 수 있는 적임자라는 평가가 내려졌다. 중국 농업의 경쟁력을 끌어올리는 동시에 관료 사회의 세대교체를 겨냥한 포석이기도 했다.

농업부장에 취임한 쑨정차이는 식량 생산성 제고, 농업기술 혁신, 농산물 안전성 확보 등 목표를 제시했지만, 단기간 내에 해결할 수 있는 게 아니었다. 눈에 띄는 실적이 나오지 않았다. 오히려 2007년 연초부터 농산물 가격이 급등했고 2008년에는 허베이성에서 터진 멜라민 분유 파동으로 정치적 위기를 맞았다. 하지만 쑨정차이는 농업부장을 지내는 동안 기존의 후원자인 자칭린 외에 또 다른 정치적 후원 세력을 얻었다. 원자바오温家寶 당시 총리였다. 원자바오 역시 농업에 관심이 많았고 쑨정차이의 능력을 높이 사 둘 사이는 자연스럽게 가까워졌다.

쑨정차이는 2009년 11월 지린성 서기로 발탁됐다. 이 인사 때 동갑인 후춘화는 네이멍구 서기로 임명됐다. 이때까지만 해도 쑨정차이는 후춘화만큼 주목을 받지는 않았다. 후춘화는 베이징대를 졸업한 후 편한 자리를 마다하고 티베트 근무를 자원해 강한 인상을 남겼으며 이후 초고속 승진을 거듭, 일찌감치 차세대 지도자 후보로 꼽혔다. 이에 비해 쑨정차이는 능력을 인정받기는 했지만 '결정적인 한 방'이 없었다. 정계 진출 이후 확실하게 이목을 끌 만한 실적이 없었던 것이다.

하지만 쑨정차이는 지린성 서기로 부임한 이후 큰 성과를 거두면서 차세대 최고 지도자 자리를 놓고 후춘화와의 경쟁에 불을 댕겼다.

공산당 기관지 인민일보는 18차 당대회를 앞둔 2012년 8월 8페이지에 걸쳐 지린성 특집을 실으면서 2011년 지린성 경제성장률이 전국 평균 9.2%을 월등히 웃도는 14%에 이르렀다고 소개했다. 이 특집에는 농촌 생산 증대와 도농 소득격차 해소를 강조하는 쑨 서기의 인터뷰도 함께 실렸다. 분석가들은 이를 두고 쑨 서기에 대한 중앙정부의 높은 평가를 반영하는 것으로 해석했다.

쑨정차이는 지린성에 부임한 이후 그동안의 경험을 최대한 활용해 지린성 경제 발전이라는 큰 성과를 거뒀다. 그는 우선 지린성 서기 취임 직후 농민들에 대한 은행 대출 문턱을 크게 낮췄다. 담보가 없어 돈을 빌리지 못하는 농민에 대해 성 정부가 담보를 제공해 영농 자금을 지원했다. 이를 통해 지린성의 농작물 생산량이 많이 증가했다. 중국 중앙 언론매체들은 그를 '지린성의 지혜吉林知慧'라고 소개했다. 쑨정차이는 중앙 정부가 동북 지역 개발을 위해 추진 중인 '창지

투 프로젝트'를 강력하게 밀어붙였고 이는 지역 경제 활성화로 이어졌다. 창지투 프로젝트는 창춘長春 – 지린吉林 – 투먼圖們을 축으로 해 경제 개발 지구로 조성한다는 계획이다.

쑨정차이는 북한과 국경이 접해 있는 지린성에 근무하면서 북중 경협에 대한 경험도 쌓았는데, 이 역시 최고 지도자가 되기 위한 좋은 수업이 됐다는 관측이 나왔다.

현재까지는 쑨정차이가 후춘화와 마지막까지 경쟁을 벌이게 될 경우 총서기보다는 총리에 오를 것이라는 전망이 많다. 홍콩 사우스차이나모닝포스트는 2012년 9월 26일자에서 국립싱가포르대학의 전문가 말을 인용해 "쑨 서기는 리커창의 뒤를 이어 총리가 될 강력한 후보"라고 보도했다. 그의 업무 스타일이 실무형 관료형이라는 주변 평가도 그가 '총리감'이라는 분석에 힘을 실어주고 있다. 시진핑에 이어 태자당·상하이방 연합 세력에서 연속으로 최고 지도자가 나오는 것을 공청단파가 절대 용납하지 않을 것이라는 측면도 고려해야 한다.

하지만 아직 속단하기는 이르다. 시진핑보다 리커창이 먼저 주목을 받았지만 최고 지도자 자리에는 시진핑이 올랐다. 또 시진핑은 정치국 위원을 건너 뛰고 곧바로 공산당 중앙위원에서 정치국 상무위원으로 직행했다. 중국의 최고 지도자 자리는 예상을 벗어나기도 하고 예외도 있게 마련이다.

2장

공청단파

1 리커창 李克强 | Li Keqiang

직책 국무원 부총리
출생 1955년 안후이성 딩위안
학력 베이징대 법학과 학사, 베이징대 경제학 석·박사

주요 약력

1978~1982년	베이징대 법학과
1982~1983년	베이징대 공청단 서기
1983~1985년	공청단 중앙서기처 후보서기
1985~1993년	공청단 중앙서기처 서기
1993~1998년	공청단 중앙서기처 제1서기
1998~1999년	허난성 대리성장
1999~2002년	허난성 성장
2002~2004년	허난성 서기
2004~2007년	랴오닝성 서기
2007~2013년	국무원 상무부총리
2013년~	국무원 총리

리커창 총리가 지금의 자리에 오르기 전까지 그에게는 '리틀 후진타오胡錦濤'라는 말이 늘 따라붙었다. 고향이 후 전 주석과 같은 안후이安徽성이고 공산주의청년단공청단이라는 정치적 기반도 후 전 주석과 똑같다. 성실함과 '모범생' 이미지도 후 주석과 비슷하다는 평가가 많다. 리 총리는 정계에서 일찍부터 주목을 받았다. 그는 각종 '최연소' 기록을 갈아치우며 공직 사회에서 빠른 승진을 거듭, 최고의 엘리트 코스를 밟았다. 그는 명문 베이징대에 입학, 학부에서 법학을 공부했고 이후에는 경제학 석·박사 학위를 받았다. 경력으로 보면 뭐 하나 빠지는 게 없다.

하지만 그가 후진타오 전 주석에 못 미친 게 하나 있다. 일인자 자리에 오르지 못한 것이다. 총리직도 아무나 쉽게 오를 수 있는 자리가 아니다. 하지만 그가 일찌감치 중앙 정치 무대에서 활약하며 후 주석의 후계자로 거론됐음에도 경쟁 정파인 상하이방·태자당 연합 세력의 견제 속에 최고 지도자 자리를 시진핑習近平 주석에게 내주자 리 총리를 '비운의 황태자'라고 부르는 사람이 생겨났다.

문혁 시절 소년부터 청년까지

리커창은 1955년 7월 안후이성 딩위안定遠에서 태어났다. 리 총리의 출생지가 안후이성 평양鳳陽현이라는 말도 있고, 안후이성 허페이合肥시라는 중국 매체 보도도 있었다. 하지만 중국 정부는 리 총리가 태어난 곳을 딩위안이라고 밝히고 있다.

리커창의 아버지 리펑산李奉三은 평양현 현장을 지낸 지방 관리 출신이다. 시진핑 주석처럼 화려한 집안은 아니지만 리 총리도 평범한 서민 가정에서 태어난 것은 아닌 셈이다. 리펑산은 1950년 평양현 부현장으로 부임해 1951년 현장으로 임명됐다. 이후 안후이성 문예연합회에서 일했고 안후이성 벙부蚌埠시 중급법원 법원장으로 승진했다. 리펑산은 1975년부터 퇴직할 때까지 성위원회 문사文史판공실 주임실장을 지냈으며 1999년 세상을 떠났다. 리펑산은 아주 직설적인 사람이었던 것으로 전해진다. 리펑산의 옛 친구 리수룽李樹榮은 1953년 있었던 사건을 기억했다. 당시 전국적으로 '3반반부패·반낭비·반관료주의 운동'이 벌어졌는데 리펑산이 일하는 곳에서도 회의가 열렸다. 그런데 리펑산은 회의가 시작하고 나서 얼마 후 의자로 현위원회 서기를 때렸다. 현위원회 서기가 일부 사실이 아닌 것을 말하자 화가 나서 의자로 때렸다는 것이다. 리펑산은 파출소로 끌려갔는데 리수룽은 당시 자신이 파출소장과 아는 사이여서 사건을 겨우 넘겼다고 말했다.

리커창은 어릴 적 안정된 가정에서 비교적 좋은 교육을 받았다. 하지만 리커창이 11살 때였던 1966년 중국은 문화대혁명의 소용돌이에 휩쓸린다. 그가 안후이성의 명문인 허페이시 제8중학에 입학했을 때 학교는 이미 홍위병의 세상이었다. 수업이 제대로 이뤄질 리 없었다.

리커창의 부친 리펑산은 아들을 안후이성 문사관文史館에서 일하고 있던 학자 리청李誠에게 보냈다. 공청단 중앙에서 발행한 잡지인 '중화의 아들딸'에 따르면, 리커창은 지금의 자리에 오르기까지 여러 멘토를 만났다. 리청은 그중 리커창 인생에서 첫 번째 멘토였다. 리커창은 리청으로부터 매일 밤 9시부터 한 시간씩 5년간 수업을 받으며

'사기史記', '한서漢書', '후한서後漢書', '자치통감資治通鑑' 등 역사서와 '소명문선昭明文選', '고문사류찬古文辭類纂' 등 고문 선집選集을 익혔다. 리커창의 풍부한 인문학적 소양은 이때 형성됐다.

고등학교 졸업 후인 1974년 그는 평양현의 시골로 내려가 농촌 생활을 시작했다. "지식청년은 농촌으로 가 배우라"는 마오쩌둥毛澤東의 구호에 따른 것이었다. 리커창은 다먀오공사大廟公社 둥링東陵대대라는 이름의 생산대에 배치됐다. 도시에서 살았던 그에게 농촌에서의 생활은 낯설고 쉽지 않은 것이었다. 척박한 환경 탓에 온몸에 피부병이 생겼고, 육체노동으로 힘든 나날이 계속됐다.

하지만 농촌 생활은 리커창이 심신을 단련할 수 있는 기회였다. 그는 밤낮으로 논밭 일에 매달리는 동시에 틈틈이 자신이 갖고 있는 지식을 활용, 생산량을 높이기 위한 경작 방법을 연구해 이를 농민들에게 보급했다. 리커창은 현지 농민과 당 관계자들에게 좋은 평가를 받았다. 한편으로 리커창은 고된 일이 끝나고 숙소에 돌아온 이후 밤늦게까지 고향에서 갖고 온 책을 보며 공부를 소홀히 하지 않았다. 하방 생활 중에서도 책을 손에서 놓지 말라는 스승 리청의 말을 잊지 않은 것이다.

평양은 명나라를 세운 주원장朱元璋의 고향이기도 하다. '리커창이 황제의 고향에서 꿈을 키우기 시작했다'는 말이 나오는 것은 이 때문이다. 그는 하방 2년 만인 1976년 공산당에 입당했다. 리커창은 생산대에서의 성실한 활동을 인정받아 1976년 다먀오공사 다먀오대대의 당 지부 서기가 됐다. 말단이기는 하지만 공산당의 기층基層 조직을 책임지는 경험을 하게 된 것이다. 중국 관영매체는 리커창이 생산대 경험을 통해 농촌과 농민을 이해하는 지식 청년으로 성장했다고 적고 있다. 하지만 반중反中 인터넷 매체 둬웨이는 리커창이 평양현장을 지낸 아버지 덕분에 평양현에서 하방 생활을 하면서 공산당에 입당하고 다먀오대대의 당 지부 서기에 오를 수 있었다고 전했다.

1977년 그의 인생에서 전환점이 마련됐다. 문혁이 끝난 후 대입시험이 부활한 것이다. 리커창은 그해 12월 치러진 대입시험에 응시했다. 당시 전국에서 570만 명이 시험을 치렀다. 리커창의 제1지망은 안후이사범대학, 제2지망은 베이징대 법학과였다. 리커창은 전국의 수재들과 겨뤄 29대1의 경쟁률을 뚫고 베이징대 법학과에 합격했다. 1978년 리커창은 23세 나이로 베이징대에 입학했다. 법학과 정원은 81명에 6개 반이었는데 그는 가장 성적이 좋은 1반에 들어갔다. 리커창은 나중에 "안후이사범대학을 제1지망으로 한 것은 학비를 내지 않아도 되기 때문이었다. 하지만 베이징대에 너무 가고 싶어 2지망으로 베이징대를 썼는데 뜻밖에 합격이 됐다"고 밝힌 바 있다.

베이징대 시절

중국 공산당의 자료와 관영 매체에 비친 리커창의 대학 시절은 학업에 매진하고 촉망받던 인재人才의 모습 그대로였다. 그의 대학 동창들이 묘사한 리커창 모습도 크게 다르지 않았다. 그는 열심히 공부하는 모범생이었다.

리커창이 정계로 나가지 않았다면 체제에 비판적인 지식인이 돼 있을지도 모른다고 말하는 사람들도 있다. 베이징대 시절 그는 학생회 활동에 적극적이었는데, 말 잘하고 리더십 있는 명사로 이름을 날리며 학생회 주석을 지냈다. 리커창의 대학 동기생 중에는 반체제 인사들이 많다. 리커창은 그런 인사들과 친하게 지냈다.

그는 베이징대에 입학한 이후 학업 분야에서 다양한 성과를 냈다. 학부 시절 그가 쓴 '법치 제도와 사회 시스템, 정보·통제'라는 제목의 논문은 베이징대에서 우수 논문으로 선정됐고 그가 번역한 해외 법률서적은 널리 읽히는 참고 서적이 됐다. 그는 학부를 졸업하고 공직에 입문한 이후 대학원을 다녔는데, 1991년 발표한 논문 '중국 경제의 3원 구조'는 중국 경제학계 최고상인 '쑨예팡孫冶方경제과학상'을 받았고 1995년에는 베이징대 경제학 박사 학위를 받았다.

리커창은 대학 시절 베이징대에서 내로라하는 석학의 애제자가 됐다. 리커창은 베이징대 법대 입학 이후 인생에서 두 번째 멘토인 헌법·행정법의 대가 베이징대 법학과 궁샹루이龔祥瑞 교수를 만났다. 문혁 시기 법치를 경험하지 못했던 리커창은 동서양의 헌법을 꿰뚫고 있던 궁 교수의 가르침에 매료됐다. 궁 교수도 총명하고 부지런한 리커창을 총애했다. 리커창은 궁 교수의 지도 아래 영국의 법학자 알프레드 데닝의 『정당한 법의 절차』를 번역했다. 리커창이 번역한 이 책은 법학과 참고 교재로 활용됐다.

언어 분야의 대가 지셴린季羨林 베이징대 교수도 리커창의 멘토였다. 리커창이 『정당한 법의 절차』를 번역할 때 이 책에는 이해하기 어렵고 번역하기도 힘든 고어古語가 꽤 있었다. 단어 하나가 막혀 고민하고 있을 때였다. 그는 교외校外 회의에 참가하기 위해 시위안西苑 호텔에 머물렀는데 마침 지 교수가 같은 호텔에 투숙하고 있었다. 리커창은 지 교수에게 그 단어에 대해 물어봤다. 그러자 지 교수는 즉석에서 대답을 하면서 "일단 이렇게 해두지"라고 말했다. 하지만 리커창은 "일단"이라고 말한 지 교수의 뜻을 이해하지 못했다. 그날 어디론가 간 지셴린 교수는 다음 날이 돼서야 호텔로 돌아와서는 리커창을 부르더니 그가 물어본 단어의 유래와 다양한 의미를 자세히 설명했다. 리커창은 훗날 이때 일을 떠올리며 "지 교수님께서 내가 여쭤본 단어 때문에 일부러 학교에 다녀오셨을 것이라고는 감히 생각하지 않는다. 하지만 교수님께서 그날 밤 그 단어를 찾아보셨을 것이라고 확신한다. 교수님의 모습을 보면서 '진리를 사랑한다'는 게 어떤 의미인지를 마음속에 새기게 됐다"고 말했다.

리커창은 대학원 시절 경제학 분야에서 두 명의 멘토를 만났다. 샤오뤄지蕭灼基 교수와 리이닝歷以寧 교수다. 학부에서 법학을 전공한 리커창은 대학원에서 경제학으로 방향을 바꿨다. 문혁 때 농촌 생활 경험을 한 그는 특히 농촌경제에 많은 관심을 가졌다. 그는 1988년 "농촌공업화 : 구조전환 과정에서의 선택"이라는 제목으로 석사 학위 논문을 썼다. 샤오뤄지 교수가 지도교수였다. 1995년 경제학 박사 학위를 받기 위해 논문을 쓸 때에는 리이닝 교수의 지도를 받았다. 리커창은 샤오뤄지·리이닝 두 경제학자를 통해 경제학적 지식을 갖추게 된 것이다.

하지만 리커창은 이 같은 '모범생' 이미지와 다른 면모도 보여줬다.

그는 대학 시절 학생회 활동에 열성적이었던 것으로 알려져 있다. 문혁이 끝난 이후 실시된 대입시험을 통해 입학한 학생들이 캠퍼스에서 정권을 비판하는 목소리를 내는 게 어찌 보면 당연했다. 리커창의 베이징대 동기생 중에는 1989년 톈안먼天安門 사태 이후 중국을 떠나 반체제 인사가 된 왕쥔타오王軍濤를 비롯해 미국으로 망명한 작가 후펑胡平, 공직에 있다가 정부의 톈안먼 사태 진압 방식에 불만을 품고 자리에서 물러난 후 미국으로 유학을 간 장웨이張煒 등 반체제 인사가 유독 많다. 대학 시절 리커창은 학생회에서 활동하며 이들과 친분을 갖고 지냈다. 베이징대 학생회 주석도 지냈다. 당시 '문과엔 리커창, 이과엔 왕쥔타오', '베이징대 2걸은 리커창과 장웨이'라는 말이 있었다고 한다. 리커창이 대학 시절 분석적이고 통찰력이 뛰어나며 언행이 신중했다고 그의 대학 동창들은 기억했다.

하지만 반체제 인사로 외국에서 활동하는 리커창의 대학 동기들이 전하는 리커창의 모습은 현재 그의 모습과 조금 다르다. 왕쥔타오는 베이징대 시절 리커창에 대해 "대학 때 리커창은 관료적 풍토를 무척 싫어했다. 리커창이 공산당 간부로 있다는 게 놀랍다"고 말했다. 왕쥔타오는 "리커창이, 나는 베이징대학의 정신과 기개를 중요하게 여긴다. 만약 내가 훗날 관리가 돼 하늘의 도리와 양심을 거스르는 잘못을 한다면 학우 여러분이 나를 비판해 달라고 했다"고 회고했다. 톈안먼 사태가 발생하기 전 학생들이 광장에서 단식을 시작했을 때 왕쥔타오는 당시 공청단 중앙서기처 서기였던 리커창을 만났다. 왕쥔타오는 당시의 리커창에 대해 "사상은 여전히 과거와 같이 날카로웠다"고 평가했지만 "그는 관직에 나간 이후 세상사에 물들었다"고 말했다. 리커창의 대학 동창 중에서는 리커창이 학생들 사이에 알려졌기는 했지만, 인재들로 넘쳐난 베이징대에서 크게 주목받지 못했다고 말하는 사람들도 있다.

어느 순간부터 중국 매체에서 리 총리의 이 같은 학생회 활동 내용은 찾기 어렵게 됐다. 중국 공산당이 공개한 리 총리 이력에 그가 베이징대 학생회 주석을 역임했다는 기록이 한 줄 있지만 그게 전부다. 리 총리가 차기 지도자 후보군에 포함된 이후 그의 구체적인 학생회 활동 내역은 중국 매체에서 자취를 감췄다. 대표적인 반체제 인사의 이름이 거론될 수 있는 그의 학생회 활동상이 리커창 본인은 물론 중국 정부에도 부담이 될 수 있다는 중국 공산당의 판단 때문이라는 관측이 나온다.

리커창이 대학생 시절 왕쥔타오를 비롯한 대표적인 반체제 인사와 교류했던 과거가 리커창에게 감점 요인이 됐다는 분석이 나오기도 했다. 하지만 리커창이 학부 졸업 이후 공산당 노선을 충실히 따랐고, 톈안먼 사태의 주역인 반체제 인사와 거리를 둬 왔다는 점에서 이 같은 분석은 설득력이 떨어진다는 지적이 많다.

정치의 길

1982년 베이징대에서 27명의 우수 졸업생이 선정됐는데 리커창도 그 안에 포함됐다. 리커창은 우수 졸업생으로 졸업할 때만 해도 미국으로 유학을 갈 생각이었다. 그런 리커창을 베이징대 당부서기 마스장馬石江이 붙잡았다. 리커창을 눈여겨본 마스장은 "중국에 남아 국가에 공헌하라. 학교에 소속된 공청단원을 지도하라"며 10여 차례나 그를 설득했다. 리커창은 유학의 꿈을 접고 베이징대 공청단 서기를 맡았다. 이때부터 그의 정치적 역정이 본격적으로 시작됐다. 반체제 인사가 된 학생회 동기들과 정반대의 길을 걷게 된 것이다. 리커창과 공청단의 관계가 시작된 것도 이때부터다.

리커창은 베이징대 공청단 서기로 일하던 중 또다른 멘토를 만난다. 당시 당 중앙조직부 부부장이었던 왕자오화王照華다. 1982년 베이징시 공청단 지부는 전국 공청단 대회에 참석할 대표를 뽑았다. 리커창도 후보에 올라 있었다. 하지만 뜻밖에도 그는 낙선했다. 그가 낙선한 이유는 정확하게 알려지지 않았지만 자기 의견이 뚜렷하고 사사건건 시비를 가리는 리커창을 베이징시 지부 고위 인사들이 좋게 보지 않았기 때문이라는 말이 있다. 그런 리커창을 왕자오화 부부장이 구했다. 왕 부부장이 개입해 리커창을 전국 공청단 대회 대표로 뽑은 것이다. 1982년 12월 20일 베이징에서 열린 공청딘 제11차 진국대표대회에서 17명으로 구성된 상무위원회가 구성됐다. 왕자오궈王兆國가 공청단 중앙서기처 제1서기를 맡았고 후진타오가 공청단 중앙서기처 상무서기, 리커창은 공청단 중앙상무위원이 됐다. 리커창이 그의 정치적 후원자인 후진타오를 만난 것은 바로 이때다.

리커창은 공청단 중앙 무대에 진출한 이후 공청단을 발판으로 승승장구했다. 학생 지도자에서 청년 관료로 변신해갔다. 1983년 리커창은 공청단 중앙서기처 후보서기로 선출됐고, 1985년에는 공청단 중앙서기처 서기로 승진했다. 1993년에는 최연소38세로 장관급인 공청단 제1서기에 임명됐다. 공청단 제1서기는 공청단 세력의 구심점이 된 후진타오가 거쳤던 자리다. 리커창은 1998년 허난河南성장으로 자리를 옮기기 전까지 공청단 제1서기를 맡았다.

리커창은 대학 시절 시작한 공청단 활동 경력이 16년이나 돼 내부 기반과 인맥이 후 주석 못지않다는 평을 듣는다. 그의 장인 청진루이程金瑞는 공청단에서 10년 이상 근무한 경력이 있다. 청진루이는 1953년 허난성의 성도省都 정저우시의 공청단 위원회 서기로 선출됐고 1957년에는 63명의 후보 중앙위원 중 서열 33위에 올랐다. 1959년에는 허난성 제4차 공청단 대표대회에서 성위원회 부서기로 선출됐고 이듬해 허난성 청년연합회 주석에 뽑혔다. 청진루이는 1963년 허난성 제5차 공청단 대표대회에서 다시 한 번 공청단 부서기까지 올랐다. 이는 그가 공청단에서 역임한 최고 직위로, 이후 공청단에서의 경력은 부진했다. 그렇기는 하지만 공청단 관계자들과 인맥은 계속 유지했다. 왕자오화가 리커창의 멘토가 된 배경에 바로 리커창의 장인인 청진루이가 있다는 얘기가 전해지고 있다. 이에 따르면 청진루이와 왕자오화는 문화대혁명 이전부터 잘 알고 지내던 사이였다. 청진루이가 허난성 공청단 부서기로 있던 시절 그는 허난성 청년연합회 주석을 겸직하고 있었는데, 당시 왕자오화는 공청단 중앙서기처 서기 겸 전국청년연합회 주석이었다. 청진루이와 왕자오화는 자연스럽게 왕래가 잦았다. 청진루이는 자신의 딸이 리커창과 연애를 하기 시작한 이후 왕자오화에게 리커창을 잘 봐달라고 부탁한 것으로 전해졌다. 리커창이 베이징시 공청단 지부에서 진행된 선거에서 떨어져 전국 공청단 대회에 참석하지 못하게 됐을 때 당 조직부 부부장인 왕자오화가 직접 개입한 것은 왕자오화가 단지 리커창의 능력을 높게 샀기 때문만이 아니라 리커창 장인과의 관계가 작용했기 때문이라는 얘기인데, 설득력이 있다.

리커창이 1982년 미국 유학을 포기하고 공청단에 들어가기로 했다는 소식이 전해졌을 때 그를 알고 지냈던 베이징대 학생들 중 상당수는 이 선택을 의아하게 받아들였다. 하지만 리커창이 정치적 야심을 품고 있었기 때문에 그의 공청단행行이 크게 이상할 것이 없다는 시각도 많았다. 반체제 인사로, 미국으로 망명한 리커창의 대학 친구 팡쮜方覺는 "리커창이 정치적 야심을 갖고 있었다"고 말했다.

리커창이 학부를 졸업했을 당시 후야오방胡耀邦 총서기 등 공청단 출신이 정계에서 크게 활약하고 있었다. 공청단 입단은 정치적으로 성장할 수 있는 지름길이었던 셈이다. 리커창이 베이징대 공청단 서기였을 때 완리萬里, 후치리胡啓立, 리루이환李瑞環 등 당시 정계 거물들은 앞다퉈 테니스를 즐겼다. 리커창도 즉각 테니스에 입문했는데 이는 다름 아닌 그의 정치적 야심을 보여주는 사례라는 지적이 나온다.

팡쮜는 리커창이 공청단에 가입한 이후 정권 쪽 입장으로 빠르게 전환했다고 지적했다. 톈안먼 사태가 발생한 1989년 리커창은 공청단 중앙서기처 서기 겸 전국청년연합회 부주석으로 있었다. 베이징대 학부 시절 학생회 활동의 핵심이었던 그는 이제 학생 운동에 대처해야 하는 위치에 올라 있었다. 톈안먼 사태가 터지기 전부터 리커창은 여러 차례 학생 지도부에 학교로 돌아갈 것을 권고했다. 그러면서 그는 학생 지도부와 대화하려는 자오쯔양趙紫陽 총서기를 비판했다. 그는 당 고위층 보수파의 입장을 지지했다. 시위를 무력으로 진압하려는 덩샤오핑, 양상쿤楊尙昆, 리펑李鵬과 같은 입장에 섰다. 당시 공청단에서 리커창보다 서열이 높았던 류옌둥劉延東과 리위안차오李源潮의 경우 학생들 시위에 강경하게 대응하지 않았다는 비판을 받았고, 이후 한동안 한직을 전전해야 했다. 하지만 리커창은 톈안먼 사태 때 당의 방침을 적극 따랐던 점을 인정받았다. 톈안먼 사태를 계기로 리커창은 공청단 선배들을 제치고 앞서나가기 시작했다.

지방 경험

리커창은 중앙 정치 무대에서 일찍부터 조명을 받았다. 그의 경력에는 '최연소'라는 수식어가 숱하게 붙는다. 38세에 장관급인 공청단 제1서기, 43세에 허난성 성장에 발탁됐다. 그는 중국 최초의 '박사 서기'이기도 하다.

리커창은 공청단에 근무하는 동안 적지 않은 업적을 남겼다. 돈이 없어 배우지 못하는 빈곤 지역 학생들을 돕는 희망공정希望工程 사업이 대표적이다. 희망공정은 1990년대 중국에서 폭발적인 관심을 불러일으키며 사회적으로 큰 영향력을 발휘한 공익사업으로 자리매김했다. 희망공정은 빈곤 지역에 9000개의 학교를 지어 230만 학생들에게 도움을 줬다.

공청단에서 경력을 쌓은 리커창은 1998년 인구가 1억 명에 가까운 허난성의 최연소 성장으로 취임했는데 이는 리커창에게 지방 행정경험을 쌓게 해 '황태자'로 키우려는 후진타오의 배려 때문이었다. 리커창은 1983년 중앙서기처 후보서기에 선출돼 2년 5개월간 후 주석과 한 사무실에서 일했으며, 이후 공청단 제1서기로 있던 5년^{1993~1998년}간 당시 공산당 중앙서기처 서기이던 후진타오에게 직접 보고를 하며 깊은 신뢰를 쌓았다. 후진타오는 리커창의 명석함과 성실함, 온화한 성격, 친화력을 높이 샀다. 리커창은 농업 중심지인 허난성에 이어 2004~2007년 공업중심지인 랴오닝遼寧성 서기까지 맡아 농업과 공업 행정을 두루 경험했다.

허난성 성장에 부임할 때까지만 해도 리커창의 앞날은 거침이 없어 보였다. 그는 자본과 인재를 유치해 낙후한 농업지대인 허난성의 경제를 일으켜 세운 공로를 인정받았다. 리커창은 허난성장 시절 31개 성·시·자치구 가운데 28위^{1990년대 초 기준}였던 1인당 소득을 18위^{2004년}로 끌어올렸다. 1998년 4,643위안이던 1인당 GDP는 2004년 9,470위안으로 6년 만에 2배로 늘었다. 그가 주장한 '중원굴기中原崛起·중부권 발전론'는 중앙정부가 채택해 적극 추진할 정도로 호평을 받았다.

하지만 그가 허난성에 부임한 이후부터 각종 초대형 악재가 줄을 잇자 "운이 따르지 않는다"는 평이 나왔다. 2000년 3월 29일 자오쭤焦作시의 한 영화관에서 불이 나 74명이 사망했다. 이는 리커창에 있어 불운의 시작에 불과했다. 그해 12월25일 뤄양洛陽의 나이트클럽에서 대형 화재가 발생해 309명이 숨졌다. 장쩌민江澤民 당시 총서기가 사고 처리에 최선을 다하라고 지시하고 중앙 정부에서 사고 대책

반을 파견해 대응할 만큼 큰 사건이었다. 당 중앙에서는 사고 원인을 신속히 규명해 책임자를 엄중 문책하라고 지시했다. 하지만 리커창에게는 책임을 묻지 않았다.

그가 2004년 말 허난성을 떠나기 전까지도 사고가 끊이지 않았다. 2004년 10월20일 다핑大平탄광에서 가스 폭발 사고가 나 148명이 사망했으며 그해 11월11일에는 진샹項上현의 탄광에서 가스 폭발 사고가 나 33명이 숨졌다.

허난성의 에이즈 창궐도 리커창의 이력에 오점으로 남아 있다. 리커창이 허난성에 재임하던 시기 허난성 주민 수십만명이 에이즈에 감염된 사실이 알려지면서 사회적으로 큰 문제가 됐다. 사실 주민들의 에이즈 감염은 리커창의 전임자였던 리장춘李長春 때 이미 시작됐다. 허난성 주민 중에는 돈을 벌기 위해 매혈賣血을 하는 사람들이 많았다. 반중反中 인터넷 매체 뒤웨이에 따르면, 리창춘이 서기로 있을 때 허난성 위생청은 혈액센터를 설립했다. 일부 공무원 가족이 혈액센터를 통해 돈을 벌기도 했다. 혈액 가운데 주로 혈장이 경제성이 있어 혈액센터는 원심분리기로 혈장을 분리해 남겨두고 나머지 혈액은 주민에게 다시 주사했다. 이 같은 채혈 방식을 통해 에이즈가 급속도로 확산됐다. 수십만 명의 허난성 주민들이 에이즈 바이러스에 감염됐다. 하지만 언론 통제로 이 사실은 외부로 널리 알려지지 않았다.

그런데 리커창이 허난성장에 부임한 이후 허난성 주민들의 집단 에이즈 감염 사실이 외부로 알려졌다. '중국 에이즈의 대모'로 불리는 가오야제高耀杰 허난의과대학 교수가 허난성의 에이즈 실태를 폭로

한 것이다. 해외에서도 허난성의 에이즈 문제를 주목할 정도로 사태는 심각했다. 에이즈 문제가 수면 위로 떠오르면서 리커창이 책임을 뒤집어쓰는 상황에 처한 것이다. 하지만 리커창은 에이즈 문제에 적극적으로 대처하지 않았다. 허난성은 가오야제 교수의 활동을 방해하고 외부에 진실을 말하는 에이즈 환자를 감시했다. 리커창은 에이즈 문제에 소극적으로 대처해 결과적으로 에이즈의 확산을 막지 못했으며 정치적 책임에서 자유롭지 못하다는 지적을 받았다.

해외에서 중국의 에이즈 문제를 계속 제기하자 중앙 정부도 더 이상 문제를 덮어둘 수만은 없었다. 에이즈 사태로 성 정부와 자신에 대한 신뢰가 땅에 떨어진 상황에서 리커창도 손을 쓸 수밖에 없었다. 2004년 초 리커창은 성의 유관 기관 간부와 의료진을 모아 팀을 구성해 본격적인 대책 마련에 나섰다. 고위 간부가 에이즈 환자가 많은 지역에 상주하다시피 하며 관리하자 전염 사태가 진정 국면에 들어갔다.

대형 사건·사고가 쏟아졌지만 중앙 정부에서는 리커창을 추궁하지 않았고 그는 아무런 정치적 책임을 지지 않았다. 허난성에서 일어난 각종 사건·사고가 모두 리커창의 책임이라고 할 수 없기는 했다. 그렇기는 해도 이들 문제가 리커창은 물론 그를 후원하는 후진타오 입장에서도 정치적 부담이 될 수 있었다. 하지만 후진타오는 오히려 리커창을 2004년 랴오닝성 당서기로 임명했다. 후진타오는 취임 초기에 동북 발전 전략을 제시하며 이 지역에 관심을 기울이고 있었다. 리커창 입장에서는 허난성보다는 여건이 낫다고 할 수 있었다. 후진타오가 리커창을 랴오닝성 서기에 임명한 것은 리커창이 이 지역을 발전시켜 중앙 무대로 진출하는 발판으로 삼을 수 있게 기회를 준 것이다.

당시 랴오닝성은 낙후된 중화학공업 지역으로 개혁·개방 이후 새로운 성장동력을 찾지 못한 채 쇠퇴의 길을 걷고 있었다. 낙후된 시설에 생산성은 떨어졌고, 국유 기업에 대한 구조조정이 진행되면서 실업자들이 거리에 넘쳐났다. 리커창은 랴오닝성 서기에 부임한 이후 국유상업은행의 돈을 끌어들여 빈민촌 재개발사업에 착수, 2년 만에 120만 명에게 새집을 지어줬다. 후진타오가 랴오닝의 재개발촌을 방문, 리커창을 격려하며 그에게 힘을 실어주기도 했다. 국유기업 개혁으로 실직한 노동자들의 취업문제도 해결했다. 그는 후진타오와 원자바오가 역점을 둔 '동북진흥계획振興東北'을 성실히 이행했다. 그는 동북 진흥과 국유기업 개혁이라는 과제를 동시에 안고 있던 랴오닝성의 경제성장률을 13년 만에 최고치로 끌어올리며 중앙 무대로 진출하는 발판을 닦았다.

하지만 랴오닝에서도 불운이 리커창을 따라다녔다. 그가 2004년 12월 랴오닝성 서기에 취임한 지 얼마 안 된 2005년 2월 14일 푸신阜新 지역 탄광에서 대형 가스 폭발 사고가 발생해 214명이 숨졌다. 랴오닝성에서의 근무는 허난성 재직 시절 각종 재난으로 얼룩진 이미지를 씻을 수 있는 기회였는데 부임하자마자 대형 사고가 터진 것이다. 2007년 푸순撫順의 탄광 사고로 29명이 사망하고 번시本溪의 노래방 폭발 사고로 25명이 사망하는 등 사고가 계속됐다. 이들 사고는 리커창 때문에 생긴 것은 아니라고 할 수 있지만 리커창도 관리 책임 차원에서 완전히 자유로울 수 없으며 경우에 따라서는 그의 행정 능력을 문제 삼을 수도 있는 사안이었다. 그의 정치 이력에 흠이 될 수 있는 문제였다. '그는 장점이 많지만, 최대 단점은 바로 행운이 따르지 않는다는 점'이라는 말까지 나올 만큼 그는 대형 사건·사고를 많이 겪었다. 하지만 리커창의 정치적 입지는 큰 타격을 받지 않았다. 오히려 차세대 지도자 후보인 그에게 "위기에 잘 대처한다"는 평가가 내려졌다.

황태자에서 이인자로

2007년 9월 초까지만 해도 홍콩 언론은 리커창을 '추쥔儲君·황태자'이라고 불렀다. 그가 10월에 열리는 17차 당 대회에서 후진타오의 뒤를 이을 차세대 리더로 자리매김할 것으로 예상했기 때문이다. 하지만 17차 당 대회에서 시진핑이 9명의 정치국 상무위원 중 서열 6위에 오른 데 반해 리커창은 그보다 한 단계 낮은 7위에 머물렀다.

그가 후계 경쟁에서 밀린 이유는 무엇보다 당내 구도가 불리했기 때문으로 분석됐다. 특히 후진타오의 총애가 오히려 감점 요인으로 작용했다. 리커창이 비非공청단 세력의 집중 견제를 받았기 때문이다. 리커창은 공청단파 색채가 너무 짙었다. 비非공청단 세력은 공청단파인 후진타오에 이어 같은 계파에서 연속으로 최고 지도자가 나오는 것은 용납할 수 없다는 입장이었다. 결국 장쩌민 전 주석 계열이 미는 시진핑이 부주석에 임명되며 차기 최고지도자 후보가 됐고 리커창은 총리 후보로 떨어졌다. 리커창은 2008년 3월 전국인민대표대회에서 국무원 상무 부총리에 임명됐다.

리커창은 부총리직 수행 성취도에 따라 2012년 제18차 공산당 전국대표대회에서 시진핑을 제치고 '역전'을 노려볼 수도 있었다는 게 전문가들의 관측이었다. 신新 중국 건국 이후 린바오林彪·화궈펑華國鋒 등 차기 최고 지도자로 낙점된 인사가 정치적 갈등 구도 속에 권력을 장악하지 못한 사례가 있다.

하지만 리커창은 부총리에 임명된 이후 기대만큼의 성과를 내지 못했다는 지적을 많이 받았다. 그가 부총리를 맡은 이후 처음 손 댄 것은 국무원 체제 개편 작업이었다. 중국의 행정부인 국무원은 조직이 너무 비대하고 효율적이지 못하다는 비판을 받았는데 리커창의 당초 목표는 28개 장관급 부처 체제의 기존 조직을 20개 안팎으로 줄이는 것이었다. 하지만 28개였던 부처 수를 1개 줄이는 데 그쳤다. 일부 변동 폭이 큰 개편 내용도 있었지만 대부분 부처 간 직능職能을 조정하는 것에 그쳤을 뿐 실질적인 내용은 건드리지 못했다. 자신들의 이익을 놓치지 않으려는 관료 집단과 권력층, 이익집단이 거세게 반발했고 각 정치 세력이 여기에 개입했다. 국무원 체제 개편이 당초 목표대로 진행되지 못한 책임을 리커창에게 모두 돌릴 수는 없지만 어쨌거나 그는 첫 번째 추진한 개혁 작업을 완수하지 못하면서 힘의 한계를 보여줬다는 평가를 받아야 했다. 그가 총리로 선출된 이후 발표된 국무원 개편에서는 기존 27개 부처가 25개로 줄었다. 정부의 방만한 조직을 대폭 줄여야 한다는 목소리가 컸던 것에 비하면 조직 개편의 수위가 그다지 높지 않았다는 평가가 나왔다.

중국 정부는 2009년 의료 개혁에 나섰다. 농촌까지 공공 의료 체계를 구축해 국민 대부분이 의료 혜택을 받을 수 있게 하자는 취지였다. 2009년부터 3년 동안 8,500억 위안을 투입하는 대형 프로젝트였다. 리커창이 의료 개혁의 책임을 맡았다. 하지만 결과는 시원치 않았다. 막대한 돈을 투입했지만 들인 비용만큼 의료 서비스의 질적 향상을 가져오지는 못했다. 병원은 부족했고 사회주의 시절 잔재로 의사에 대한 처우가 상대적으로 높지 않아 의사 수도 충분하지 않았다. 의료 기관마다 최첨단 장비를 들여놓았지만 이를 활용할 수 있는 의사들은 많지 않았다. 장비만 들여놓았지 이를 활용할 의료진에 대한 훈련은 제대로 진행되지 않았던 것이다. 농촌에 병원이 하나둘 들어섰지만, 의료진은 열악한 환경의 농촌에 가는 것을 꺼렸다.

2009년 말 리커창은 주택 가격 폭등을 잡으라는 지시를 받고 원자바오가 주재하는 거시경제조정 권한을 넘겨받아 대책 마련에 나섰다. 당시 집값 상승은 사회적으로 큰 문제였다. 중국 정부가 2008년 글로벌 금융 위기에 대처하기 위해 국내에 돈을 푸는 과정에서 부동산이 과열됐다. 리커창은 2010년 들어 부동산 가격 억제책을 차례로 내놓았다. 두 채 이상의 주택을 구입할 경우 계약금과 대출 비율을 엄격히 통제하고 국유 대기업의 부동산 투자 행위를 규제한다는 등 내용이었다. 하지만 집값은 잡히지 않았다. 부동산으로 돈을 벌고 있는 지방 정부들이 부동산 가격을 억제하는 정책에 적극 나서지 않았다. 그해 2월 리커창은 한 단계 수위를 높여 대응책을 발표했다. 두 번째 주택을 구입할 경우 대출 비율을 50% 밑으로 낮추고 대출 금리는 기준금리의 1.1배로 정한다는 규정을 마련했고 부동산 개발기업이 토지를 구입하고자 융자를 받을 경우 감독 관리를 강화했다. 주택가격의 상승 속도가 지나치게 빠른 일부 도시에서는 세 채 이상 주택 구입을 위한 대출을 일시 정지시키기도 했다. 부동산 가격 상승 속도가 늦춰지는 듯했다. 하지만 중국의 부동산 가격은 오름세로 돌아섰다. 대량의 핫머니가 부동산에 유입된 상황에서 부동산 거품이 쉽게 걷히지 않은 것이다.

한때 베이징 정가에서는 세계 금융위기 과정에서 뛰어난 위기관리 능력을 선보인 왕치산 부총리에도 밀려 리커창이 차기 총리 자리마저 위태롭다는 분석이 나오기도 했다. 리커창이 경제학 박사 학위가 있지만 중국 경제를 총괄하기에는 실무 경험이 부족한 게 아니냐는 지적이 있던 터였다. 주룽지 전 총리가 경제통인 왕치산 부총리를 총리 후보로 적극 민 것으로 알려지면서 리커창이 총리 대신 전인대 위원장을 맡게 될 수도 있다는 관측이 제기됐다.

하지만 리커창은 부동산, 물가, 빈부격차, 경제 구조조정 문제 등 사회·경제 정책을 총괄하고 민생을 적극 챙기는 한편 대외적으로 활발한 행보를 보이며 차기 총리 자리를 굳혔다. 그는 상무 부총리로서 글로벌 금융위기와 유럽 채무위기 등 세계적 경제위기를 헤쳐왔으며 2011년부터는 서민들의 주거안정을 위해 1,000만 채의 서민용 저가주택을 공급하는 정책을 진두지휘했다. 공청단파로서도 총리 자리가지는 내줄 수 없는 상황이었던 만큼 전폭적으로 리커창을 지원하고 나섰다. 리커창은 2012년 11월 공산당 대회에서 서열 2위에 올랐고 2013년 3월 전국인민대표대회 표결을 거쳐 총리에 임명됐다.

리커창의 성향

시진핑 주석이 온화하고 안정지향적 이미지가 강한 반면 리 부총리는 성격이 호탕하고 개혁을 중시하는 성향이어서 두 사람이 서로 다른 점을 보완해 가면서 국가를 이끌어가기에 적합하다는 분석이 나온다.

하지만 두 사람의 성향이 서로 달라 갈등을 빚을 수 있다는 전망도 만만치 않다. 시진핑태자당과 리커창공청단은 정치적 기반이 다를 뿐 아니라 시진핑이 성장을 추구하고 친기업적인 성향인 반면 리커창은 분배와 균형, 가난한 노동자와 농민을 중시하는 성향으로 대조적인 노선을 보여왔다. 시진핑과 리커창은 여러모로 공통점을 찾아보기 어렵다. 시진핑은 부친의 후광으로 폭넓은 인맥을 쌓았지만, 리커창은 자신의 힘으로 지금의 자리까지 올라왔다. 시진핑은 칭화대, 리커창은 베이징대 출신으로, 출신 대학까지 라이벌 관계다.

리커창 총리의 부인은 베이징 수도경제무역대 영문과 청훙程虹 교수다. 시진핑의 부인 펑리위안 여사에 비하면 대중들에게 많이 알려지지 않았다. 청 교수는 공개적인 장소에서 리커창과 함께 다닌 적이 없다. 카메라 앞에 나서지도 않았다. 청 교수는 리커창 총리가 2007년 정치국 상무위원을 맡은 이후에는 강단에 서지 않고 연구만 진행한다. 학교 측은 여러 번 청 교수에게 보직을 주려고 했지만, 그는 이를 거절했다. 그는 학교에서 두 차례 '10대 인기 교수'에 뽑혔다.

청 교수는 리 총리보다 두 살 아래다. 허난성 정저우鄭州 출생이다. 문화대혁명 때 허난성 자郟현에서 농촌 생활을 했다. 문혁이 끝나고 1977년 뤄양洛陽 외국어학원에서 영어를 공부했다. 이어 칭화淸華대에서 공부했고, 미국의 자연주의 문학을 연구해 중국 사회과학원에서 2000년 박사학위를 받았다.

리커창과 청 교수는 1983년 지인의 소개로 만나 결혼했다. 리커창이 베이징대 공청단 서기를 맡고 있을 때였다. 리커창은 영어로 외국 지도자와 대화를 나눌 수 있는 몇 안 되는 중국 지도자인데, 리커창이 상당한 영어 실력을 갖춘 배경에는 부인의 도움이 있었다는 얘기가 나온다. 둘 사이에는 외동딸이 있다.

리커창 총리의 친가나 처가 친척 들은 대개 지방 행정 관료를 지냈다. 하지만 그에게는 가족이나 친지와 관련해 이렇다할 구설이 없다. 최고지도자를 목표로 하면서 친인척 관리를 깔끔하게 했기 때문인 것으로 보인다.

리커창의 아버지 리펑산은 두 번 결혼했다. 첫 번째 부인과 사이에서 난 아들 리커핑李克平은 안후이성 발전계획위원회 부주임을 지냈다. 그가 첫 번째 부인과 왜 헤어졌는지는 알려지지 않았다. 두 번째 결혼에서 그는 장녀인 리샤오칭李曉晴, 리커창, 차남 리커밍李克明 2남 1녀를 낳았다. 리커창의 누나 리샤오칭李曉晴은 안후이성의 중간 간부를 지냈으며 남동생 리커밍李克明은 중국연초전매국 부국장을 맡았다. 장인은 2014년 초 현재 국무원 빈민구제판공실 고문 직함을 갖고 있다. 장모 류이칭劉益淸은 신화사 허난 분사 기자 출신이다. 1980년 중국 관영 신화통신은 '반월담半月談'이라는 잡지를 창간했으며 몇 년 동안 전국에서 나온 시사 잡지 가운데 최대 발행량을 기록하기도 했는데, 류이칭은 이 잡지 편집장을 지냈다. 류이칭은 은퇴한 후 중국빈민구제개발협회 상무이사로 활동했다.

2 류윈산 劉雲山 | Liu Yunshan

직책 선전 담당 상무위원, 중앙당교 교장
출생 1947년 7월 네이멍구 투모터요우기旗
학력 중앙당교

주요 약력

1969~1975년	투모터요우기 선전부
1975~1982년	신화사 네이멍구 지사 기자
1982~1984년	공청단 네이멍구자치구 위원회 부서기
1984~1986년	네이멍구 자치구 선전부 부부장
1986~1987년	네이멍구 자치구 선전부 부장
1987~1991년	네이멍구 자치구 비서장
1991~1993년	네이멍구 자치구 츠펑시 서기
1993~2002년	중앙선전부 부부장
2002~2012년	중앙선전부 부장
2012년~	선전 담당 상무위원

류윈산劉雲山 중국 공산당 정치국 상무위원은 1993년부터 당 중앙선전부에서 근무한 '선전의 달인'이다. 중앙선전부 부장만 10년을 지냈다. 그런 그에게 따라붙는 말은 부정적인 어감인 게 많다.

그가 하는 일이 독일 히틀러 시대의 선전 책임자 괴벨스Paul Joseph Goebbels, 1897.10.29~1945.5.1를 연상시킨다고 해서 중국의 반체제 인사와 해외 언론은 류윈산에게 '중국의 괴벨스'라는 별명을 붙여줬다. 그는 신문·방송·서적·영화·인터넷 등 중국 내 모든 미디어와 사상 분야를 통제하며 막강한 권한을 행사하는데 이 때문에 류윈산을 '이데올로기 차르'라고 부르기도 한다. 중국 지식인들이 2010년 공산당 중앙선전부를 두고 언론 자유를 억압하는 '검은손黑手'이라고 비판한 적이 있다. 당시 중앙선전부 수장이었던 류윈산은 '검은손 두목'이라고 해야 할까.

그는 반중反中 세력과 중국 내 지식인 사이에서 비판의 대상이다. 언론과 사상을 통제하는 그의 일이 대중으로부터 지지를 끌어내고 사람들의 박수를 받는 깃과는 거리가 있다. '선전'이라고 하면 흔히 어떤 목적을 갖고 무엇인가를 꾸미고 계략을 마련하는 것을 떠올리게 마련이다. 외부에 비친 류윈산에 대한 이미지가 그다지 긍정적이지 않은 것은 그가 맡은 임무 자체가 악역이기 때문일 것이다.

하지만 그는 공산당에서 없어서는 안 될 존재다. 사회주의 국가에서 '프로파간다'는 아주 중요한 작용을 한다. 중국 공산당은 신중국 건국 이후 선전·선동을 정권 유지의 한 축으로 간주해왔다. 1927년 "권력은 총구에서 나온다槍杆子裏出政權·창간쯔리추정취안"고 했던 마오쩌둥

毛澤東은 1936년 "가느다란 붓 한 자루가 3000명의 모제르 소총^{19세기 후반기에 개발된 독일제 총} 부대와 맞먹는다纖筆一枝誰與似·三千毛瑟精兵·셴비이즈셰이위스·산첸마오써징빙"고 말했다. 권력은 총을 앞세워 얻을 수 있지만, 권력을 유지하는 것은 군대의 힘만으로는 부족하며 선전·선동 활동이 더 중요할 수 있다는 점을 강조한 것이다. 마오쩌둥이 한때 후계자로 지목했던 린뱌오林彪도 정권 유지에 있어 선전·선동 활동이 무력 못지않은 비중을 차지하고 있다고 강조했다.

류윈산은 다른 지도자처럼 지방에서의 리더 경험이 풍부하지 않고 다양한 부서를 거치지도 않았다. 네이멍구內蒙古에서 교사로 사회생활을 시작해 타자수 일을 한 경력이 상대적으로 특이하다고 할까, 이후 신화통신에 입사해 공산당의 선전 업무 담당자로 발탁된 과정도 다른 지도자에 비하면 극적이지 않다.

하지만 그는 선전 부문에서의 전문성과 성과를 인정받아 중국 권력의 심장부인 정치국 상무위원의 자리까지 올랐다. 중국 공산당이 퇴색한 사회주의 이념을 대신해 '중화민족주의'를 앞세워 소수민족 갈등과 지역·계층 간 소득격차 심화로 가중되는 사회 불안을 진정시키는 데 류윈산이 일등공신이었다는 평가가 나온다. 하지만 동시에 류윈산은 혹독한 언론 통제와 인터넷 검열의 '주범'이라는 비판도 받고 있다. 관영 언론의 해외 진출을 지원해 중국의 소프트 파워 양성에 힘썼다는 평가와 중국 내 민감한 문제에 대한 해외 언론의 취재 활동을 제한하고 서방 세계로부터 나오는 비판적 목소리를 최대한 억제했다는 평가를 한몸에 받고 있다. 신화통신 기자 출신인 그는 당

교사로 사회생활 시작

류원산의 본적은 산시山西성 신저우忻州지만 출생지는 네이멍구内蒙古 투모터요우土默特右기旗다. '기'는 소수민족이 많은 네이멍구 자치구 내 행정구역인데, 다른 지역으로 치면 현縣에 해당한다. 그는 1947년 태어났다. 그는 네이멍구에서 태어나 네이멍구에서 정치적·사회적 기반을 다졌다.

류원산은 1968년 네이멍구 지닝集寧사범학교를 졸업하고 교사로 사회 첫발을 내디뎠다. 문화대혁명의 광풍은 네이멍구까지 불어 그는 투모터요우의 인민공사에서 농사일을 하게 됐다. 하지만 그는 다른 지도자에 비해 하방下放 생활을 오래 하지는 않았다. 류원산은 1969년 투모터요우의 선전부로 배치됐다. 이때 그는 처음으로 선전 분야와 인연을 맺었다. 류원산이 투모터요우 선전부에서 처음 맡은 일은 타자수였다. 그는 타자수로 꽤 오랫동안 일하고 나서야 문장을 쓰기 시작했다. 류원산은 통신원이 돼 자치구에 보고를 했고 네이멍구까지 기자들을 충분히 내보낼 수 없었던 관영 매체를 위해 신문 초고를 전보로 보내는 일을 했다.

평범한 지방 공무원이었던 류원산의 일생이 바뀐 것은 그보다 네 살 위인 톈충민田聰明 당시 신화통신 네이멍구 지사 기자를 만나면서부터였다. 신화통신에 신문 초고를 보내면서 알게 된 톈충민의 추천으로 류원산은 1975년 정식으로 신화통신 네이멍구 지사의 기자가 됐고 이는 류원산이 출세하는 기반이 됐다. 나중에 신화통신 사장까지 오른 톈충민은 류원산이 정치적으로 성장하는 데 큰 도움을 줬다.

류원산은 1975년부터 톈충밍과 함께 신화통신 네이멍구 지사에서 일했다. 1978년 네이멍구 자치구 서기로 부임한 저우후이周惠는 톈충밍의 재능을 높이 사 신화통신 네이멍구 지사에서 일하던 그를 자신의 비서로 발탁했다. 톈충밍은 1980년 네이멍구 자치구 당위원회 정책연구실 부주임, 1984년 네이멍구 자치구 부서기에 오르며 승진을 거듭했다. 류원산도 톈충잉의 후원에 힘입어 승진 가도를 달렸다. 그는 1981년 중앙당교공산당 간부 교육기관에서 공부할 기회를 얻었으며 1982년 공청단 네이멍구 자치구 위원회 부서기에 올랐다. 류원산이 당시 공청단 제1서기였던 왕자오궈王兆國를 비롯해 공청단 중앙서기처 서기였던 후진타오胡錦濤 전 주석과 류옌둥劉延東 부총리 등 공청단 세력과 인연을 맺은 것도 이 시기다.

그의 초기 출세 과정은 초고속이었다. 류원산은 톈충밍의 도움을 받아 1984년 네이멍구 선전부 부부장으로 임명됐다. 본격적으로 선전 업무에 발을 들여 놓은 것이다. 1985년 공산당 중앙에서 네이멍구의 공산당 간부 중 30대 가운데 인재 1명을 추천하라는 지시가 내려왔는데 저우후이는 류원산을 천거했다. 그는 1985년 38세의 젊은 나이로 당 중앙위원회 후보위원에 올랐다. 당시 최연소 후보위원이었다. 1982년 40세 때 당 중앙위원회 후보위원이 됐던 후진타오보다도 두 살 더 젊은 나이였다. 그는 원자바오 전 총리보다는 2년 일찍 중앙위원회 후보위원에 올랐다. 중국에서 권력의 정점으로 가기 위해서는 공산당 중앙위원회의 관문을 먼저 통과해야 한다. 중앙위원회에 발을 들여놓은 시기를 놓고 보면 류윈산은 중국 공산당에서 남들보다 앞서 엘리트 당원의 길을 걸었던 간부였다고 할 수 있다.

류윈산은 시진핑과 리커창이 치고 올라오기 전까지 그 둘과 비교할 수 없을 만큼 앞서 있었다. 시진핑은 류윈산이 중앙위원회 후보위원에 오른 지 12년 후인 1997년이 돼서야 중앙위원회 후보위원에 이름을 올렸다.

선전부에서 잔뼈 굵어

류윈산은 1986년 네이멍구 선전부 부장으로 부임했다. 톈충밍은 1988년 티베트자치구 부서기로 옮겨갔다. 후진타오가 티베트자치구 서기로 발령받아 부임한 바로 그해였다. 류윈산은 톈충밍을 통해 후진타오와 가까워진 것으로 알려졌다. 류윈산은 1982~1984년 공청단 네이멍구 자치구 위원회 부서기를 지냈다. 하지만 중국 변방 네이멍구의 공청단 조직 부서기 자리가 당시 공청단의 핵심이었던 후진타오와 쉽게 친분을 쌓을 수 있는 위치는 아니었다. 톈충밍이 아니었다면 류윈산이 후진타오와 친분을 나눠 공청단파로 분류되는 일은 없었을 것이라는 얘기가 괜히 나오는 게 아니다.

거듭된 승진으로 1992년 네이멍구 자치구 부서기에 오른 류윈산은 1993년 중앙선전부 부부장으로 임명돼 베이징으로 입성했다. 그가 발탁된 배경은 1992년 정치국 상무위원에 오른 후진타오의 힘 때문이라는 설과 류원산의 부모가 혁명 원로인 보이보薄一波·보시라이 전 충칭시 서기 부친와 가까운 사이였기 때문이라는 설이 있다. 보이보는 장쩌민江澤民 당시 국가주석과 가까운 사이였다.

1921년 중국 공산당 창당과 동시에 만들어진 중앙선전부는 문화혁명 기간에 잠시 사라졌다가 1977년에 재건됐다. 공산당 이데올로기, 언론·출판, 교육방침 관리와 통제, 각종 언론매체와 인터넷 감독, 언론·출판·방송·영화 심의, 국무원 산하 문화부와 직속 기구들의 감독이 주요 임무이다.

류원산은 2002년 중앙선전부장에 올랐다. 네이멍구에서 타자수로 일했던 그가 중국의 언론과 이데올로기를 관장하는 자리에 오른 것이다. 류원산은 기자 경력이 있는데다 네이멍구 근무 시절까지 포함하면 선전 분야에서 20년 가까이 잔뼈가 굵었기 때문에 중앙선전부장으로 제격이었다는 평가를 받았다.

류원산이 중앙선전부장에 올랐을 때 그가 명실상부한 선전 분야 일인자였다고 할 수는 없다. 그에게는 상관上官이 있었다. 리창춘李長春이었다. 상하이방으로 분류되는 리창춘은 2002년 정치국 상무위원으로 승진해 선전 분야를 총괄했다. 정치국 상무위 서열 5위인 리창춘은 '중앙선전사상공작영도소조中央宣傳思想工作領導小組 조장'이라는 직책을 갖고 있었다. 이 소조는 당 중앙선전부장을 비롯해 교육·문화 담당 부총리, 중국사회과학원 원장, 국가광전廣電총국장방송·영화 관할, 문화부장, 국무원 신문판공실 주임국정홍보처장 격, 인민해방군 총정치부 선전담당 부주임 등 당·정·군 관련 분야의 부총리·장관급 책임자 10여명을 조원으로 두고 있다. 리창춘이 이 소조를 관장하며 선전·사상 분야의 일인자로 활동했다. 당기관지인 인민일보나 관영 신화통신사의 사장도 그의 지시를 받았다. 하지만 하얼빈공대를 졸업하고 랴오닝遼寧성에서 오랫동안 지방 관료로 일하다 허난河南성과 광둥廣東성 서기를 거쳐 중앙 정계에 진출한 리창춘은 2002년 전까지 이 분야에서 일해본 적이 없다. 선전·사상 분야의 실무는 류윈산이 담당했던 것으로 전해져 있다.

류윈산이 중앙선전부장에 오른 시기 중국 공산당의 언론·사상 통제 정책은 중대한 도전에 직면해 있었다. 중국이 고속 성장을 계속하면서 정치적 자유에 대한 국민들의 관심이 커지기 시작했고, 중국 내에서 미디어 영역이 커지는 가운데 공산당은 미디어와의 관계 정립을 고민해야 하는 상황이었다. 류윈산은 치밀하게 미디어에 대한 장악과 통제에 나섰다. 미디어에 기사 방향과 편집 방향을 설정해 지침을 내려 보내고 이를 어겼을 경우 정간停刊 조처를 내렸다. 시위나 폭동처럼 정치적으로 민감한 사안에 대해시는 정부의 입장을 그대로 전하도록 해 다른 목소리가 나오지 않도록 했다. 2003년 자오궈뱌오焦國標 전 베이징대 교수가 "중국공산당 중앙선전부를 토벌하라討伐中宣部·타오파중쉬안부"라는 글을 인터넷에 발표하고 중앙선전부가 언론 통제의 전면에 나서고 있음을 비판한 적이 있는데, 이 글에서 중앙선전부의 실상이 일부 알려졌다. 이에 따르면, 중앙선전부는 서방 기자의 자유로운 중국 취재를 통제하고 위성 TV를 봉쇄하며 민감한 외국 출판물의 중국 유입을 막는다. 또 비판적인 중국 지식인의 자유로운 창작과 표현은 국가기밀 누설과 정부 전복 혐의로 철저히 제한한다.

인터넷의 발달은 공산당이 넘어서야 할 또 다른 도전이었다. 정보에 대한 독점이 힘들어진다는 것은 사회를 통제하는 게 어려워진다는 것을 의미했다. 류원산은 악명 높은 인터넷 검열 시스템 구축을 주도했다. 이 시스템은 만리장성에 비유해 흔히 '만리방화벽Great Firewall'으로 불리는데 중국 공산당에서 수천 명 규모의 인터넷 통제 요원이 활동하고 있는 것으로 알려졌다. 이들은 민감한 사회적 이슈가 발생했을 때는 해당 검색어를 지정해 그 낱말과 관련된 인터넷 정보를 차단하거나 특정 사이트를 차단해 접속하지 못하게 한다. 비판적 지식인의 트위터나 블로그 계정을 폐쇄하기도 한다. 2010년 세계 최대 검색업체 구글에 대한 검열 강화와 해킹으로 이 업체가 중국 시장에 발을 붙이지 못하게 한 배후에도 류원산이 있었던 것으로 전해졌다.

2011년 초 중동과 북아프리카에 확산된 민주화 시위가 중국에 영향을 미칠 조짐을 보이자 중국 정부는 인터넷 통제를 한층 강화했다. 중동·아프리카의 민주화 시위 때 트위터가 큰 힘을 발휘한 것에 주목한 중국 공산당은 중국판 트위터인 웨이보微博에 대한 통제에 나섰다. 2011년 12월 웨이보 사용자가 글을 올리기 위해서는 실명을 등록하도록 하는 조치가 취해졌는데, 이는 류원산의 작품으로 알려졌다. 웨이보 실명제는 당과 정부에 불만을 표시하는 네티즌을 쉽게 추적할 수 있게 해 민주화에 역행하는 조치라는 비판이 제기됐다.

그는 이처럼 중국 내에서 강력한 통제 위주의 정책으로 일관했지만 해외에서는 적극적인 선전 전략을 구사했다. 2009년 중국 중앙방송 CCTV이 아랍어와 러시아어 방송 채널을 만들었고 중국 관영 영자신문 차이나데일리가 미국판을 선보였다. 2010년에는 '중국판 CNN'을 목표로 관영 신화통신 산하에 신설된 TV 뉴스 채널 CNC가 전 세계를 상대로 24시간 영어 뉴스를 내보내기 시작했다. 이 모두 중국의 장점을 부각시키고 강국으로 부상한 중국의 위상에 맞게 이미지를 개선하는 동시에 중국인의 시각을 전세계에 전달하겠다는 소프트파워 강화 전략의 일환이라고 할 수 있다.

낮은 인기

2012년 11월 14일 처러진 중국 공산당 18기 중앙위원 선거에서 정치국 상무위원 중 류윈산이 가장 적은 표를 얻었다고 『명경망明鏡網』이 보도했다. 명경망은 류윈산이 공산당 내부에서도 가장 인기가 없음을 보여준 것이라면서 류윈산이 중앙선전부장을 지내던 때 중국 언론계는 문화혁명 이후 최대 억압을 받았다는 것이 일반적인 평가라고 전했다.

중앙선전부장이 좋은 평판을 얻기 어렵고, 그만큼 정치적으로 성장하기 힘든 자리라는 것은 역대 부장들의 정치 행로를 보면 쉽게 알 수 있다. 1949년 신중국이 건국된 이후 류윈산 전까지 모두 11명이 중앙선전부장을 지냈는데, 그 중 정치국 상무위원에 오른 사람은 총서기에 올랐던 후야오방胡耀邦이 유일하다. 2012년 18차 당대회를 앞두고 상무위원 수가 9명에서 7명으로 축소하는 방안이 나오면서 선전 담당 상무위원 자리가 없어질 것이라는 전망이 나왔고, 류윈산의 상무위원 승진이 어렵다는 관측이 나오기도 했다. 하지만 류윈산은 '징크스'를 깨고 상무위원에 올랐다. 전임 선전 담당 상무위원 리창춘과 서열5위이 같았다.

류윈산은 정치국 상무위원에 올랐을 뿐 아니라 공산당의 사무국에 해당하는 중앙서기처 제1서기 및 간부 교육 기관인 중앙당교 교장까지 맡았다. 전임 리창춘보다 중요한 직책을 더 많이 맡고 있는 것이다.

중국이 경제 성장을 이어나가려면 정치·사회적 분열을 예방하는 게 중요한데 이를 위해서는 사상적 일체감이 선결 요건이다. 중국 지도부 입장에서는 갈수록 커지고 있는 미디어 영역, 5억명 이상으로 늘어난 네티즌을 어떻게 통제하느냐가 주요 과제로 떠올랐다. 중국 지도부가 류윈산을 상무위원에 중앙서기처 제1서기를 겸직시킨 것은 앞으로 미디어와 인터넷에 대한 통제를 더욱 강화하겠다는 뜻으로 해석됐다.

명경망은 그가 상무위원이 된 중요한 배경으로 장쩌민과의 관계를 들었다. 보도에 따르면, 미국인 로버트 로런스 쿤이 2005년 '중국을 변화시킨 장쩌민 전기'를 영문판으로 펴내는데 류윈산이 막후 역할을 하면서 상하이방과 친분을 쌓았다. 전기에서 장쩌민은 "당을 위해 착실하게 일했다고 말할 수 있다"고 자평하며 스스로의 업적을 국내외에 선전했다. 류윈산은 장쩌민 집권 시기에 중앙선전부 부부장에 임명돼 장쩌민이 2002년 11월 16차 당대회에서 후진타오에게 공산당 총서기 자리를 넘겨주기 직전인 10월 24일 중앙선전부 부장으로 승진했다. 그는 대표적인 친親장쩌민파인 리창춘과 10년 간 보조를 맞췄다. 류윈산은 공청단파로 분류되지만 상하이방과의 관계도 좋아 정치국 상무위원으로 진입하는 데 유리한 인맥을 형성하고 있었다고 전문가들은 지적했다.

그는 중앙선전부장으로 재직하는 동안 리창춘에 이은 선전 분야 이인자로서 자신의 모습을 외부로 적극 드러내지 않았다. 자신의 이름雲山처럼 '구름에 가려 잘 보이지 않는 산'과 같았다. 하지만 류윈산은 상무위원에 오른 이후 한층 활발하게 목소리를 내고 있다. 류윈산은 2013년 1월 4일 베이징에서 전국 선전부장 회의를 소집해 "사회가 다원화되고 매체 환경이 바뀌고 있지만 우리는 공산당의 정치 노선과 중대한 문제에 대한 정확한 입장과 관점을 견지하고 당의 정책을 전파하는 데 있어 굳건한 태도를 가져야 한다"며 언론 통제의 고삐를 바짝 조이겠다는 뜻을 내비쳤다.

류윈산은 중앙서기처 제1서기와 중앙당교 교장 등 과거 시진핑이 부주석 시절 맡았던 직책을 물려받았다. 중앙당교 교장은 공산당의 핵심 엘리트와 교감하면서 인맥을 맺을 수 있고 8,260만 명 공산당원의 인사와 사상에 영향력이 큰 요직이다. 관례대로라면 류윈산이 시진핑의 주석 승진으로 공석이 된 부주석에 오르는 게 맞다. 하지만 부주석직은 리위안차오李源潮에게 돌아갔다. 류윈산이 선전·사상 분야에 대한 총괄 책임까지 지고 있는 상황에서 부주석까지 맡을 경우 너무 많은 힘이 집중되는 셈이어서 이에 대한 견제 장치가 마련된 것으로 정치 전문가들은 분석했다.

류원산의 아내인 리쑤팡李素芳은 퇴직했고 아들 류러페이劉樂飛는 중국 생명보험사인 중국인수中國人壽의 최고투자담당자CIO를 거쳐 2014년 현재 사모펀드회사인 중신산업기금中信産業基金의 최고경영자CEO를 맡고 있다. 며느리 자리칭賈麗靑은 공안부장과 최고인민검찰원 검찰장을 지낸 자춘왕賈春旺의 딸이다.

3 리위안차오 李源潮 | Li Yuanchao

직책 국가부주석
출생 1950년 11월 장쑤성 창저우
학력 푸단대 수학과, 베이징대 경제관리학원 석사, 중앙당교 박사

주요 약력

1978~1982년	푸단대 수학과
1982~1983년	푸단대 관리과 교수
1983~1983년	공청단 상하이시 위원회 서기
1983~1990년	공청단 중앙서기처 서기
1990~1993년	중앙대외선전소조 1국 국장
1993~1996년	중앙대외선전소조 부조장, 국무원 신문판공실 부주임
1996~2000년	문화부 부부장
2000~2002년	장쑤성 부서기, 난징시 서기
2002~2007년	장쑤성 서기
2007~2012년	중앙조직부장
2013년~	국가 부주석

리위안차오 李源潮 중국 국가 부주석이 2012년 공산당 18차 당대회 때 정치국 상무위원에 진입하지 못할 것이라고 생각한 사람은 그리 많지 않았다. 리 부주석은 최고지도부 입성이 가장 확실한 인사로 꼽혀왔다. 인사를 관할하는 요직인 중앙조직부장을 지낸 리위안차오의 상무위원 발탁은 당연한 일로 받아들여졌다. 5세대 최고지도부의 한 축이 될 것으로 예상됐던 그다.

2012년 10월 중순 홍콩 언론과 해외 화교 인터넷 매체가 리위안차오의 상무위원 탈락설을 전했을 때에도 베이징 정가 관측통 사이에서는 보도의 신빙성을 의심하는 이가 많았다. 당대회가 임박했을 때 서방 외신들은 리위안차오가 정치국 상무위원에 입성하는 게 확실시된다고 전했다. 이변이 없는 듯했다. 하지만 공산당 18기 중앙위원회 제1차 전체회의 18기 1중전회 때 발표된 상무위원 명단에 그의 이름은 없었다.

한 때 '1習2李 시진핑·리커창·리위안차오'라는 말이 있었다. 2007년 17차 당대회를 앞두고 리위안차오가 정치국 상무위원회에 입성해 시진핑 習近平·리커창 李克强과 함께 차세대 지도자 자리를 놓고 경쟁을 벌일 것이라는 관측이 나왔다. 하지만 17차 당대회 때 시진핑·리커창과 달리 리위안차오는 정치국 상무위원회에 들지 못했다. 리위안차오는 중앙조직부장에 올라 다음을 노렸다. 그는 후진타오의 공청단 직계로, 후진타오의 전폭적인 지원을 받고 있었지만 18차 당대회에서도 상무위원에 오르지 못했다. 19차 당대회 때 상무위원 승진을 노려볼 수 있는 연령이기는 하지만 연거푸 상무위원 진입에 실패하면서 상무위원회와 인연이 없는 게 아니냐는 얘기가 나왔다. 중앙조직부장에서 물러난 후 이렇다 할 보직도 없어 그가 정치 인생에서 최대 고비를 맞았다는 관측까지 나왔다.

그러나 리위안차오는 2013년 3월 전국인민대표대회(전인대)에서 국가 부주석으로 선출되면서 '준準 상무위원'으로 부활했다. 상무위원이 아니면서 국가 부주석에 오른 것은 1998년 룽이런榮毅仁 부주석 이후 리위안차오가 처음이다. 그에게 무슨 일이 있었던 것일까.

후진타오의 공청단 직계

리위안차오는 한국전쟁이 한창이던 1950년 11월 장쑤江蘇성 창저우常州에서 태어났다. 그의 아버지 리간청李幹成은 1930년 공산당에 입당해 상하이 등지에서 혁명활동을 벌였다. 군軍에 들어가 항일전쟁에도 참전했으며 국공내전에서도 공을 세웠다. 이후에는 상하이 부시장까지 지냈다. 어머니도 혁명가 출신이다. 리위안차오의 어머니 뤼지잉呂繼英은 공산혁명을 하다 2차례 투옥됐고 여성 및 교육 분야에 큰 업적을 남겼다. 리간청은 아들의 이름을 중국이 한국전을 부르는 공식 명칭인 '항미원조抗美援朝'에서 따 지었다고 한다. '援朝'를 중국어로 발음하면 '위안차오'다. 하지만 이를 그대로 이름으로 쓰는 것은 적절하지 않다고 생각해 발음은 같고 한자가 다른 '源潮위안차오'로 바꿨다는 것이다.

리위안차오는 세 살 되던 해 상하이시 시정건설위원회市政建設委員會 부주임으로 임명된 아버지를 따라 상하이로 갔다. 리위안차오의 아버지는 1962년 상하이 부시장에 올랐다. 그런데 리위안차오는 어린 시절 이모 밑에서 자랐다고 한다. 리간청과 뤼지잉은 5남 2녀를 뒀는데, 이 중 리위안차오가 4남이다. 뤼지잉의 여동생은 언니가 아들을 많이 낳자 이를 부러워해 그 중 리위안차오를 데려다 키우겠다고 했고, 리위안차오는 이모를 따라 후베이湖北성 우한武漢과 윈난雲南 등지에서 생활했다는 것이다.

그는 유력 집안의 자제로 명문 상하이중학을 다녔다. 하지만 문화대혁명이 터지면서 그의 삶이 바뀌었다. 부친은 문혁 때 비판의 대상이 됐다. 그는 장쑤성 다펑大豊현에 있는 상하이농장에서 농민으로 4년간 노동을 했다. 그는 농장에서 간부, 동료 노동자들과 사이가 좋았다. 일하는 동안 책을 손에서 놓지 않았다. 1972년 노농병노동자·농민·병사의 대학입학추천제도가 시행됐다. 이 조치에 따라 상하이농장에서 2명을 추천할 수 있었다. 리위안차오가 선발됐다. 그는 상하이사범대학 수학과에 입학했다. 2년 속성 과정으로 1974년 졸업, 그 해 상하이시 난창南昌중학교 교사로 부임했고 1976년에는 상하이시 루완盧灣구 야간공업전문대 교수로 자리를 옮겼다.

문화대혁명이 끝나고 대학입시가 부활한 후 그는 1978년 상하이의 명문 푸단復旦대 수학과에 다시 입학했다. 이는 그의 인생에서 전환점이 됐다. 대학 재학 시절 그는 공청단 푸단대 위원회 수학과 지부 서기를 맡았다. 공청단에 발을 들여놓은 것이다. 리위안차오는 1982년 대학을 졸업하고 학교에 남아 관리과 교수가 됐는데 동시에 공청단 푸단대 위원회 부서기를 맡았다. 1983년 4월에는 공청단 상하이위원회 서기에 임명됐다. 그는 그해 12월 공청단 중앙서기처 서기로 발탁됐다. 왕자오궈王兆國·후진타오·류옌둥劉延東에 이어 서열 4위였다. 공청단 지방 조직에 있던 그가 단숨에 중앙 무대로 진출한 것이다. 리위안차오가 후진타오와 인연을 맺은 게 바로 이 때다. 후진타오가 1984년 공청단 제1서기로 승진해 1985년 구이저우貴州성 서기로 옮길 때까지 리위안차오는 후진타오와 호흡을 맞추며 친밀감을 높였다.

리위안차오가 1983년 공청단 중앙서기처 서기로 도약할 때 아버지의 옛 직속 상사가 도움을 준 것으로 알려졌다. 리간청이 상하이 부시장으로 있을 때 상하이시 서기였던 천피셴陳丕顯이 리위안차오를 천거했다는 것이다. 천피셴은 1982년부터 1987년까지 공산당 중앙서기처 서기를 지냈으며, 전인대 부위원장과 공산당 중앙정법위원회 서기도 역임했다. 천피셴과 리간청은 문혁의 고초를 함께 넘기며 동지 의식을 갖게 된 사이다.

공청단 시절 리위안차오는 주변 관리를 철저히 했다. 공청단 중앙서기처 서기로 근무할 때 지방으로 출장을 가면 현지 공청단 간부들은 접대에 신경을 썼다. 리위안차오는 "사채일탕四菜一湯 이상은 안 된다"고 말했다. 사채일탕은 '요리 네 개에 국 한 그릇'의 간소한 식단을 말하는데 비리를 봉쇄하기 위한 공청단의 내부 접대 원칙이었다. 하지만 이 원칙을 지키는 사람이 드물었다. 리위안차오는 이 원칙을 철저히 지켰다. 그는 사채일탕 이상의 요리가 나오면 함께 자리하는 것을 거부했고 정 거절하기 어려우면 초과 비용을 자기 돈으로 부담했다고 한다.

지금은 서열이 바뀌어 있지만, 공청단 시절 리위안차오는 다섯 살 아래인 리커창李克强보다 앞서 나갔었다. 리위안차오가 공청단 중앙 서기처 서기로 임명됐을 때 리커창은 후보서기로 서열이 아래였다. 1985년 후진타오의 후임 공청단 제1서기로 쑹더푸宋德福가 선출됐을 때 리위안차오는 9명의 서기 중 류옌둥劉延東 다음이었다. 리커창은 이때 서열 6위였다.

하지만 그는 공청단 시절 이후 한직을 떠돌았고, 위치도 리커창에게 밀렸다. 이는 1989년 톈안먼 사태가 계기가 됐던 것으로 전해진다. 톈안먼 사태가 터졌을 때 리위안차오는 공청단 중앙서기처에서 선전宣傳 분야를 담당하고 있었다. 리위안차오가 관할하던 공청단 중앙 기관지 '중국청년보'에 시위에 나선 대학생들을 동정하는 글이 실린 게 문제가 됐다. 하지만 리위안차오는 강경한 태도를 취하지 않았다. 당시 중국 최고 지도부는 시위에 대해 강경한 입장이었다. 이런 상황에서 단호한 모습을 보여주지 못한 리위안차오의 대응은 최고 지도부의 눈 밖에 나는 계기가 됐다.

1990년 공청단을 떠나면서 그는 공산당 선전 부문의 국장급으로 좌천됐다. 이후 국무원 신문판공실 부주임, 문화부 부부장 등 한직을 전전했다. 그러는 사이 리커창은 1993년 공청단 제13차 전국대표대회에서 장관급인 공청단 제1서기에 올라 차기 지도자 수업을 받기 시작했다. 리커창은 1997년 15차 당대회 때 중앙위원회 위원에 올랐는데 리위안차오는 2002년 16차 당대회 때에서야 겨우 중앙위원회 후보위원에 올랐다.

지방 근무하면서 재기

리위안차오는 2000년 장쑤성 부서기로 내려가면서 재기에 나섰다. 후진타오에게 지방 근무를 하고 싶다고 여러 차례 요청했고 후진타오는 이를 받아들였다. 리위안차오는 2001년 난징南京시 서기가 됐다. 이듬해에는 중국의 대표적인 부자 성省 가운데 하나인 장쑤성 서기로 초고속 승진을 했다. 후진타오가 공산당 총서기로 취임하며 최고 권력자가 된 그 해였다. 그는 리커창과 함께 후진타오의 심복으로 불리게 된다.

그는 장쑤성에 내려간 이후 "사람이 달라졌다"는 말을 들었다. 온후한 성품에 유약한 인상을 줬던 이전의 이미지는 찾아볼 수 없었다. 난징시 서기 시절 한 국장급 간부가 음주 사고를 일으키자, 이 국장을 포함해 평소 시민들의 평가가 좋지 않았던 5명의 국장급 인사를 한꺼번에 파면하거나 강등시켰다.

2004년 4월 장쑤성의 민영 철강회사 톄번鐵本 문제를 처리할 때에도 단호한 모습을 보여줬다. 톄번은 투자총액 106억 위안의 초대형 제철공장건설을 추진하고 있었는데 공장이 완성되면 중국 1위 제철기업으로 우뚝 서게 됐다. 하지만 이는 지역 내 중복투자였고, 공급과잉을 불러일으킬 것이라는 우려가 컸다. 중앙 정부도 거시 조정 차원에서 톄번 문제를 주목했다. 리위안차오는 톄번이 사업 허가를 받는 과정에서 규정을 위반한 사실을 밝혀내 아예 문 닫게 하고 프로젝트에 관련된 정부와 은행 관련 책임자 8명에 대해 당규약과 정부 기율에 따라 처벌 결정을 내렸다. 이틀 뒤 후진타오 당시 주석이 장쑤성으로 직접 시찰을 와 톄번 사건의 처리에 대해 리위안차오를 전적으로 지지했다. 그 정치적 의미는 분명했다.

리위안차오는 후진타오가 제시한 정책과 이론을 현장에서 구체화해 체제를 안정시키는데에도 큰 역할을 했다. 후진타오는 성장 일변도의 기존 정책을 보완해 균형된 성장을 추진해야 한다는 입장이었다. 하지만 지방 성에서는 이 같은 생각을 구체적으로 실행에 옮길 방법을 쉽게 찾지 못했다. 리위안차오는 4개 분야, 25개 항목으로 된 '조화사회 표준지표'를 고안했다. 이는 1인당 GDP뿐 아니라 도시의 가처분소득, 실업률, 엥겔계수, 녹지비율, 분배구조, 촌민 자치율까지 총괄하는 개념이다. 그가 서기로 재임하던 동안 장쑤성은 발전 속도가 전국 3위에 오르는 등 양적으로도 성장했지만, 리위안차오는 질적인 성장도 함께 일궈내며 후진타오의 이론을 실제로 뒷받침했다는 평가를 받았다.

2007년 17차 당대회를 6개월 정도 앞두고 장쑤 지역의 호수인 타이후太湖에서 대형 녹조 오염 사건이 발생했다. 타이후의 오염으로 식수가 끊겨 인근 주민 500만명이 생수에 며칠씩 의지해야 했다. 당대회를 앞둔 리위안차오에게 위기가 닥친 것이다. 그는 강경책을 내놓았다. 그는 "장쑤성의 GDP가 15% 줄어도 좋다"며 타이후 주변 2,100여개 화공업체를 철거하기로 했다고 밝혔다. 이 일로 '철완鐵腕'이라는 별명을 얻었다.

하지만 지방 정부 관리들이 주요 세원인 공장을 순순히 포기하기 어려웠고 리위안차오의 공언대로 공장 철거가 제대로 이루어지지 않았다는 얘기도 있다. 당시 타이후 주변 주민들의 불만은 쉽게 가라앉지 않았다. 이런 상황에서 "대규모 화학공장에서 유출된 독극물이 타이후를 오염시키고 있고, 이는 큰 재앙을 초래할 것"이라며 타이후의 오염을 경고해온 환경운동가 우리훙吳立紅이 2007년 8월 징역 3년형을 선고받았다. 거짓 정보를 퍼뜨렸으며 또 자신이 수집한 환경오염 자료로 지역 기업을 협박해 돈을 뜯어냈다는 혐의였다. 환경단체들은 "오염 물질 배출 공장과 결탁한 관료들의 부정부패 행태를 고발하려 한 우씨의 입을 막으려고 한다"고 비난했다. 하지만, 중국 매체들은 리위안차오가 타이후 녹조 문제에 있어 신속하면서도 과감한 결단을 내렸으며 GDP 수치만 끌어올리면 된다는 지방 관료들의 환경의식에 경종을 울렸다고 호평했다. 리위안차오는 그해 10월 17차 당대회를 거치면서 베이징으로 올라갔다.

리커창이 랴오닝성에서 눈에 띄는 실적을 보여주지 못한 사이 리위안차오는 공청단을 대표하는 차기 지도자 후보로 부상하기 시작했다. 2006년 천량위陳良宇 상하이시 서기가 부패 혐의로 낙마했을 때는 태자당의 선두 주자인 시진핑과 이 자리를 놓고 경합하기도 했다. 상하이 서기 자리는 시 부주석에게 갔지만, 팽팽한 경쟁이었다고 한다.

팔색조의 경력

2007년 17차 당대회에서 정치국 위원에 오른 리위안차오는 상무위원으로 승진한 허궈창夏國强의 뒤를 이어 중앙조직부장을 맡았다. 허궈창은 태자당으로, 상하이방과도 가까웠다. 후진타오는 2002년 최고 지도자 자리에 오른 이후 5년 동안 인사를 담당하는 중앙조직부장 자리에 자신의 사람을 앉히지 못했다. 5년 만에 중앙조직부장에 자기 사람을 심을 수 있게 됐는데, 그런 중요한 자리에 리위안차오를 임명했다는 것은 그에 대한 후진타오의 두터운 신임을 보여준 것이라고 할 수 있다.

그의 가장 큰 정치적 자산은 '팔색조의 경력'이다. 리위안차오는 공청단파로 분류되지만 부친이 상하이에서 활동했고 그 역시 상하이에서 대학을 나와 현지 인사들과 네트워크가 구축돼 있어 상하이방과 무관하지 않다. 아버지와 어머니가 혁명가 출신이니 태자당이라고 할 수도 있다. 1991년 베이징대에서 경제관리학과 석사 학위를 받아 베이징대 출신 정치인과도 친분이 있다. 리위안차오가 시진핑 정권에서 중국 주요 정파인 태자당·상하이방·공청단파 간 조정 역할을 맡기에 적임자라는 평가도 나온다.

그런 그가 상무위원에 오르지 못한 것은 리펑李鵬 전 총리의 강한 반대 때문이었다고 반중反中 인터넷 매체 보쉰이 전했다. 리펑이 리위안차오를 곱지 않은 시선으로 보고 있다는 얘기는 이전부터 나왔었다. 보쉰의 보도에 따르면, 리펑은 자신의 아들인 리샤오펑李小鵬 산시山西성 부성장을 성장으로 승진시켜 줄 것을 중앙조직부장이던 리위안차오에게 청탁했다. 하지만 리위안차오는 리샤오펑의 승진에 미온적인 태도를 보였다. 리펑은 이에 분개했고, 리위안차오의 상무위원 승진을 극렬하게 반대했다는 것이다. 리펑은 후진타오를 여러 차례 찾아가 "리위안차오는 절대 안 된다"고 주장한 것으로 알려졌다. 리위안차오가 톈안먼 사태 때 학생 시위 세력에 온정적이었다는 점도 리펑의 눈 밖에 난 또 하나의 이유라는 얘기도 있다. 리펑은 톈안먼 시위에 대한 강경 진압을 주도한 인물이다. 당초 리위안차오는 상무위원 명단에 들어 있었지만 10월 초 당 원로들과 상무위원들이 참석한 비공식 회의에서 빠진 것으로 알려졌다. 일부 원로들이 잠정 확정된 7명의 상무위원 명단에 이의를 제기했다고 하는데, 특히 그중에서도 리위안차오를 문제 삼았다고 한다.

하지만 리위안차오의 정치 생명은 여기에서 끝나지 않았다. 2013년 3월 전인대에서 국가 부주석에 당선되면서 사실상 국가 지도부의 일원으로 합류한 것이다. 그는 국가 주석 유고시 이를 대행하는 요직인 국가 부주석에 오르면서 '상무위원급 정치국원'이 됐다. 리 부주석은 중앙 당내 홍콩·마카오 협력 업무를 관장하면서 외교안보 정책 결정기구인 당 중앙외사공작영도소소 부조장을 겸한다.

2013년 3월 전인대 때 국가 부주석 선출이 정가의 큰 관심을 끌었다. 누가 국가 부주석에 오를 것인지에 대해 예상이 엇갈렸다. 국가 부주석 자리를 놓고 류윈산劉云山 상무위원과 리위안차오가 치열한 경합을 벌였다.

초기 판세는 리위안차오가 유리한 것으로 전망됐다. 리위안차오는 18차 당 대회 이후 중앙조직부장 자리에서 물러나면서 별다른 보직을 맡지 않았다. 하지만 상무위원에 오른 류윈산이 선전·사상 분야를 책임지는 동시에 시진핑이 부주석 시절 맡고 있던 중앙서기처 제 1서기와 중앙당교 교장을 맡으면서 부주석으로 유력하다는 관측이 나왔다.

전인대 개막 직전 발표된 6인의 전인대 상무 주석단 명단에 류윈산이 장더장張德江 전인대 위원장에 이어 두 번째로 이름을 올리면서 류윈산이 국가 부주석으로 낙점받은 게 아니냐는 분석에 힘이 실렸다. 2008년 시진핑이 국가 부주석에 오를 때에도 전인대 상무 주석단 서열 두 번째였으며 2003년 3월에도 쩡칭훙曾慶紅 당시 상무위원이 상무 주석단 서열 두 번째에 오른 뒤 국가 부주석이 됐다. 1998년에도 전인대 상무 주석단 서열 2위였던 후진타오胡錦濤가 국가 부주석이 됐다.

하지만 전인대에서 리위안차오가 국가 부주석으로 선출됐다. 리위안차오는 2013년 3월 14일 선거에서 유효표 2,956표 가운데 2,839표를 얻었다. 반대표가 80표, 기권표가 37표였다. 국가주석 선거에서 시진핑 총서기에게 반대표 또는 기권표를 던진 전인대 대표가 4명에 불과했다는 점을 감안하면 국가 부주석 자리를 둘러싼 당내 경합이 얼마나 치열했는지를 짐작해볼 수 있다.

리위안차오는 국가 부주석에 선출되면서 2017년 19차 당대회에서 상무위원에 진입할 가능성을 열어놓았다. 1950년생인 리위안차오는 2017년 19차 당대회 때 승진 연령 제한에 걸리지 않는다.

한편 리위안차오는 대학교 2학년이던 1979년 동갑내기와 결혼했는데 상하이음악학원을 졸업하고 중앙음악학원에서 교편을 잡고 있는 가오젠진高建進 교수다. 중국 음악교육계에서 저명 인사다. 리위안차오는 그의 여동생과 같은 날 결혼식을 올렸다고 한다. 리위안차오의 장인은 상하이시 건설위원회 부주임까지 지낸 지역 간부 출신이다.

4 류옌둥 劉延東 | Liu Yandong

직책 국무원 부총리
출생 1945년 11월 장쑤성 화이안
학력 칭화대 화학공정과, 지린대 법학박사

주요 약력

1970~1972년	허베이성 탕산 카이핑 화공공장 근무
1972~1978년	베이징 화공실험공장 직원, 작업반 서기
1978~1980년	베이징 화공실험공장 당 위원회 부서기
1980~1981년	베이징시 조직부 간부
1981~1982년	베이징시 차오양구 부서기
1982~1991년	공청단 중앙서기처 서기
1991~2002년	중앙통전부 부비서장, 부부장
2002~2007년	중앙통전부 부장
2008~2013년	국무위원
2013년~	국무원 부총리

중국의 최고 권력 기구인 공산당 정치국 상무위원회에 진입한 여성은 여태껏 한 명도 없다. 마오쩌둥毛澤東의 부인이자, 문화대혁명 때 4인방의 일원으로 막강한 권력을 행사했던 장칭江青도 상무위원보다 한 단계 아래인 정치국 위원까지 올랐다. 린뱌오林彪의 아내 예췬葉群, 저우언라이周恩來의 아내 덩잉차오鄧穎超도 정치국 위원에서 멈췄다. 그나마 정계의 실력자인 남편의 후광 덕분에 정치국 위원까지 오를 수 있었다. 2002년 우이吳儀 전 부총리가 자수성가해 정치국 위원이 됐지만, 상무위원회 진입에는 실패했다. 2012년 18차 당대회 때 과연 최초의 여성 상무위원이 나올 것인가에 대해 큰 관심이 일었다. 그 유력한 후보는 류옌둥劉延東 부총리였다.

류옌둥은 공산당의 3대 계파인 태자당·상하이방·공청단파에 골고루 정치 인맥이 형성돼 있다. 그는 아버지 류루이룽劉瑞龍이 농업부 부부장차관을 지낸 혁명 원로 출신이어서 태자당 계열이라고 할 수 있으며 장쩌민 전 주석의 양아버지와 친한 친구 사이였던 아버지 덕분에 상하이방의 대부인 장 전 주석과도 친분이 있다. 그리고 공청단에서 9년간 근무한 경력이 있어 공청단파로 분류되기도 한다. 싱가포르국립대 보즈웨 교수는 "류옌둥의 최대 경쟁력은 광범위한 인맥"이라고 평했다.

이 같은 집안 배경이나 이력 외에도 그는 다양한 면에서 강점을 갖고 있다. 중화권 매체들은 류옌둥이 강함과 부드러움을 겸비했다고 높이 평가했다. 하지만 류옌둥은 정치국 상무위원회에 입성하지 못했다. 2017년 19차 당대회 때 72세가 돼 승진 연령 제한에 걸리는 류옌둥으로서는 18차 당대회가 마지막 기회였다. 상무위원에는 오르지 못했지만 과학기술과 교육·문화·위생 분야를 책임지는 부총리를 맡아 우이에 이어 두 번째 '여성 부총리'가 됐다.

마당발 인맥

류옌둥은 1945년 11월 장쑤江蘇성 화이안淮安에서 태어났다. 그의 원적은 장쑤성 난퉁南通이다. 그의 아버지 류루이룽劉瑞龍은 어릴 적 중국 공산당의 혁명 운동에 참가했으며 군軍에서 고위 간부를 지냈다. 류옌둥은 혁명원로들의 자녀들이 다니던 화둥華東보육원을 다녔다. 보육원의 원장은 쩡칭훙曾慶紅 전 국가 부주석의 어머니 덩류진鄧六金이었다. 류옌둥은 어린 시절부터 쩡칭훙과 어울렸다. 아버지가 혁명원로이기 때문에 류옌둥 스스로도 태자당이지만 태자당의 맏형 격인 쩡칭훙과도 개인적 연결고리가 있었던 것이다.

류루이룽은 장쩌민의 양부 장상칭江上靑의 친한 친구인 동시에 '혁명 멘토'였다. 장상칭은 류루이룽의 소개로 공산당에 가입했다. 류옌둥은 자신의 아버지와 장쩌민 양아버지의 관계 덕분에 일찍부터 장쩌민과 알고 지내는 사이가 됐다.

류옌둥은 1964년 칭화대 공정화학과에 입학했다. 하지만 1966년 문화대혁명이 시작되면서 아버지가 감옥에 구금됐고 류옌둥에게도 고난이 닥쳤다. 류옌둥은 1970년 허베이河北성 탕산唐山시 카이핑開平 화학공장에서 기술노동자로 일하기 시작했다. 1972년부터 1980년까지 베이징의 화학공장에서 근무했다. 10년을 화학공장에서 일한 것이다.

하지만 문혁 이후 부친이 정계에 복귀하며 그의 앞길도 열리기 시작했다. 류옌둥은 1980년 베이징시 당 위원회 조직부 간부를 맡으면서 공직자로 변신했다. 1982년 공청단 중앙서기처 서기로 자리를 옮기면서 공청단과 인연을 맺었고 공청단에서 후진타오와 함께 활동했다. 1982년 공청단 상무서기가 바로 후진타오였다. 1984년 공청단에서 후진타오가 일인자^{제1서기}가 됐을 때 류옌둥은 이인자인 상무서기에 올랐다. 후진타오는 류옌둥의 칭화대 선배이기도 했다.

류옌둥은 1989년 톈안먼 사태 때 정치적 위기를 맞았다. 대학가에 시위가 번지는 상황에서 공청단은 학생들을 설득해야 하는 임무를 맡았다. 공청단 소속 일부 간부가 학생 시위에 동조, 시위 대열에 합류하며 사태는 걷잡을 수 없이 번져갔다. 공청단 상무서기였던 류옌둥은 학생운동에 적극 대처해야 했다. 하지만 류옌둥은 강경한 태도가 아니었다. 대화로 풀어나가려고 했다. 사태는 가라앉지 않았고, 중국 당국은 유혈 진압에 나섰다. 류옌둥은 학생 시위에 강경하게 대처하지 않았다는 비판을 받았다. 그는 1991년 홍콩·마카오·대만과의 관계, 소수민족, 종교 문제를 다루는 부서인 통일전선부^{통전부}의 부비서장으로 배치를 받았다. 사실상 좌천이었다. 공청단 중앙서기처 상무서기 출신으로서는 만족스러운 자리가 아니었다.

화합과 소통의 리더십

하지만 류옌둥은 통전부에서 재기의 발판을 마련했다. 장쩌민과 쩡칭훙의 지원을 등에 업고 류옌둥은 반년 만에 통전부 부부장에 올랐고 2002년에 통전부장장관으로 임명돼 2007년까지 통전부를 맡았다. 통전부에서만 16년을 근무한 것이다. 그는 2007년 17차 당대회 때 유일한 홍일점 정치국 위원으로 선임돼 2008년 국무위원에 올랐다.

류옌둥은 관료 사회에 진입하자마자 베이징에서 근무했고 이후에도 중앙 정부에서 근무해 지방 경험이 없다는 점, 또 그가 중앙 정부에서 통전부 일만 맡아 다양한 업무를 해보지 못한 점을 그의 경력상 약점으로 꼽는 사람들도 있다. 하지만 그가 통전부에서 근무하면서 홍콩·마카오·대만 업무를 담당해 부족한 지방 행정 경력을 보완했으며 여러 당파를 아우르는 교류 통합 작업을 관장하면서 화합과 소통의 리더십을 발휘했다는 평가도 만만치 않다.

류옌둥은 통전부장으로서 홍콩을 방문했을 때 강한 인상을 남겼다. 홍콩 주민들은 2003년 7월 수십만명이 거리로 나서 권위주의적인 스타일로 주민들의 불만을 샀던 둥젠화董建華 초대 행정장관의 퇴진을 요구했다. 행정장관은 1997년 홍콩이 중국에 반환된 뒤 자치권을 가진 특별행정구역으로 지정된 홍콩을 통치하는 사실상 최고 통치권자다. 행정장관은 정치·경제계 등 인사로 구성된 선거인단이 간접 투표로 뽑는데, 선거위원회에 친중親中 성향의 인사가 다수를 차지하고 있어 중국의 의중이 결정적인 영향을 미친다.

2004년 4월 홍콩 주민들은 홍콩 행정장관 직선제를 요구하는 시위를 벌였다. 중국 공산당으로서는 받아들이기 힘든 요구였다. 그해 5월 26일 중국 당국은 통전부장이던 류옌둥을 홍콩에 급파했다. 류옌둥은 4일 동안 30여개의 행사를 소화했다. 조찬 모임부터 심야 일정까지 수행원들조차 견디기 힘든 강행군이었지만 그는 시종일관 미소를 잃지 않았다. 류옌둥은 정계·재계·종교·문화·언론 등 홍콩 각계각층의 인사를 두루 만나 화합을 강조했다. 홍콩 언론들은 류옌둥의 활동을 긍정적으로 평가했다. 한 언론은 "류옌둥을 통해 중앙이 홍콩 각계의 목소리를 듣고 홍콩 각계와 효과적으로 소통하기를 바라고 있다는 사실이 드러났다"고 전했다. 또 다른 언론은 류옌둥이 강인함과 부드러움을 두루 갖췄다고 평가했다. 류옌둥의 '활약'으로 격했던 홍콩의 분위기는 한풀 꺾였고 사태는 마무리되는 국면으로 접어들었다.

우이 전 부총리가 '철의 낭자'로 불리며 카리스마와 과감한 결단력, 강한 추진력을 트레이드마크로 했다면 류옌둥 부총리는 부드럽고 온화한 리더십을 내세운다. 시민들과 함께 베이징 올림픽 주경기장에서 함께 달리기를 하고 쓰촨성의 한 농아학교를 찾아 수화로 농아들과 다정히 대화를 나누는 장면 등 서민적이고 친근한 모습이 자꾸 비춰지면서 그에 대한 호감도 한층 높아졌다.

그는 다른 요직으로 이동할 수 있는 몇 번의 기회가 있었지만, 그때마다 쓴잔을 마셨다. 2006년에는 비리 혐의로 낙마한 천량위陳良宇 상하이시 전 서기의 후임으로 거론됐지만, 상하이시 서기 자리는 시진핑習近平에게 돌아갔다. 2008년 부총리 교체 인사가 있을 때 류옌둥이 신설되는 사회담당 부총리에 오를 것이라는 홍콩 언론의 보도가 나왔지만 그는 부총리급 국무위원이 됐다.

18차 당대회를 앞두고 류옌둥이 정치국 상무위원에 근접했다는 관측이 많이 나왔다. 류옌둥은 장쩌민과 쩡칭훙이라는 강력한 지원 세력이 있고, 공청단 인맥도 구축하고 있다는 점이 강점으로 부각됐다. 이제 여성 상무위원이 탄생할 때가 됐다는 사회적 공감대도 형성돼 있었다.

홍콩 언론의 보도에 따르면, 2012년 11월 8~14일 18차 당대회 기간에 당 대표들이 뽑은 18기 중앙위원 선거 결과 류옌둥은 2,306명의 선거인단으로부터 2,301표복수 투표를 받아 높은 득표율을 기록했다. 상무위원에 오른 왕치산2,299표과 류윈산2,294표보다 표를 더 많이 받았다는 것이다. 물론 당 대표의 중앙위원 선거 결과가 상무위원 인사를 직접적으로 결정하는 것은 아니다. 하지만 외신들은 소식통을 인용, 류옌둥이 당 대표 투표에서 높은 득표율을 기록했음에도 원로들의 개입으로 상무위원에 오르지 못했다고 전했다. 그가 여성이라는 이유로 배제됐다는 것이다. 중국 공산당 정치국 상무위원회 일곱 자리에 여성이 진입하기에는 유리천장이 너무 견고하다는 지적이 나왔다.

하지만 그가 2008년부터 국무위원으로 재임하면서 충분한 능력을 보여주지 못한 것이 그의 발목을 잡았다는 분석도 많다. 류옌둥은 국무위원으로서 자신이 관장하는 문화와 교육, 사회보장 분야에서 별다른 업적을 보여주지 못했다. 류옌둥은 2008년 전인대에서 국무위원으로 선출될 때 반대표와 기권표가 각각 35표와 16표나 나와 꼴찌 다음을 기록하는 수모를 겪었다.

류옌둥의 딸 양판楊帆은 2009년 홍콩에서 딸을 낳았다. 양판이 홍콩에서 원정 출산을 했다는 비판이 제기됐다. 당시 미국 방문 중이었던 류옌둥은 귀국길에 싱가포르를 방문하도록 돼 있었는데 갓 태어난

외손녀가 보고 싶어 싱가포르 일정을 절반 이상 단축하고 홍콩으로 갔다고 한다. 중화권 언론들의 추적 보도로 이 사실이 알려지면서 그는 정치적으로 타격을 입었다.

각 계파를 넘나드는 그의 인맥이 정치국 위원까지 올라오는 데에는 유효했지만 최고 권력을 다루는 상무위원까지는 미치지 못했다는 관측도 나온다. 태자당·상하이방 연합 세력과 공청단파가 치열하게 권력 다툼을 벌이는 상황에서 어느 한 쪽도 류옌둥을 확실하게 자신의 편으로 내세워 밀기는 어려웠다는 것이다. 태자당·상하이방 입장에선 그의 공청단 경력이 '25명의 정치국 위원' 안에서는 넘길 수 있는 것이어도 '7명의 상무위원'에 그를 포함시키기에는 부담이 될 것이다. 류옌둥이 후진타오와 일한 경험이 있지만, 후진타오와 관계가 그다지 좋지 않았던 것으로 알려졌다. 후진타오는 류옌둥을 단련이 덜 된 사람으로 보았다고 홍콩 매체들은 전한다. 후진타오가 1985년 공청단 제1서기에서 구이저우貴州성 서기로 옮겨 가면서 류옌둥에 대해 좋은 평가를 해주었다면 그는 공청단 일인자가 될 수도 있었다. 하지만 후진타오는 한마디도 거들지 않았다고 한다. 서민 가정에서 태어난 후진타오가 집안 배경이 좋은 류옌둥에 대해 불편한 감정을 가졌을 것이라는 추측도 가능하다. 후진타오 후임으로 쑹더푸宋德福가 공청단 일인자가 됐다.

'여성 최초 정치국 상무위원'이 좌절된 그는 우이 이후 중국의 두 번째 여성 부총리라는 타이틀을 갖게 됐다. 그는 과학기술·교육·문화 담당 부총리를 맡아 리커창 총리와 장가오리 상무 부총리를 보좌한다. 그가 우이 부총리를 뛰어넘어 중국 최고의 여성 정치인으로서 위상을 굳힐 수 있을지 주목된다. 류 부총리는 2013년 2월 25일 박근혜 대통령 취임식에 중국 정부의 특사 자격으로 참석했다. 류 부총리는 취임식 전에 박 대통령을 따로 만나 양국 현안에 대해 의견도 나눴다. 중국이 여성 정치인을 한국의 대통령 취임식에 보낸 것은 처음이었다. 중국은 이명박 대통령 취임식 때는 정치국원보다 한 단계 낮은 중앙위원이던 탕자쉬안唐家璇 외교담당 국무위원을 파견했었다. 2003년 노무현 대통령 취임식에는 정치국원이던 첸치천錢其琛 부총리를 보냈었다. 5년 만에 특사의 격을 한 단계 높인 셈이다. 이에 대해 외교가에서는 "중국이 취임식 참석 사절의 격을 높인 것은 한·중 관계를 더 중시하겠다는 메시지가 담긴 것으로 볼 수 있다"는 얘기가 나왔다. 한편으로는 류 부총리가 중국 내에서 차지하고 있는 위상을 보여준 것이기도 했다.

5 왕양 汪洋 | Wang Yang

직책 국무원 부총리
출생 1955년 3월 안후이성 쑤현
학력 중앙당교

주요 약력

1972~1976년	안후이성 쑤현지구 식품공장 노동자
1979~1980년	중앙당교 이론선전간부반 정치경제학
1981~1982년	공청단 안후이성 쑤현 위원회 부서기
1982~1983년	공청단 안후이성 위원회 선전부장
1983~1984년	공청단 안후이성 위원회 부서기
1984~1987년	안후이성 체육위원회 부주임
1987~1988년	안후이성 체육위원회 주임
1988~1992년	안후이성 퉁링시 시장
1992~1993년	안후이성 계획위원회 주임
1993~1999년	안후이성 부성장
1999~2003년	국가발전계획위원회 부주임
2003~2005년	국무원 부비서장
2005~2007년	충칭시 서기
2007~2012년	광둥성 서기
2013년~	국무원 부총리

"인재人才다."

1992년 초 남쪽 지방을 돌며 개혁·개방을 주창한 남순강화를 마치고 베이징으로 돌아가던 덩샤오핑鄧小平은 안후이安徽성 벙부蚌埠에 들렀다. 그는 친히 37세의 젊은 시장을 접견했다. 안후이성의 중소도시 퉁링銅陵을 책임지고 있던 왕양汪洋이었다. 왕양이 33세 되던 1988년 퉁링시를 맡았을 때 퉁링은 구리광산에 의지한 채 변화는 외면했던 곳이었다. 그는 주민들로부터 '아기 시장'이라는 놀림을 받으면서 부임했지만 국영기업 내에 임금차등제를 도입해 철밥통을 깨뜨리고 자본을 유치해 공장을 신설하는 등 대대적인 개혁을 단행했다. 왕양의 노력은 마침 개혁·개방을 강조한 덩샤오핑의 귀에 들어갔고 덩샤오핑은 왕양을 격려하기 위해 직접 그를 만난 것이다. 덩샤오핑은 이후 왕양을 두고 "키워볼 만한 젊은이"라고 말했다고 한다.

홀어머니 밑에서 어렵게 자라 가정 형편 때문에 고등학교를 중퇴해야 했던 왕양은 초고속 승진을 거듭하며 중국 권력 심장부의 진입을 바라보는 위치까지 왔다. 숨 가쁘게 달려온 그는 2012년 18차 당대회 때 제동이 걸렸다. 당초 유력한 정치국 상무위원 후보로 거론됐지만, 입성에는 실패했다. 하지만 아직 끝난 것은 아니다. 그는 최고지도부 진입의 꿈을 접기에는 젊다. 왕양은 2013년 3월 전국인민대표대회에서 부총리로 선출돼 대외경제·농업 등 영역을 책임지게 됐다. 그가 2017년 19차 당대회 때 상무위원회 진입이 유력하다는 관측이 나온다. 다만 그러기 위해서는 넘어야 할 산이 있다.

서민 출신 인간 승리

왕양은 최고 지도부 후보로 거론되는 정치인 중 배경이 가장 약한 인물일 것이다. 1955년 안후이성 쑤저우宿州에서 출생한 그는 어린 시절 아버지를 여의고 시골 초등학교 교사인 어머니의 밑에서 자랐다. 너무 가난해 1972년 17세 때 고교를 중퇴하고 식품공장 공원으로 취직했다.

부지런하고 총명했던 왕양은 이 공장에서 빠른 승진을 거듭했고 1975년 공산당에 가입했다. 문화대혁명 여파로 사회적으로 책 읽는 분위기가 아니었지만 그는 일하는 동안 틈날 때마다 책을 들었다. '자질이 뛰어난 간부'로 인정을 받았고 1976년 쑤저우宿州의 5·7간부학교 교원으로 임용됐다. 5·7간부학교는 문화대혁명 때 각지에 설립된 간부 재교육 기관이다. 왕양은 이곳에서 교원연구실 주임, 학교 당위원회 위원으로 계속 승진했다. 그는 5·7간부학교 재직 시절 인연을 만났다. 그의 동료가 여동생을 소개해줬는데 나중에 결혼한 주화광祝華光이다. 주화광의 아버지 주젠위안祝建湲은 쑤저우의 중층 간부였는데 왕양의 성실함과 열정이 마음에 들었다.

문혁이 끝나고 1970년대 말 중국 공산당은 우수한 청·장년 간부를 양성하는 데 힘을 기울였다. 공산당의 간부 양성기관인 중앙당교黨校는 당 중앙의 지시에 따라 각종 청·장년 간부 양성 과정을 개설, 지방의 당 조직으로부터 추천을 받은 간부 후보생을 교육시켰다. 중앙당교는 1979년 안후이성에 후보생으로 10여명을 배정했다. 쑤저우에는 1명이 할당됐다. 장래 장인이 될 주젠위안은 왕양을 적극적으로 추천했다. 왕양은 중앙당교 이론 선전 간부반 정치경제학 과정에 입학할 수 있었다.

1년 과정을 마친 그는 1980년 고향으로 돌아와 쑤저우 당교 교사를 거쳐 1981년 공청단 안후이성 쑤저우 위원회 부서기에 발탁됐다. 그가 공청단에 발을 들여놓은 순간이다. 왕양은 1982년 공청단 안후이성 위원회 선전부장으로 옮겼으며 1983년에 공청단 안후이성 위원회 부서기에 올랐다. 그의 나이 28세 때였다. 당시 후진타오가 공청단 중앙서기처 서기였다.

왕양이 두각을 나타내기 시작한 것은 33세 때 안후이성 퉁링의 시장을 맡았을 때부터였다. 퉁링은 개혁·개방에 미온적이었다. 변화에 대한 열망이 없었고 현실에 안주하는데 급급했다. 1988년 퉁링시장에 취임한 왕양은 공무원 사회의 고정 관념을 그대로 둬서는 안 된다고 생각했고, 1991년 지역신문인 퉁링일보에 '잠에서 깨자, 퉁링'이라는 제목의 글을 썼다. 그는 이 글을 통해 퉁링의 낙후한 모습을 가감 없이 전하며 안후이성의 다른 지역에 비해 경제력이 떨어지면서도 개혁·개방에 나서지 않아 격차가 벌어지고 있다고 지적했다. 퉁링이 경제 건설과 개혁에 대한 의지가 부족하고 정신적으로 나태하다고 비판했다. 그런데 이 글이 퉁링에서만 읽힌 것이 아니었다. 베이징을 비롯해 전국 주요 도시에 배달되는 관영 경제일보經濟日報는 "잠에서 깨어나야 할 것은 퉁링만이 아니다"라는 제목의 기사를 게재하며 전국적인 사상 개혁의 필요성을 주창했다. 당시 중국은 톈안먼 사태 이후 보수 강경파의 목소리가 커지면서 개혁·개방 열기가 주춤한 상황이었고 덩샤오핑은 다시 불씨를 살리려고 하고 있었다. 경제일보는 덩샤오핑의 뜻을 받들어 개혁·개방 열기를 되살리기 위한 작업을 하고 있었는데, 지방 도시 퉁링의 젊은 시장이 올린 글이 의도에 정확히 맞아 떨어졌다. 최고지도자 덩샤오핑의 눈에 띈 그의 정치적 행로는 막힐 게 없었다. 그는 덩샤오핑을 직접 만났던 1992년 안후이성 성省정부로 전격 발탁돼 성장 보좌관을 거쳐 1993년 안후이성 부성장으로 승진했다. 당시 왕양의 나이 38세였다. 전국에서 가장 젊은 부성장이었다. 왕양은 1998년 안후이성 부서기에 오르며 초고속 승진 가도를 달렸다. 불과 10년 만에 일개 중소도시의 시장에서 성省의 이인자로 도약한 것이다.

그는 공청단 간부를 지내 공청단파로 분류되지만 1955년생 동갑내기 리커창만큼 공청단 덕을 보지는 못했다. 리커창은 공청단 중앙서기처에서 공청단파의 좌장인 후진타오와 함께 일한 적이 있다. 왕양이 안후이성 공청단 위원회 부서기를 지내기는 했지만, 후진타오와 친분을 쌓을 여유는 없었다. 왕양이 후진타오의 배려와 후원을 받아 공청단 핵심으로 자리 잡기 시작한 것은 그가 1999년 베이징으로 올라간 이후부터인 것으로 전해지고 있다.

안후이성에서 줄곧 공직 생활을 하며 착실히 경력을 쌓은 왕양은 1999년 국무원 산하 국가발전계획위원회 부주임에 임명돼 '제11차 5개년 규획' 마련에 참여했다. 국가발전계획위원회는 경제와 사회 발전 정책에 대한 연구를 진행하고 계획을 수립하는 주요 부서였다. 성실하고 일 처리가 야무진 그는 곧 주목을 받았다. 2003년 장관급인 국무원 부비서장에 올랐다. 당시 총리였던 원자바오를 바로 옆에서 보좌하는 게 그의 임무였다. 최고 권력자인 후진타오는 같은 안후이성 출신이자 공청단 후배인 왕양을 챙겼다.

후진타오는 정권 초기 취약한 세를 보강하기 위해 지방으로 자기 사람을 내보냈다. 왕양은 2005년 4대 직할시 중 하나인 충칭重慶시 서기로 임명됐다. 이 같은 인사 조치는 왕양이 지방 행정 경험을 쌓아 더 높은 자리로 올라갈 수 있는 기반을 다지게 하려는 후진타오의 의중이 반영된 것이기도 했다. 왕양은 권위를 걷어내고 시민들에게 친근하게 다가섰다. 충칭의 여러 신문에 1면 톱으로 시 지도자들의 활동을 가급적 싣지 못하도록 하고 대신 각종 민생 관련 소식을 중점적으로 보도하게 했다.

2007년 충칭에서 토지 수용에 반대하는 불복종 사건이 벌어졌다. 아파트 공사 현장에 있는 한 2층 주택 소유자가 더 많은 보상을 요구하며 4년째 철거를 거부하고 버틴 것이다. 주변에 대지 조성 공사가 끝나 그의 집은 '육지 위의 섬'처럼 남아 있었고 이 모습은 외신과 인터넷을 통해 전 세계로 퍼져 나갔다. 그해 3월 현지 법원이 철거 명령을 내리자 집주인은 전기도 물도 끊긴 이 집에서 농성을 시작했다. 집 밖으로 중국 국기인 오성홍기五星紅旗를 내걸고, "당 서기를 만나야겠다"고 소리쳤다. 최고 지도자로 가는 관문인 지방 당서기로 처음 부임한 왕양으로서는 큰 위기를 만난 것이다. 하지만 왕양은 이 사건을 매끄럽게 해결했다. 관할 구區 당서기를 현장으로 보내 건설회사와 양씨 간 협상을 적극 중재하도록 했고, 집주인은 4월 2일 결국 합의서에 도장을 찍었다. 다른 지방에서였다면 농성이 벌어지는 동안 보도를 통제하고 공권력을 투입해 철거에 들어갔겠지만, 충칭시는 이 사건이 보도되는 것을 막지 않았고 물리력을 동원하지도 않았다. 홍콩의 주간지 아주주간亞洲週刊은 당시 "왕 서기가 중국 대륙의 사유재산 보호 정책에 대한 이상적인 주석 하나를 달았다"고 전했다.

원자바오도 두 손 든 고집

2007년에는 '세계의 공장'으로 불리는 광둥廣東성 당서기로 부임했다. 왕양은 '텅룽환냐오騰籠換鳥 ·새장을 비워 새로운 새로 바꾼다'의 구호를 내걸고 대대적인 산업구조 개선 작업을 단행했다. 부가가치가 낮은 업종의 중소기업을 광둥성 외곽과 서부 내륙으로 보내고, 첨단 기술 업종을 유치하는 정책이었다. 반발이 거셌다. 중국에서 개혁·개방이 가장 먼저 시작된 광둥에는 이익 집단의 뿌리가 깊었으며, 중앙에서 내려온 왕양을 별로 두려워하는 기색이 없었다. 공무원들도 왕양의 개혁 구호에 적극적으로 동참하지 않았다.

설상가상으로 2008년 글로벌 금융위기가 발생해 수천개의 중소기업이 도산했다. 하지만 왕양은 경쟁력 없는 기업을 자연 도태시킬 기회라며 손을 쓰지 않았다. 사회 불안을 우려한 원자바오 총리가 참다 못해 두 번이나 광둥성에 내려가 그를 압박했지만, 왕양은 "낙후된 생산업종을 맹목적으로 구할 수는 없다"며 맞섰다. 왕양은 천샤오지陳紹基 광둥성 정협 주석과 쉬중헝許宗衡 선전深圳 시장 등 관할지역 내 고관들을 부패 혐의로 잇달아 날려 버리며 강도 높게 개혁 드라이브를 걸었다. 서기의 확고한 의지를 확인한 공무원들이 본격적으로 뛰기 시작했다. 광둥성의 산업구조가 서서히 체질 개선을 해나가자 원자바오도 손을 들고 말았다. 과거 주룽지朱鎔基 전 총리가 왕양을 두고 "나이가 적은데도 담력이 크다"고 평한 게 빈말이 아니었다.

왕양은 공사가 분명하다는 평가를 받는다. 중앙 부처 고관으로 근무하던 시절 춘제春節·설 연휴에 고향의 홀어머니를 보러 갈 때도 현지 정부에 알리지 않고 열차 편으로 조용히 다녀갔다고 한다. 그는 개혁적인 성향으로 국내외에서 주목을 받고 있다. 미국 뉴욕타임스 칼럼리스트 토머스 프리드먼은 2008년 중국에서 왕양을 만난 뒤 뉴욕타임스에 "중국 지도자 중 가장 혁신적이고 개방적이다. 나를 놀라게 했다"고 썼다.

왕양은 광둥성 우칸烏坎촌 사태를 수습하면서 정치개혁역량을 과시했다. 우칸촌 주민 2만여명은 촌민위원회와 현지 지방 관료가 집단 소유지를 몰래 팔아넘긴 데 격분해 2011년 9월부터 격렬한 시위를 벌였다. 공안 당국에서는 강경 진압이 불가피하다는 입장이었지만 왕양은 대화로 문제 해결에 나설 것을 지시했다. 광둥성은 주민들의 요구사항을 수용해 부패 관료를 몰아내고 현지 주민들이 직접 선거로 촌민 위원회를 구성하도록 했다. 주민들은 4개월 만에 시위를 풀었다. 공산당 지도부도 왕양의 결정을 좋게 평가했다.

왕양은 정치국 상무위원 승진을 놓고 보시라이 전 충칭시 서기와 경쟁을 벌인 바 있다. 왕양은 공청단 핵심 멤버, 보시라이는 대표적인 태자당 일원이다. 보시라이는 2007년 충칭시 서기에서 광둥성 서기로 옮긴 왕양의 뒤를 이어 충칭시 서기에 올랐다. 보시라이는 충칭시 서기에 부임한 이후 개혁 성향인 전임자 왕양의 업적을 뒤엎었다. 보시라이는 문화대혁명 시절을 연상하게 하는 대대적인 좌파 문화 캠페인을 펼치며 사회주의적인 분위기를 강조했다. 빈부격차 확대에 불만을 갖는 사람들이 늘고 있는 상황을 염두에 둔 정치적 승부수였다.

보시라이가 "이제는 파이를 나눠야 할 때"라면서 분배 위주의 좌파적 정책을 들고 나오자, 왕양은 "아직은 파이를 더 키워야 한다"며 성장론으로 맞서며 치열한 '파이 논쟁'을 펼쳤고, 두 사람의 노선투쟁은 막상막하였다. 하지만 보시라이가 스캔들로 낙마하면서 왕양이 반사이익을 얻었고, 상무위원 진입이 유력할 것으로 예상됐다.

하지만 왕양은 2012년 18차 당대회 때 상무위원에 이름을 올리지 못했다. 중국 전·현직 지도부 30여명이 10월 말 밀실투표를 통해 새 최고지도부인 정치국 상무위원 7명을 최종 결정했고, 이 과정에서 장쩌민 전 주석 등 원로의 반대에 부딪혀 왕양이 탈락했다고 로이터통신이 당내 소식통을 인용해 보도했다. 원로들은 좌파의 상징인 보시라이가 몰락했는데 라이벌인 왕양 서기를 발탁하면 좌파가 기세게 반발할 것이라는 명분을 내세웠다는 것이다. 보시라이와의 노선 투쟁이 왕양에게 부메랑이 돼 그의 발목을 잡은 셈이다. 보시라이는 중국 정계에서 보기 힘든 튀는 스타일의 정치인이었는데, 왕양 역시 튀는 것은 마찬가지였다.

왕양이 돌출적인 성격으로 당내 갈등을 부를 수 있다는 의견을 원로들이 꺼내 반대했다는 얘기도 있다. 보수파 사이에는 "왕양이 너무 급진적이다"라는 불만이 퍼져 있다. 왕양은 2012년 3월 전인대 때 가진 기자회견에서 개혁의 우선순위를 묻는 질문에 "인민의 근본 이익을 대표하는 곳은 당과 중앙정부, 지방정부다. 이들 조직에 먼저 칼을 대야 사회 발전의 첫걸음이 보장된다"고 강조했다. 왕양은 18차 당대회 기간에 공직자 재산공개의 필요성을 역설하며 광둥성의 모든 공직자의 재산공개를 의무화하는 방법을 찾고 있다고 밝혔다. 왕양은 2012년 5월 광둥성 당대회 때에는 "인민의 행복은 공산당과 정부의 은혜로 주어지는 것이라는 잘못된 인식을 반드시 깨야 한다. 장기집권에 따른 당의 최대위험은 군중으로부터 분리되는 것이다"라고 언급, 중앙 정계에서 논란을 일으키기도 했다.

하지만 시진핑 주석이 개혁을 시급한 과제로 인식하고 있어 부총리를 맡은 왕양이 자신의 개혁 의지를 계속 펼쳐나갈 수 있을 것이라는 전망이 나오고 있다. 유력한 차기 최고 지도자 후보로 2012년 12월 왕양으로부터 광둥성 서기 자리를 물려받은 후춘화胡春華는 전임자인 왕양의 개혁 정책을 계승할 것임을 시사했다. 서민의 아들로 태어나 '개혁'을 주제로 계속 써 온 그의 성공신화는 어디까지 이어질까.

6 류치바오 劉奇葆 | Liu Qibao

직책 중국 공산당 중앙선전부장
출생 1953년 1월 안후이성 쑤쑹현
학력 안후이사범대 역사학과

주요 약력

1972~1974년	안후이사범대 역사학과
1974~1977년	안후이성 선전부 이론연구실
1977~1980년	안후이성 판공청 비서실
1980~1982년	공청단 안후이성 위원회 선전부 부부장
1982~1983년	공청단 안후이성 위원회 선전부 부장
1983~1985년	공청단 안후이성 위원회 서기
1985~1993년	공청단 중앙서기처 서기
1993~1994년	인민일보 부총편집인
1994~2000년	국무원 부비서장
2000~2006년	광시좡족자치구 부서기
2006~2007년	광시좡족자치구 서기
2007~2012년	쓰촨성 서기
2012년~	중앙선전부장

중국 공산당 중앙선전부는 공산당 이데올로기를 전파하고 언론 통제로 여론을 관리하는 게 주요 임무다. 시진핑 정권에서 중앙선전부장을 맡은 류치바오劉奇葆는 류윈산劉雲山 선전 담당 정치국 상무위원을 보좌하며 13억 중국인의 눈과 귀를 최대한 통제하는 일을 관장한다.

중앙선전부는 당내 핵심 조직이다. 류치바오 중앙선전부장은 공산당 중앙서기처 서기도 겸직하고 있는데, 서열이 매겨져 있는 중앙서기처에서 류치바오는 류윈산 정치국 상무위원에 이어 두 번째다. 공산당원의 인사 관리를 책임지는 자오러지趙樂際 중앙조직부장, 시진핑 주석의 비서실장인 리잔수栗戰書 중앙판공청 주임보다 서열이 높다. 중앙선전부장의 위상을 반영하는 것이다.

류치바오의 경력은 '공청단'과 '선전 전문가'로 요약할 수 있다. 그는 20대 시절부터 선전 담당 업무를 오랫동안 담당했으며 인민일보 부총편집인까지 지내 선전 분야에서 많은 경험을 쌓았다. '준비된 중앙선전부장'인 셈이다. 류치바오는 후진타오 전 주석, 리커창李克强 총리, 왕양汪洋 부총리와 함께 공청단파의 대표 주자다. 이들 3명과는 안후이安徽라는 출신 성省까지 같다. 중국 당 중앙에서 선전 분야의 총책임자인 류윈산 역시 공청단파로 분류된다. 공청단파는 18차 당대회를 통해 선전 분야를 장악한 셈이다.

준비된 중앙선전부장

류치바오는 1953년 1월 안후이성 쑤쑹宿松현에서 태어났다. 문화대혁명 기간이던 1968년부터 1972년까지 그는 고향의 한 생산대生産

隊에서 지도원으로 일했다. 그의 나이 15세부터 19세까지였다. 그는 1972년 안후이사범대학 역사학과에 진학했다. 1974년 졸업한 그는 교단에 서는 대신 공직에 진출했다. 첫 근무지는 안후이성 선전부 이론연구실이었다. 이곳에서 3년간 근무한 그는 1977년 안후이성 판공청 비서실로 자리를 옮겼다. 당시 안후이성 서기는 중국 8대 원로 중 한 명인 완리萬里였다. 류치바오는 비서실에서 근무하며 완리의 신뢰를 얻었다.

류치바오는 1980년 공청단 안후이성 위원회 선전부 부부장을 맡았다. 이후 그는 1982년 공청단 안후이성 위원회 부서기와 선전부장을 겸직했으며 1983년부터 1985년까지 공청단 안후이성 위원회 서기를 지냈다. 당시 후진타오는 베이징에서 공청단 중앙의 제1서기를 맡고 있었다. 류치바오는 후진타오와 업무로서 뿐만 아니라 개인적 신뢰관계를 쌓았다. 같은 안후이성 출신이면서 류치바오보다 두 살 어린 왕양과의 관계도 흥미롭다. 1982년 류치바오가 공청단 안후이성 위원회 부서기를 맡았을 당시 왕양은 공청단 안후이성 쑤저우 위원회 부서기였다. 류치바오가 1983년 안후이성 공청단 서기에 올랐을 때 왕양은 부서기였다. 하지만 이후 승진 속도는 왕양이 더 빨랐다. 왕양은 류치바오보다 먼저 지방 서기에 올랐고 2007년 17차 당대회 이후 중앙 정치국 위원에 올랐다. 왕양은 18차 당대회를 앞두고 정치국 상무위원 후보로 거론됐지만, 진입에는 실패했다. 19차 당대회 때 류치바오와 왕양 가운데 누가 상무위원에 오를 것인지가 정가의 관심사로 떠올랐다. 마지막 결승선에 누가 먼저 도착하느냐의 문제인 것이다.

류치바오는 1985년 베이징으로 상경했다. 이후 8년간 공청단 중앙에서 일했다. 당시 공청단 중앙서기처 서기 중에는 리커창·리위안차오李源潮 등 이후 공청단파를 이끈 주축 세력이 포함돼 있었다. 공청단 중앙서기처 서기로 재임하면서 류치바오는 1993년 지린대吉林大에서 경제학 석사학위를 받았다.

류치바오는 1993년 공청단을 떠나 1년간 인민일보 부총편집인으로 근무했다. 인민일보는 중국 공산당 기관지다. 류치바오는 인민일보 경험을 통해 언론 시스템과 뉴스 생성 과정을 익혔으며 이는 그의 선전 계통 경력에 큰 보탬이 됐다.

그는 1994년부터 6년간 국무원 부비서장을 지냈다. 이어 2000년 광시좡족廣西壯族자치구 부서기로 지방 근무를 시작했다. 2006년 6월에는 광시좡족廣西壯族자치구 서기로 승진했다. 그는 서기로 승진한 지 얼마 안 돼 '광시 진흥 신전략 구상'을 발표했다. 광시와 동남아국가연합아세안 지역을 연결하는 프로젝트로, 지역개발의 새로운 모델이라는 평가를 받았다. 중국을 베트남·말레이시아·싱가포르·인도네시아·필리핀 등 동남아 국가와 묶어 다양한 경제 협력을 추진하되 광시자치구가 이 프로젝트의 중심지가 된다는 구상이었다. 중앙 정부는 2008년 이 계획을 승인했다. 동남아 국가들은 급성장하는 중국에 대한 경계심과 의구심을 내비치고 있었다. 중국 정부는 이들 동남아 국가와 손잡을 필요가 있었다. 류치바오의 구상은 중앙 정부의 동남아 전략에 부합하는 것이었다.

류치바오는 17차 당 대회가 끝난 이후인 2007년 11월 쓰촨四川성 서기로 자리를 옮겼다. 사실상 차기 정치국 진입을 위한 준비 과정이라는 관측이 나왔다. 중앙 정부는 2007년 6월 충칭과 쓰촨성 성도 청두成都시를 국가급 신 특구로 지정한 상태였다. 쓰촨성은 충칭重慶시와 더불어 후진타오 정부가 서부 대개발의 전초 기지로 삼고 있는 지역이다. 후진타오는 측근인 류치바오에게 중책을 맡겨 중앙 정치 무대로 진출할 수 있는 기회를 제공한 것이다.

그가 부임한 지 6개월 만인 2008년 5월 12일 쓰촨성 원촨汶川에서 대지진이 발생했다. 그는 시험대에 올랐다. 하지만 위기가 곧 기회였다. 류치바오는 위기를 잘 돌파했다. 대재해를 성공적으로 극복했다는 평가를 받았고 이로써 그가 중앙으로 나가는 문이 열렸다.

류치바오는 원촨 대지진 복구 과정에서도 그의 '선전 노하우'를 살렸다. 그는 지진이 발생한 날 현장으로 가면서 7가지의 지시를 내렸다. '신속하게 부상자를 구조할 것' '재해지역 수재민을 안전지대로 신속히 옮길 것' '수재민들의 의식주 보장책을 강구할 것' 등인데, 여기에 '언론기관은 정확하게 여론을 선도하라'는 지시 사항이 포함돼 있었다. 류치바오는 2009년 신년 메시지를 통해 "지진 피해자들을 위해 구호물자를 지원해 준 모든 이들에게 진심 어린 감사를 표한다"며 쓰촨성 대지진 피해자를 위한 세계 각국의 구호물자 지원에 대한 감사 메시지를 전달했다. 그는 또 "우리는 강한 정신력과 따뜻한 마음을 가지고 있으며 더 아름다운 새집을 지을 수 있을 것"이라며 감성적인 메시지를 전했다.

언론 통제 시험대

류치바오가 정치국 위원으로 승진하고 당의 요직인 중앙선전부장에 임명되면서 그의 정치적 앞날은 거침이 없을 것으로 보였다. 하지만 2012년 11월 29일 시진핑 총서기의 첫 대북 특사로 임명됐던 그가 갑자기 교체된 사실이 방북 대표단 출국 당일 알려지면서 신변에 이상이 생긴 게 아니냐는 얘기가 나왔다. 중국 공산당 대외연락부는 11월 28일까지만 해도 류치바오가 29일부터 북한을 방문할 것이라고 발표했다. 하지만 관영 신화통신은 29일 리젠궈李建國 당 정치국원 겸 당시 전국인민대표대회 부위원장이 북한·라오스·베트남 3국 방문길에 올랐다고 보도했다. 류치바오의 이름은 없었다. 충분한 시간을 두고 준비되는 게 보통인 해외 순방단 단장이 출발 직전 교체되는 것은 외교 관례상 흔치 않은 일이다. 이 순방은 중국 공산당 18차 당대회 결과를 사회주의권 우방에 설명하기 위한 것으로, 과거에도 선전부장이 대표단 단장을 맡았다는 점에서 리젠궈가 단장을 맡은 것은 이례적이었다. 이와 관련해 류치바오의 측근인 리춘청李春城 쓰촨성 부서기가 부패 등의 혐의로 당국 조사를 받는 상황과 관련 있다는 분석이 제기됐다. 류치바오가 조사를 받게 됐다는 것이다. 일주일 만에 류치바오가 공개 석상에 모습을 나타내면서 건재를 과시하기는 했지만, 그가 대북 특사단에서 갑자기 빠진 이유에 대한 궁금증은 가시지 않았다.

베이징 외교가의 한 소식통은 "대북 특사였던 류치바오가 급작스레 교체된 것은 분명 정상적인 상황은 아니다"라며 "하지만 류치바오가 측근의 비리에 직접 연루됐다는 증거가 확인되지 않는 이상 정치국 위원 5년 임기를 채우고 이후 더 높은 자리를 노리는 데에는 문제가 없을 것"이라고 말했다.

현재로서는 그가 19차 당대회 이후에도 선전 분야에서 중요한 역할을 할 것이라는 전망이 우세하다. 그는 2017년 19차 당대회 때 정치국 상무위원 진입을 노리고 있다. 중앙선전부장을 맡은 그가 중국 언론을 어떻게 통제하고 이끌어가는지를 보면 중국의 언론 자유 미래를 가늠할 수 있다는 얘기도 나온다.

그런 의미에서 류치바오가 중국의 개혁 성향 주간지 남방주말南方周末의 파업 사태 때 보여준 그의 행동이 관심을 끌었다. 남방주말 기자들이 2013년 1월 초 기사 검열에 반대해 파업에 돌입했는데, 중앙선전부는 주요 매체에 "외부세력이 '남방주말' 기자들을 사주해 당국과 맞서도록 하고 있다"는 내용을 담은 '환구시보' 사설을 싣도록 지시했다. 하지만 베이징의 유력지로, 비판적 시각을 견지하는 신경보新京報가 환구시보 사설 세재를 거부 하자 류치바오가 이에 격분, 신경보도 환구시보의 사설을 실어야 한다고 지시했고 당 선전부 렁옌冷言 부부장은 신경보를 찾아가 당의 지시에 불응할 경우 정간시키겠다고 위협했다. 류치바오는 언론의 자유와 사회 통제 사이에 놓인 시험대 위에 올라서 있다. 그 시험을 어떻게 치르느냐에 좁게는 그의 정치 미래, 넓게는 중국 정권의 미래가 달려있다고 해도 과언이 아닐 것이다.

7 궈진룽 郭金龍 | Guo Jinlong

직책 베이징시 서기
출생 1947년 7월 장쑤성 난징
학력 난징대 물리학과

주요 약력

1964~1969년	난징대 물리학과
1970~1985년	쓰촨성 중현 수력발전국, 체육위원회 코치, 문화국 국장, 현장
1985~1987년	쓰촨성 농촌정책연구실 부주임
1987~1990년	쓰촨성 러산시 부서기
1990~1992년	쓰촨성 러산시 서기
1992~1993년	쓰촨성 상무위원
1993~1993년	쓰촨성 부서기
1993~2000년	티베트자치구 부서기, 상무 부서기
2000~2004년	티베트자치구 서기
2004~2007년	안후이성 서기
2007~2008년	베이징시 대리시장
2008~2012년	베이징시 시장
2012년~	베이징시 서기

중국 공산당 18차 전국대표대회 18차 당대회를 앞두고 31개 성省·시市·자치구별로 전국 당대회에 참석할 대표를 뽑는 대회가 열렸다. 그런데 유독 베이징에서 대회가 순조롭게 진행되지 않았다. 베이징시 당대회는 당초 2012년 5월에 열릴 예정이었지만 정확한 이유가 공개되지 않은 채 연기됐다. 그랬던 것이 지역별 당대회 개최 시한 6월 30일이 임박한 6월 29일에 개막했다. 전국에서 마지막으로 열린 대회였다.

베이징시 당대회가 가장 늦게 열린 것은 무슨 이유 때문이었을까. 퇴임이 예정돼 있던 류치劉淇 베이징시 당서기의 후임을 놓고 당내 계파의 갈등이 심각, 조정하는데 그만큼 시간이 걸렸기 때문이라고 중화권 매체들은 분석했다. 중국 정치에서 수도 베이징의 중요성은 굳이 설명할 필요도 없다. 베이징은 권력 투쟁이 실제로 벌어지는 무대다. 베이징을 손에 넣느냐, 상대에게 내주느냐는 각 정치 세력의 기세와 직결되는 문제다. 그런 만큼 베이징시 당서기는 중국 정계에서 핵심적인 위치다. 수도의 당정 사무를 총괄하면서 국가 중추를 보위하는 자리다. 자연스럽게 계파가에 치열한 경쟁이 벌어졌다.

결론은 공청단파였다. 후진타오 인맥으로 꼽히는 궈진룽郭金龍이 18차 당대회를 거치면서 베이징시 서기로 임명됐다. 궈진룽은 후진타오의 정치적 성장에 밑거름이 됐던 티베트 당서기로 근무했으며, 후진타오의 고향인 안후이安徽성 당서기도 지냈다. 공청단 경력은 없지만, 후진타오의 측근으로 분류된다. 궈진룽은 2007년부터 베이징시 시장을 지내기는 했지만, 리커창·리위안차오·왕양 등 공청단파의 대표 주자에 비하면 상대적으로 덜 주목을 받았다. 하지만 그는 이번에 정치국 위원으로 승진하면서 베이징시 서기라는 요직에 올랐다.

대학 시절 배구 선수로 활약

궈진룽은 1947년 7월 장쑤江蘇성 난징南京에서 출생했다. 그는 난징대학 물리학과를 졸업했다. 그는 대학 시절 배구선수로도 활약했다. 그는 키가 180cm가 넘는다.

궈진룽은 대학 졸업 후 1970년 쓰촨四川성 중忠현의 수력발전국에 배치된 것을 시작으로 이 지역에서 16년을 일했다. 중현은 현재 충칭重慶시에 속해 있다. 궈진룽이 수력발전국에서 처음 했던 일은 조끼를 입고 전신주에 올라가 전선을 연결하는 것이었다. 궈진룽은 1973년부터 6년 동안 중현에서 체육위원회 배구 감독을 맡았다. 그가 대학 시절 배구 선수로 활약했던 경력 때문이었다. 그가 지도한 선수 가운데는 중국 남자배구 국가대표 감독을 지낸 저우젠안周建安이 있다. 궈진룽이 2008년 베이징 시장과 베이징올림픽 조직위원회 집행위원장을 겸직할 때 그의 배구 경력이 화제가 되기도 했다.

궈진룽은 1979년 중현 위원회 선전부에서 1년간 일을 한 후 중현 문화교육국 부국장1980년, 문화교육국 국장1981년을 거쳐 1983년 현장에 오른다. 그가 이 현에 온 지 13년 만이었다. 하지만 이후 궈진룽이 쓰촨성 부서기에 올라 정치 인생에 꽃을 피우기 시작하기까지는 10년밖에 걸리지 않았다.

1985년 중현은 쓰촨성에서 세 번째 체제 개혁 시범지역이 됐다. 궈진룽은 충칭 일대 현장들이 모인 회의에서 개혁에 대한 자신의 의견을 발표하는 한편 현장들을 상대로 중현의 개혁 상황을 보고했다. 당시 회의에는 쓰촨성 농업연구실 주임인 리부윈李步雲이 참석해 회의를 지켜보고 있었다. 궈진룽을 눈여겨본 그는 1985년 궈진룽을 쓰촨성 농업연구실 부주임으로 불러온다. 궈진룽은 이후 고속 승진을 거듭했다.

그는 1990년 쓰촨성 러산樂山시 서기를 거쳐 1992년 쓰촨성 공산당 위원회 상무위원에 선임됐고, 1993년 4월 쓰촨성 부서기로 승진했다.

궈진룽은 쓰촨성 부서기에 오른 지 8개월 만인 1993년 12월 티베트자치구 부서기로 자리를 옮겼다. 티베트에서의 11년간 생활이 시작된 것이다. 후진타오는 1988년부터 1992년부터 티베트 서기로 근무, 티베트에는 후진타오의 측근들이 포진해 있었다. 궈진룽 역시 티베트 근무를 계기로 후진타오와 가까워졌다.

궈진룽은 1994년 티베트자치구 상무 부서기에 올랐고 2000년에는 당서기에 올랐다. 그는 중앙 정부의 지원을 이끌어 티베트 경제 살리기에 나섰다. 그는 티베트의 도시화를 주도해 임기 중 티베트 자치구의 연평균 경제 성장률이 12%에 달했다. 그가 티베트 자치구 서기 임기를 시작하고 난 다음해인 2001년 서부대개발의 대표적인 프로젝트인 칭짱青藏고속철도 칭하이성 시닝과 티베트 자치구 라싸를 연결하는 철도 2차 구간 공사가 시작됐다.

공청단파 베이징시 장악

그는 업무 스타일이 관료티가 별로 나지 않으면서 과단성이 있다는 평가를 받고 있다. 스포츠를 좋아하고 전통 악기를 다룰 줄 알며 바둑도 잘 두는 그는 티베트자치구에서 현지 주민과 스스럼없이 어울렸다고 한다. 그가 2002년 봄을 맞아 지방 시찰을 다니고 있을 때였다. 티베트의 높은 산에서 얼었던 얼음이 녹아내리면서 봄철 농사 시작을 앞두고 농지의 침수 피해가 심각한 상황을 목격했다. 궈진룽은 즉각 부서기를 포함해 유관 부처 책임자를 현장으로 불러 대책을 논의했다.

궈진룽은 2004년 12월 안후이성 서기로 옮겨갔다. 그가 서기를 맡았을 때 안후이성은 어수선했다. 비리혐의로 체포된 왕화이중王懷忠 전 부성장에 대한 사형이 2004년 2월 집행됐고, 분유업체인 다터우와와大頭娃娃의 불량 분유 사태로 혼란에 휩싸여 있었다. 궈진룽은 차분히 혼란을 수습해나갔다. 그는 동부 지역의 발전전략을 접목시켜 안후이성의 산업을 끌어올렸다. 안후이성에서도 관료티가 나지 않는 그의 스타일이 화제가 됐다. 2005년 춘제春節·중국 설 때 그는 거리로 시찰을 나섰다. 눈이 오는 가운데 한 환경미화원이 길을 쓸고 있었다. 이를 본 궈진룽은 그 환경미화원에게 다가가 90도로 허리를 숙이며 신년 인사를 했다고 한다.

궈진룽은 2007년 부총리로 승진한 왕치산 후임으로 베이징 시장을 맡았다. 후진타오가 그를 지원한 결과인 것으로 알려졌다. 궈진룽은 2008년 베이징 올림픽을 잘 치러냈다는 평가를 받았다. 2008년 8월 8일 베이징 올림픽 개막식에서 환영사를 해 그의 이름을 각인시켰다.

올림픽이 끝난 이후에는 베이징의 고질적인 문제였던 교통난 해결에 나섰다. 그는 2010년 12월 교통대책을 내놓았다. 2011년 연간 신규 자동차 등록 대수를 전년의 3분의 1 수준인 24만대로 제한하고 출퇴근 시간대 외지 차량이 도심으로 진입하는 것을 금지하는 한편 주차비를 올리는 등 강력한 대책이었다. 베이징의 교통 혼잡이 상당 부분 완화되는 효과를 거뒀다.

그는 2012년 7월 3일 베이징시 서기로 확정됐다. 베이징과 상하이는 서로 라이벌 의식을 갖고 있는 도시다. 하지만 정치적으로는 상하이방이 베이징시 위원회를 장악해왔다. 상하이방의 대부인 장쩌민이 1989년 권력을 잡았지만, 베이징시 서기 천시퉁陳希同이 수차례에 걸쳐 장쩌민의 권위에 공개적으로 도전한 바 있다. 장쩌민은 1995년 부패 혐의로 천시퉁을 제거하고 권력을 완전히 장악했다. 장쩌민은 자신의 측근을 베이징시 서기에 앉히려고 했지만, 원로의 반대에 부딪혀 웨이젠싱尉健行 당시 당 중앙기율검사위 서기를 베이징시 서기로 임명할 수밖에 없었다. 장쩌민은 1997년 자신의 심복인 자칭린을 푸젠福建성에서 불러올려 베이징시 서기에 앉혔고, 2002년에는 역시 자신의 파벌인 류치를 베이징시 서기로 발탁했다. 후진타오는 호시딤탐 베이징시를 노렸지만 2002년 측근인 멍쉐눙孟學農이 사스 파동의 책임을 지고 베이징시장에서 물러나면서 베이징시에 자신의 인맥을 기용하지 못했다. 멍쉐눙 후임으로 베이징시장을 맡은 왕치산은 장쩌민과 가까웠다. 후진타오는 2007년 베이징시장에 궈진룽을 앉히는 데 성공했고 2012년에는 궈진룽을 베이징시 서기로 올려놓았다.

하지만 궈진룽은 베이징시 서기로 선출되고 나서 18일 만에 정치적 위기를 맞는다. 2012년 7월 21일 베이징에 평균 170mm의 폭우가 쏟아져 77명이 숨지고 190만 명의 이재민이 발생했으며 1조 8,000억 원의 재산피해가 났다. 하지만 베이징시 당국은 당초 희생자가 37명이라고 발표했다가 주민들의 비난을 샀다. 베이징시가 고의적으로 피해 규모를 은폐·축소하고 있다는 것이었다. 수재에 대한 베이징시 당국의 대처와 책임을 놓고 비난의 화살이 서기와 시장을 겸하고 있던 궈진룽에게 쏟아졌다. 7월 25일 궈진룽은 시장직에서 퇴임하고 서기 직만 유지했다. 지역 일인자인 당서기 자리에 오르면 행정조직 수장인 시장 자리를 넘겨주는 게 관례라는 점에서 궈진룽의 시장 퇴임은 예상된 수순이기는 했지만, 수재 후속 처리가 진행되는 와중에 단행된 시장 교체는 성난 민심을 달래기 위한 문책성 인사 성격을 띠고 있다는 분석이 나왔다.

그러나 궈진룽은 더 이상의 책임은 지지 않았다. 베이징시 서기직을 계속 유지하면서 무사히 정치국에 진입한 것이다. 그는 19차 당대회가 열리는 2017년 70세가 돼 연령 제한으로 정치국 상무위원으로 올라갈 수는 없다. 하지만 공청단파 계열로 어렵게 베이징시 서기 자리를 잡은 만큼 그가 서기로 재임하는 동안 정치적으로 상당한 역할을 할 것이라는 전망이 나오고 있다. 다만 상하이방 소속이자 쩡칭훙曾慶紅을 주축으로 한 석유방_{석유 분야에서 근무한 경력이 있는 인사들의 정가 인맥} 소속인 왕안순王安順이 이인자인 베이징시장에 임명돼 견제를 받게 됐다.

8 후춘화 胡春華 | Hu Chunhua

직책 광둥성 서기
출생 1963년 후베이성 우펑
학력 베이징대 중문과

주요 약력

1979~1983년	베이징대 중문과
1983~1984년	공청단 티베트자치구 근무
1985~1987년	티베트청년보·티베트호텔 근무
1987~1992년	공청단 티베트자치구 위원회 부서기
1992~1995년	공청단 티베트자치구 위원회 서기
1995~1997년	티베트자치구 산난지구 부서기
1997~2001년	공청단 중앙서기처 서기
2001~2003년	티베트자치구 비서장
2003~2006년	티베트자치구 부서기, 상무부서기
2006~2008년	공청단 중앙서기처 제1서기
2008~2009년	허베이성 성장
2009~2012년	네이멍구자치구 서기
2012년~	광둥성 서기

후춘화胡春華 광둥廣東성 서기는 이제 단순한 '기대주'가 아니다. 그는 일찌감치 후진타오 전 주석을 중심으로 한 공산주의청년단공청단파와의 차세대 대표주자로 거론돼왔다. 그런 후춘화는 2012년 11월 15일 18기 공산당 중앙위원회 1차 전체회의에서 확정된 25명의 정치국원 가운데 이름을 올렸다. 이로써 그가 2022년 집권하는 6세대 최고 지도자의 유력한 후보임이 확실해졌다. 후춘화는 1963년생으로, 시진핑·리커창 체제가 물러나는 2022년에 59세가 된다.

후춘화는 중국의 차기 지도자 후보군 가운데 가장 앞서 있다는 평가를 받고 있다. 그는 베이징대 중문과를 수석으로 졸업한 뒤 변방 티베트 근무를 자원해 다양한 경험을 쌓았으며 지방 성省을 관리하면서 행정 능력을 인정받고 있다.

그가 차기 최고 지도자로 가장 유력한 이유가 또 하나 있다. 상하이방·태자당 연합 세력이 시진핑을 밀면서 펼친 주장 가운데 하나가 '같은 계파에서 연속으로 최고 지도자가 나오는 것은 용납할 수 없다'는 것이었다. 공청단파인 후진타오에 이어 공청단파리커창가 또 최고 지도자 자리를 차지하는 것은 권력 균형을 깨뜨릴 수 있다는 것이었다. 리커창은 태자당 소속 시진핑보다 정계에서 먼저 주목을 받았지만 상하이방·태자당 연합의 집요한 공격 속에 최고 지도자 자리를 내줄 수밖에 없었다. 하지만 다음 최고 지도자를 뽑을 때에는 입장이 뒤바뀐다. 시진핑이 총서기와 국가주석을 맡았으니 다음 최고 지도자는 공청단파에서 나오는 게 맞다는 논리가 성립하는 것이다.

산골마을 출신 수재

후 서기는 1963년 후베이胡北성 우펑五峰현의 작은 산골마을에서 평범한 농촌 가정의 7남매 중 넷째로 태어났다. 우펑현은 중국 소수민족 중 하나인 투자土家족의 자치현이다.

본래 후춘화의 성은 왕씨였다. 그가 어렸을 때 누이 하나가 병으로 죽었는데, 그의 아버지 왕밍준王明俊은 슬퍼하는 아내를 위로하려고 춘화의 성을 후胡로 바꿨다. 어머니 성을 따르게 한 것이다. 중국에서는 어머니의 성을 따르는 경우가 종종 있다.

그의 어린 시절은 가난했다. 중학교는 4km, 고등학교는 6km를 걸어 다녔다고 한다. 고무신이나 운동화를 살 돈이 없어 짚신을 신고 학교에 다녔는데 그의 발바닥에는 굳은살이 없어지지 않았다.

후춘화는 어려서부터 총명했다. 그는 16세 나이에 1979년 대학 입시에서 우펑현 수석을 차지해 베이징대 중문과에 합격했다. 이 지역의 첫 베이징대 합격자였다. 그는 그해 9월 입학을 앞두고 여름에 고향 부근 공사상에서 막노동을 했다. 베이징으로 갈 차비와 학비를 마련하기 위해서였다. 여름방학 내내 100위안을 벌었다. 여기에 부친이 여기저기서 융통한 돈을 보태고 나서야 필요한 돈을 마련할 수 있었다. 베이징대 시절 후춘화는 학교에서 나이가 가장 어린 학생이었다. 키도 작아 입학 당시 150cm 남짓이어서 '꼬맹이'로 불리기도 했다.

후춘화는 1983년 베이징대를 졸업하면서 전국적인 주목을 받았다. 그는 중문과를 수석 졸업했다. 베이징에서도 공직을 구할 수 있었다. 하지만 그는 티베트 근무를 자원했다. 공산당 기관지 광명일보는 1면에 후춘화가 자발적으로 티베트에 가서 일하기로 결심했다는 소식을 실었다. 베이징대 졸업생이 변방 근무를 자원했다는 소식은 당 입장에서 좋은 뉴스거리였다. 이후 인민일보·중국청년보·중국중앙방송 등은 연이어 후춘화의 선택을 대대적으로 보도했다. 그해 7월 베이징 인민대회당에서 열린 베이징 소재 대학 졸업생 대회에서 후춘화는 학생들을 대표해 연설을 했다.

"중국은 다민족 국가로, 소수민족 자치구역이 국토 총면적의 60%를 차지하고 있습니다. 소수민족 지구는 할 일이 많은 땅입니다. 제 고향 역시 내륙의 소수민족지구입니다. 만일 개혁개방과 현대화 건설로 빠른 발전이 없었다면 저는 지금까지도 폐쇄된 산골짜기에서 농사를 짓고 있었을 것입니다. 한족漢族만의 현대화가 아닌 중화민족의 현대화를 위해 일하겠습니다."

청중석에서 박수가 터져 나왔다. 대회에 참석해 후춘화의 연설을 들은 차오스喬石, 왕전王震, 야오이린姚依林, 후치리胡啓立, 덩리췬鄧立群 등 공산당 최고위 간부들도 칭찬을 아끼지 않았다.

1983년 티베트로 들어간 그는 공청단 티베트자치구위원회 조직부, 티베트청년보, 티베트호텔 등에서 초급 간부로 일했다. 1987년 24살에 공청단 티베트자치구위원회 부서기에 올랐다. 그는 티베트 주민들과 친해지기 위해 티베트 말을 익혔고 티베트 춤도 배웠다.

1988년 그의 후견인인 후진타오와의 인연이 시작됐다. 후진타오가 구이저우貴州성 서기에서 티베트자치구 서기로 옮겨 온 것이다. 티베트로 부임한 후진타오는 공청단에 소속돼 있는 후춘화를 눈여겨봤다.

1989년 3월 라싸의 티베트인들이 일으킨 소요사태는 후진타오와 후춘화를 한층 가까워지게 한 계기가 됐다. 후춘화는 티베트인의 시위를 진압하던 후진타오의 연락 담당을 맡아 지근거리에서 후진타오를 보필했다. 이후 후춘화는 후진타오의 측근으로 활동했다. 후진타오가 1992년 정치국 상무위원으로 승진해 베이징으로 돌아간 직후인 그해 12월 후춘화는 공청단 티베트자치구위원회 서기를 맡았다. 29세 나이에 국장급으로 승진한 것이다.

그는 1995년 7월부터 티베트자치구 산난山南지구 부서기 겸 행정수반을 맡았다가 1997년 12월 공청단 중앙서기처 서기로 임명되며 베이징에 입성한다. 2001년 7월 티베트로 다시 돌아간 그는 승진 행진을 이어갔다. 2003년 3월 티베트자치구 부서기 겸 상무부주석에, 2005년 상무부서기에 올랐다.

후춘화는 2006년 티베트에서의 공직을 마감하고, 공청단 제1서기로 자리를 이동해 베이징으로 돌아왔다. 후춘화와 함께 티베트로 갔던 400여명의 동기는 대부분 열악한 환경을 견디지 못하고 중도에 돌아왔지만, 그는 중간에 베이징 공청단 본부에서 4년 근무한 것을 빼면 20년을 티베트에서 견뎠다. 이는 그의 정치적 자산이 됐다. 후춘화를 '리틀 후작은 후진타오'라고 부르는 것도 이런 경력 때문이다. 후진타오 역시 젊은 시절 공청단 소속으로 간쑤성과 티베트 등 중국 서부에서 12년을 근무하며 정치 기반을 다진 뒤 출세 가도를 달렸다.

영파워 그룹 선두 주자

그는 2006년 장관급 자리인 공청단 제1서기에 임명돼 베이징으로 화려하게 복귀하면서 이른바 류링허우60後·1960년대 이후 출생로 불리는 영파워 그룹의 선두 주자로 부상했다. 이후 후춘화는 초고속으로 승진 가도를 달렸다.

그는 2년여 동안 공청단을 관장하고 나서 2008년 4월 허베이성 부서기 겸 대리성장으로 발령받았다. 2009년 1월에는 정식 허베이성 성장에 올랐다. 그로부터 10개월 후인 2009년 11월 후춘화는 네이멍구자치구 서기로 발탁됐다.

지방 성의 지도자 생활이 순탄하기만 했던 것은 아니었다. 2008년 허베이성 성장 시절에는 관내에 있던 산루三鹿그룹이 멜라민 분유 파동을 일으키며 위기를 맞기도 했다. 당시 중국 전역에서 허베이 스자좡石家莊 소재 산루그룹이 만든 분유를 먹고 신장 결석에 걸린 유아 환자가 나왔고, 이 일로 후춘화는 시험대에 올랐다. 멜라민 분유 사건에 기대만큼 잘 대처하지 못했다는 지적이 나오기도 했지만 중국 최고 지도부는 그에게 책임을 묻지 않았다.

네이멍구 자치구 당서기로 있던 2011년 5월에는 네이멍구에서 몽골족이 대규모 시위를 벌였다. 네이멍구 자치구는 중국 소수민족 거주 지역 중에서 정세가 비교적 안정된 것으로 평가됐었다. 문제는 네이멍구 동북쪽 시우치의 석탄 광산에서 터졌다. 몽골족 유목민이 광산업체의 석탄 채굴과 초원 훼손에 항의하다 광산업체의 한족漢族 운전사가 몬 트럭에 깔려 죽는 사고가 발생한 것이다. 후춘화는 시위를 진압하는 한편으로 몽골족 주민과 대화에 나섰다. 그는 "트럭을 몬 운전사를 법에 따라 엄벌하고 광산 개발이 주민들에게 피해를 주지 않도록 하겠다"고 약속했다. 7월 사고 운전사에게 사형이 선고됐다. 네이멍구는 진정됐다.

후춘화는 2012년 11월 18차 당대회를 거치며 정치국 진입에 성공했고 12월에는 '개혁·개방 1번지' 광둥성의 일인자로 임명됐다. 광둥성 서기는 베이징·상하이·톈진·충칭 서기와 함께 정치국 상무위원 진입의 지름길로 통하는 요직이다. 시진핑 총서기가 2012년 11월 취임 뒤 첫 지방 시찰로 광둥성을 방문해 개혁·개방 노선을 강조, 새 지도부의 개혁에서 광둥성이 중요한 위치를 차지하고 있음을 보여줬다. 광둥성은 중국 정부가 역점을 두고 있는 '반부패 전쟁'의 최전선이기도 하다. 후춘화는 지금까지 거쳤던 것과는 격이 다른 시험대에 섰다.

리커창이 최고 지도자인 총서기직에 오르지 못한 상황에서 공청단파의 대표주자였던 리위안차오와 왕양이 정치국 상무위원 진입에 실패하자 후춘화는 공청단파의 기대를 한몸에 받게 됐다.

3장

무계파

1 쑨춘란 孫春蘭 | Sun Chunlan

직책 톈진시 서기
출생 1950년 5월 허베이성 라오양
학력 중앙당교

주요 약력

1965~1969년	랴오닝성 안산공업기술학교 기계과
1969~1974년	안산시 시계공장 근무
1974~1978년	안산시 제1경공업국 공청단 서기
1977~1988년	안산 화셴마오(化纖毛) 방직공장 부공장장, 당서기
1988~1991년	안산시 부녀연합회 주임
1991~1993년	랴오닝성 총공회 부위원장
1993~1994년	랴오닝성 부녀연합회 주석
1994~1997년	랴오닝성 총공회 주석
1997~2001년	랴오닝성 부서기
2001~2005년	랴오닝성 다롄시 서기
2005~2009년	전국총공회 제1서기
2009~2012년	푸젠성 서기
2012년~	톈진시 서기

중국은 청나라 때까지도 전족이 일반화됐을 만큼 여성의 지위가 높지 않았다. 마오쩌둥毛澤東은 공산화 혁명 과정에서 여성을 주요 세력으로 재평가했다. 마오쩌둥은 "여성이 하늘의 절반半邊天을 떠받치고 있다"고 말했다. 신중국 건국 이후 여성들의 사회 진출이 한층 활발해졌다. 기업 데이터 및 리서치회사인 그랜트 손튼의 2011년 보고서에 따르면, 중국의 기업 고위 간부 가운데 여성이 차지하는 비중은 34%를 기록해 재계 여성 고위 간부의 비율이 세계에서 두 번째로 높은 것으로 나타났다. 보고서는 중국의 기업 최고경영자 가운데 여성이 19%를 차지하는 것으로 나타났다고 밝혔다. 2011년 발표된 자료로, 이후 수치가 변했을 수는 있지만, 중국 여성의 경제 활동 참여 비율이 다른 아시아 국가보다 높다는 사실을 보여주기에는 부족함이 없다.

하지만 아직까지도 중국 권력 내부에서는 여성의 비율이 높지 않다. 2012년 중국에서 발표된 자료에 따르면, 중국의 의회 격인 전국인민대표대회의 여성 대표위원 비율은 21.3%다. 한국·일본보다는 높지만, 선진국과 비교하면 결코 높은 수준이 아니다. 중국 공산당 권력의 최정점인 7명의 정치국 상무위원 가운데 여성은 1명도 없다. 정치국 위원 25명 가운데 여성은 2명뿐이다. 한 명은 류옌둥劉延東 부총리이고, 또 다른 한 명은 2012년 중국의 4대 직할시인 톈진天津시 서기로 임명된 쑨춘란孫春蘭 서기다. 쑨 서기는 중국 31개 시·성·자치구의 당 서기 가운데 유일한 여성이다. 중국 4대 직할시 베이징·상하이·톈진·충칭 당 서기에 여성이 발탁된 것은 쑨 서기가 처음이다.

쑨춘란은 시계공장 노동자로 사회생활을 시작해 기업과 지역의 기층 간부를 거쳐 지도층에 오른 자수성가형 인물이라는 점에서 아버지가 고위 간부 출신인 류옌둥 부총리와 다른 삶의 궤적을 그려왔다. 쑨 서기는 정치색이 짙지 않다는 평가를 받는다. 흔히 실무 지식과 실전 경험을 바탕으로 하는 '테크노크라트'로 분류된다.

시계공장 노동자로 사회생활 시작

쑨춘란은 1950년 5월 허베이河北성 라오양饒陽에서 태어났다. 1965년 랴오닝遼寧성 안산鞍山공업기술학교에서 기계과를 전공한 후 19세가 되던 1969년 안산시의 시계공장에 취직해 사회 첫발을 내디뎠다. 쑨춘란은 안산에서 다양한 경험을 하며 기층基層 간부로 성장하는 발판을 마련했다. 쑨춘란은 시계공장에서 5년간 일했다. 이곳에서 성실함으로 좋은 평가를 받았던 쑨춘란은 1973년 공산당에 입당했고, 그 해 자신이 일하는 시계공장의 공청단 조직 책임자에 올랐다.

그는 1974년 안산시 제1경공업국 공청단 서기로 자리를 옮겨 1977년까지 근무했다. 공청단에서 일한 경력 때문에 쑨춘란은 공청단파로 분류되곤 한다. 하지만 그가 중소도시의 일개 부서에서 공청단 서기를 지냈다는 점에서 공청단 색채가 옅다는 평가가 많다.

1977년에는 안산 화셴마오化纖毛 방직공장 간부로 이동했다. 이 공장은 국유기업이다. 쑨춘란은 이 공장에서 부공장장을 거쳐 1986년 공장 당서기에 올랐다. 평범한 노동자에서 출발해 시 경공업국 공청단 서기를 거쳐 국영 방직공장의 당서기까지 오르며 능력을 인정받은 그는 1988년 안산시 부녀연합회 주임_{조직의 책임자}에 기용됐다.

안산시에서 경력을 쌓은 쑨춘란은 1991년 랴오닝성 정부로 옮겨갔다. 랴오닝성 정부는 쑨춘란이 이후 고위 간부로 성장하는 길목이 됐다. 그가 랴오닝성으로 올라와 처음 맡은 일은 총공회_{總公會} 부위원장이었다. 공회는 쑨춘란 경력의 한 축을 이루고 있다.

중국의 공회는 우리나라의 노동조합과 비슷하다. 노동자의 권익을 지키는 게 주요 설립 목적이다. 하지만 '비슷하다'고 하는 이유는 다른 국가의 노동연합과 성격이나 운영방식이 다르기 때문이다. 공회는 공산당의 외곽 조직이다. 공회의 전국 단위 연합체인 전국총공회가 1925년 결성됐다. 공회는 노동자의 권익 유지·보호 외에 공산당의 강령과 노선을 중시하면서 공산당의 방침과 정책을 관철하는 기능을 한다. 이는 중국 공산당이 사회주의 혁명을 진행하면서 노동자를 혁명 주도 세력으로 앞세운 역사와 관련이 있다. 중국은 당과 정부가 통제하는 공회 이외의 독립노조 설립을 법으로 금지하고 있다. 쑨춘란이 랴오닝성에서 처음 맡았던 '총공회 부위원장'은 우리나라처럼 재야 단체 지도부가 아니라 공산당 산하 주요 조직의 업무를 담당하는 핵심 위치였다.

쑨춘란이 랴오닝성으로 올라왔을 당시 랴오닝성은 낙후된 공업단지가 많았다. 수많은 노동자들이 열악한 근로 환경에서 일했다. 공회의 활동이 활발할 수밖에 없었다. 쑨춘란은 노동자로 시작, 공장 운영을 책임지는 자리까지 경험해봤기 때문에 총공회를 맡기에 제격이었다. 그는 1993년 랴오닝성 부녀연합회 주석을 맡았다가 1994년 랴오닝성 총공회 주석에 올랐다. 그는 랴오닝성 부서기로 승진해 2001년 보시라이薄熙來의 후임으로 다롄大連시 서기에 임명됐다.

여성 최초 상무위원 노려

쑨춘란의 정치 이력에서 공회 경력 외에 다른 지도급 인사와 차별화되는 부분이 또 있다. 양안兩岸·중국과 대만 관계에서 성과를 거둔 점이다. 양안 문제는 중국 정부가 아주 중시하는 분야다. 쑨춘란은 다롄에서 근무할 때부터 대만과의 관계에 관심을 기울였다. 다롄은 중국 동북 지역에서 첫 번째로 대만 기업이 투자한 곳으로 1984년, 다롄은 대만과의 교류가 활발했다. 쑨춘란은 2005년까지의 다롄시 서기 임기 중에 다롄과 대만의 교류 협력 관계를 한층 강화시켰다. 다롄시 서기 시절 그는 여러 차례 대만 투자 기업을 방문해 어려움을 해결해줬다.

쑨춘란은 2005년 베이징에 입성했다. 전국총공회 제1서기에 올랐다. 시계공장 노동자 출신인 그가 전국총공회를 이끄는 자리에 오른 것이다. 쑨춘란은 중국 공산당의 공회 운영 전략을 밀어붙였다. 그는 2007년 "회사의 동의가 없어도 공회를 만들 수 있어야 하고 또 그렇게 되도록 할 것"이라며 "60%대에 머물고 있는 외자 기업의 공회 설립률을 2008년 가을까지 70%로 끌어올릴 것"이라고 말했다. 그는 "외국 기업의 사장은 중국 공회에 대한 이해도가 낮고 공회를 좋아하지 않는다"며 "하지만 외국 기업도 중국 법률을 지켜야 한다"고 말했다. 외국 기업들은 긴장했다. 당시 외신들은 중국 공산당이 전국총공회를 앞세워 중국 진출 외자 기업을 압박하는 것으로 해석했다.

쑨춘란은 2009년 푸젠福建성 당서기에 임명됐다. 중국에서 여성 당서기는 1949년 신중국 건국 이후 1977년 허베이河北성 당서기에 임명된 뤼위란呂玉蘭과 1985년 장시江西성 당서기에 임명된 완샤오펀萬紹芬 등 2명밖에 없었다. 중국에서 부총리와 국무위원 등 중앙 직무에 여성이 기용된 사례는 있지만, 그동안 2명에 불과했다는 데서도 알 수 있듯 지방 당서기를 여성이 맡은 것은 이례적이었다. 쑨춘란이 푸젠성 서기를 맡은 것은 그가 대만과 좋은 관계를 유지해온 점이 고려된 것으로 외신들은 분석했다. 푸젠성은 대만과 마주 보고 있다. 쑨춘란은 취임 이후 첫 일성으로 "양안간 경제 무역 발전을 적극적으로 추진하겠다"고 포부를 밝혔다. 그에게 주어진 주요 임무가 양안 관계 발전이라는 사실을 스스로 강조한 것이다.

푸젠성은 쑨춘란이 서기로 재임하는 3년 동안 GDP가 65% 증가했다. 쑨 서기가 취임한 2009년 1조1949억위안이던 푸젠성의 GDP는 2012년 1조9701억위안으로 늘었다. 푸젠성의 경제 성장에는 대만과의 무역이 큰 기여를 했다. 푸젠성과 대만의 무역 규모는 2009년 70억달러에서 2012년 120억달러로 3년 새 71% 증가했다.

집안이 좋은 류옌둥 부총리와 달리 특별한 후광이 없는 쑨춘란이 4대 직할시의 당 서기 자리까지 오른 배경은 정확히 알려진 게 없다. 특별한 정치색 없이 본인의 실력으로 차근차근 지금의 위치까지 올라왔다는 게 대체적인 평가다. 다만 그는 성장 과정이나 성향으로 볼 때 태자당 또는 상하이방과 연결되는 부분이 별로 없으며 공청단파가 내세운 '다크호스'라는 분석이 제기되고 있다. 쑨춘란은 1990년대 말부터 2001년까지 랴오닝성에서 일할 때 다롄시 서기이자 태자당의 대표주자였던 보시라이와 갈등을 겪었던 것으로 알려졌고 보시라이 후임으로 다롄시장에 임명된 후 전임자와 다른 노선을 추구했던 점, 공청단파의 현직 좌장인 리커창 총리가 2004년 랴오닝성 서기로 부임했을 당시 그가 다롄시장에 랴오닝성 부서기를 겸하면서 리 총리와 보조를 맞췄던 경력은 이 같은 분석에 힘을 실어주고 있다.

쑨춘란은 능력 면에서 류옌둥 부총리를 앞선다는 평가가 많다. 제18기 중앙위원회 1차 전체회의 때 상하이시위정성·톈진시장가오리·충칭시장더장 서기가 상무위원으로 승진했을 만큼 4대 직할시가 중국의 정치에서 차지하는 비중은 크다. 쑨춘란이 톈진시 서기로 재직하는 동안 어떤 활약을 보여줄지 관심이 집중되고 있다.

2 장춘셴 张春贤 | Zhang Chunxian

직책 신장위구르자치구 서기
출생 1953년 5월 허난성 위저우
학력 둥베이중형기계학원 기계제조학과

주요 약력

1970~1975년	인민해방군 우한군구 통신단 복무
1975~1976년	허난성 청관공사 둥관대대 근무
1976~1980년	둥베이중형기계학원 기계제조과
1980~1982년	삼기三機부 산하 116공장 15작업장 기술원
1982~1991년	기계공업부 산하 제10설계연구원 보조기사·부과장·부원장
1992~1995년	중국포장·식품기계총공사 부사장·사장
1995~1997년	윈난성 성장 보좌관
1997~2002년	교통부 부부장
2002~2005년	교통부 부장
2005~2010년	후난성 서기
2010년~	신장위구르자치구 서기

경력을 놓고 보면 25명의 중국 공산당 정치국 위원 가운데 장춘셴張春賢 신장위구르자치구 서기처럼 다양한 분야를 거쳐온 사람도 찾기 어렵다. 고등학교를 졸업한 후 군대에 입대해 4년 넘게 복무했고 문화대혁명 때에는 고향의 인민공사농촌 마을을 집단농장으로 묶고, 경제·행정·교육·군사활동 등을 관할하는 조직에서 농사를 지었다. 대학에서 기계제조학을 공부하고 졸업한 이후 기계공장에서 일했으며 국영기업을 맡아 경영도 해봤다. 1995년 공직 생활을 시작해 40대에 교통부장장관에 올라 중국 대륙의 고속도로망을 완성했다. 2005년에는 지방 당서기 생활을 시작했다.

그는 전형적인 테크노크라트다. 태자당도 아니고 상하이방도 아니고 공청단 경력도 없다. 장쩌민胡錦濤·후진타오胡錦濤·시진핑習近平과 학연·지연 그 아무런 연결고리가 없다. 그는 파벌의 지원이나 든든한 집안 배경 없이 자신의 힘으로 지금의 자리에 올랐다.

그는 생각도 열려 있다. 그는 중국 지도부에서 사고방식이 가장 개방적이며 소통에 능하다는 평가를 받고 있다. 2009년 7월 신장위구르자치구에서 민족 갈등으로 2000여명의 사상자가 발생하자 현지 민심을 달래기 위해 중앙 정부가 파견한 인사가 바로 장춘셴이었다.

2012년 18차 당대회 직전 그가 공산당 중앙조직부장에 내정됐다는 소문이 돌았다. 미국에서 운영되는 중화매체 보쉰은 총서기 취임을 앞둔 시진핑이 묵묵히 실무에 전념하고 친화력이 뛰어난 장춘셴을 일찌감치 조직부장감으로 점찍었다고 전했다. 실제로는 중앙조직부장에 오르지는 못했지만 그가 공산당 핵심 요직인 중앙조직부장으로 거론된 사실만으로도 그를 바라보는 베이징 정가의 분위기를 짐작할 수 있다.

다양한 분야 경험

장춘셴은 1953년 5월 허난河南성 위저우禹州의 평범한 집안에서 태어났다. 위저우는 유서가 깊은 도시다. 중국 최초의 왕조 하夏나라가 이곳에 세워졌다고 하는데, 시조始祖인 '우禹'의 이름을 따 도시명을 지었다고 전해진다. 진시황의 친부인 여불위呂不韋, 법가法家를 대표하는 한비자韓非子, 한漢 고조 유방의 책사였던 장량張良이 위저우 출신이다.

그는 고등학교를 졸업한 후 17세 되던 1970년 12월 인민해방군에 입대해 4년 3개월을 우한武漢군구 통신단에서 복무했다. 문화대혁명이 진행 중이던 1975년 3월 고향으로 돌아와 인민공사인 청관城關공사의 둥관東關대대에서 1년 9개월을 일했다.

1976년 문화대혁명이 끝나고 그는 허베이성 둥베이東北중형기계학원현 옌산대학 기계제조과에 입학했다. 장춘셴은 이후 20년 가까이 기계 분야 일을 맡아 군수업체와 정부 산하 연구소, 국영기업에서 근무했다.

그는 대학을 졸업한 해인 1980년부터 2년 간 삼기三機부 산하 116공장 15작업장에서 기술원으로 일했다. 삼기부는 중국의 전투기와 수송기, 헬기 등을 개발해 공급하는 중국항공공업집단그룹의 전신이다. 이어 1982년 기계공업부 산하 제10설계연구원 보조기사로 자리를 옮겼으며 능력을 인정받아 승진을 거듭하다 1988년 연구원 부원장에 올랐다.

장춘셴은 간부 연경화 정책에 힘입어 1992년 기계전자공업부 산하 국유기업인 중국포장·식품기계총공사의 부사장으로 발탁됐다. 경영진에 참여하게 된 것인데, 기계를 다루는 회사였기 때문에 완전히 생소한 업무는 아니었다. 이듬해에는 회사 사장을 맡아 회사 경영을 책임졌다.

회사를 잘 운영해 좋은 점수를 받은 그는 1995년 8월 윈난雲南성 성장 보좌관으로 발탁돼 공직의 길을 걷기 시작했다. 그가 윈난성에서 주로 맡았던 분야는 군수·기계·전자산업 등 기존에 해왔던 일에서 크게 벗어나 있지 않았다. 그의 전문 분야였던 만큼 실력 발휘를 할 수 있었다. 그는 산악지형이 많은 윈난성의 특징상 대기업보다 소기업이 더 적합하다는 새로운 발상으로 철로 변압기 시장의 80%를 장악한 쿤밍昆明변압기와 프린터 업체인 블루컴퓨터 등 중소기업을 일궈냈다.

중국 고속도로망 조기 완성

1997년 교통부 부부장次官으로 임명돼 베이징으로 상경했다. 그가 사회에 진출한 이후 처음으로 기계와 관련 없는 일을 맡은 것이다. 2002년 교통부장長官으로 승진해 2005년까지 일했다. 그는 교통부에서 근무한 8년 동안 눈부신 실적을 거뒀다. 중국 전역을 연결하는 '5종7횡五縱七橫' 고속도로망을 조기에 완성한 것이다. 이 프로젝트는 남북으로 최장 5,700km, 동서로 최장 7,000km를 잇는 대역사로, 당초 2010년까지 3만6,000km의 '5종7횡' 고속도로 건설을 완료한다는 계획이었는데 이를 5년이나 앞당겨 끝낸 것이다. '5종7횡'의 완성으로 중국은 미국 다음으로 긴 고속도로망을 갖췄다.

풍부한 현장 경험은 장춘셴의 최대 장점으로 꼽힌다. 장춘셴이 오늘에 이른 또 다른 배경은 그의 타고난 성실함이다. 그는 형식을 싫어한다. 기계 분야에서만 일하다 처음 교통부로 발령받은 그는 모르는 게 있으면 부하들을 부르는 게 아니라 직접 찾아가 질문했다. 당시 고위 간부들이 파워포인트 자료를 직접 만드는 일은 없었다. 하지만 장춘셴은 교재를 펴놓고 혼자 연습을 하며 파워포인트 작성하는 방법을 익혔다.

장춘셴은 2005년 12월 후난湖南성 서기로 임명됐다. 농업 대성大省으로 불렸던 후난성의 경제는 활성화될 기미가 보이지 않았다. 장춘셴은 공업화를 추진했다. 탄력이 붙을 무렵인 2008년 세계 금융위기가 터졌다. 주요 수출 시장인 미국과 유럽이 위기에 빠지면서 후난성에도 위기가 닥쳤다. 하지만 장춘셴은 "彎道超車완다오차오처"를 외쳤다. 이 말은 카 레이스에서 뒤에 있는 차기 앞선 차를 따라잡을 기회는 직선주로를 달릴 때가 아니라 커브를 돌 때 생긴다는 뜻이다. 후발주자는 정상적인 상태가 아니라 급변하는 상황 속에서 역전의 기회를 잡아야 한다는 것이다. 동부 연안 성에 비해 경제가 뒤처져 있는 후난성으로서는 세계 금융위기가 절호의 기회가 될 수 있다는 게 장춘셴의 주장이었다. 후난성은 기존의 수출 시장을 잃지 않기 위해 힘썼다. 때마침 중앙 정부는 내수 진작을 위해 돈을 풀고 있었다. 후난성 기업들의 생산은 크게 위축되지 않았다. 2008년 후난성의 GDP는

1년 전보다 12.8% 증가한 1조1156억위안을 기록, 사상 처음으로 1조 위안을 돌파했다. 장춘셴이 서기로 취임한 이후 4년 만에 후난성은 전국 31개 성 가운데 GDP 상위 10위 안에 드는 성으로 발돋움했다. 후난성은 2009년 해외직접투자 1위를 할 정도로 급속한 공업화를 이뤄냈다.

후난성 재직 시절 그의 강한 추진력도 화제가 됐다. 2006년 12월 장춘셴은 둥팅호洞庭湖 주변 정화 작업을 선언했다. 3개월 만에 둥팅호 주변에서 폐수를 배출하는 제지공장 234곳이 문을 닫았다.

장춘셴은 "소통에 능하다"는 평을 많이 듣는다. 그는 대중 친화적이다. 특히 인터넷을 많이 활용한다. 후난성 서기 재직 시절 후난성 홈페이지에 실명으로 등록해 주민들과 의견을 나눴으며 2010년 후난성을 떠날 때에는 홈페이지에 작별 인사 글을 올려 12만명이 이 글을 읽었다. 2012년 3월 열린 전인대국회 때 장춘셴은 웨이보중국판 트위터를 통해 기자회견을 생중계했으며 2011년 3월 전인대 때에는 웨이보를 통해 1만 여 건의 건의를 받아 관련 부서들이 제안과 요청에 대한 답변과 조치를 공개하라고 주문하기도 했다.

그의 합리적 성향과 솔직함도 소통의 비결이라는 지적이다. 2011년 전인대 때 그는 재산과 가족 사항 등 대답하기 까다로운 질문에 대해 거침없이 대답했다. 그해 초 중동·북아프리카에서 민주화 시위가 일었는데 중국 정부는 그 여파가 미칠 것을 우려하는 상황이었고, 관료들은 모두 말을 아끼고 있었다. 한 외신 기자가 장춘셴에게 중동·북아프리카의 민주화 시위에 대해 어떻게 생각하느냐고 묻자 그는 "우리는 중동에서 기술적인 차원의 교훈을 얻어야 한다. 50%가 넘는 실업률 속에서 인민들이 직업이 없는 상황에서 무엇을 하겠는가. 물가가 치솟고 정부가 부패한다면 인민들이 어떻게 하겠는가. 지속적인 경제발전과 민생안정, 부정부패 척결이 중동사태에서 배워야 할 교훈"이라고 말했다. 당시 중국 정부의 분위기에서는 상당히 전향적인 발언이었다.

신장위구르 자치구에서 2009년 7월 한족과 위구르족의 충돌로 2,000여 명의 사상자가 발생한 후 중앙 정부는 당시 서기인 왕러취안王樂泉의 후임자를 물색했다. 현지 민심을 달랠 수 있는 인사를 찾았다. 장춘셴이 낙점을 받아 2010년 4월 당서기로 부임했다. 장춘셴은 기존의 공안통치에서 경제 개발 중심의 유화정책으로 전환해 부임 직후 적지 않은 성과를 거뒀다. 하지만 2011년 이후 위구르인들의 독립 요구 시위와 각종 테러 사건이 끊이지 않고 있다. 신장위구르를 성공적으로 안정시키느냐에 그의 정치 미래가 걸려 있다는 데 전문가들은 이론異論을 달지 않는다.

3 판찬룽 范長龍 | Fan Changlong

직책 중앙군사위원회 부주석
출생 1947년 5월 랴오닝성 단둥
학력 중앙당교

주요 약력

1969~1971년	선양군구 제16집단군 포병단(1969년 입대)
1976~1979년	선양군구 제16집단군 포병단 부연대장
1982~1985년	선양군구 제16집단군 포병단 연대장
1990~1993년	선양군구 제16집단군 46사단 사단장
1993~1995년	선양군구 제16집단군 참모장
1995~2000년	선양군구 제16집단군 군단장
2000~2003년	선양군구 참모장
2003~2004년	인민해방군 총참모장 보좌관
2004~2012년	지난군구 사령원
2012년~	공산당 중앙군사위원회 부주석

판창룽范長龍은 2012년 11월 4일 끝난 17기 중국 공산당 중앙위원회 제7차 전체회의에서 당 중앙군사위원회 부주석으로 임명됐고 2012년 11월 15일 18기 공산당 중앙위원회 제1차 전체회의에서 정치국 위원으로 선출됐다.

인민해방군을 지휘하는 당 중앙군사위원회의 주석은 시진핑習近平 국가 주석이 맡고 있으며 판창룽은 공군 사령원사령관 출신 쉬치량許其亮과 함께 군부 인사가 올라갈 수 있는 가장 높은 자리인 부주석에 올라 실질적으로 군권을 장악했다. 그는 당 중앙군사위원회 부주석에 오르면서 몇 가지 기록을 남겼다.

우선 그는 당 중앙군사위원회 위원을 거치지 않고 곧바로 부주석 자리로 직행했다. 판창룽은 지난濟南군구 사령원을 지내다 부주석에 올랐다. 지역 군구 출신이 곧바로 부주석에 임명된 것은 판창룽이 처음이다.

당 중앙군사위원회 위원은 인민해방군 4개 총부의 수장총참모장·총정치부주임·총장비부장·총후근부싱과 해군 사령원, 공군 사령원, 제2포병 사령원, 국방부장국방부 장관으로 구성된다. 쉬치량은 2012년 당시 공군 사령원으로 당 중앙군사위원회 위원이었지만 판창룽은 중앙군사위원회 위원이 아니었다. 인민해방군 육군은 4개 총부 밑에 중국의 각 지역을 관할하는 7대 군구軍區로 구성돼 있다. 판창룽은 7대 군구 가운데 하나인 지난군구 사령원을 맡고 있었다.

판창룽은 중앙군사위원회 부주석의 지휘를 받는 총참모장팡펑후이·房峰輝, 총정치부주임장양·張陽, 총장비부장장여우샤·張又俠, 총후근부장자오커스趙克石 등 1968년 입대한 4개 총부 수장보다 1년 늦게 군대에 들어갔다. 판창룽은 군대 선임보다 더 높은 자리에 오른 것이다.

쉬치량이 진작부터 부주석으로 유력하게 거론됐던 것과 달리 판창룽은 뒤늦게 부주석 후보로 이름을 올렸다. 그는 18차 당대회 대표로 선출되면서 비로소 당 중앙군사위원회 부주석 후보로 급부상했다. 하지만 판창룽보다는 총장비부장 출신 창완취안常萬全이 부주석에 오를 것이라는 전망이 많았다. 창완취안은 판창룽보다 입대도 1년 빠르고 중국의 유인우주선 '선저우神舟' 프로젝트를 성공시켜 더 큰 주목을 받았다. 하지만 창완취안은 국방부장에 머물렀다. 중국은 군부를 국가가 아닌 공산당이 통제하기 때문에 국무원 산하인 국방부의 수장보다는 당 중앙군사위원회 부주석의 힘이 더 세다. 이런 상황을 고려하면 창완취안은 군부 인사에서 뒤로 밀렸다고 할 수 있다.

이와 관련, 후진타오胡錦濤 전 주석이 물러나기 전 군부에 대한 영향력을 유지하기 위해 장쩌민江澤民 전 주석 계열로 분류되는 창완취안 대신 후 전 주석과 가까운 것으로 알려진 판창룽을 부주석에 앉혔다는 분석이 제기됐다. 창완위안은 란저우蘭州 군구 중심의 '서북군벌'로 분류되는 반면 판창룽은 선양瀋陽군구를 중심으로 하는 '동북군벌'의 중심 구성원으로 꼽힌다.

판창룽은 1947년 랴오닝遼寧성 단둥丹東에서 태어났다. 문화대혁명 기간인 1968년 랴오닝성 둥거우東溝현에서 농사를 지으며 하방下放 생활을 한 후 1969년 1월 인민해방군 선양군구 제16집단군에 일반 사병으로 입대했다. 동기들보다 다소 많은 나이였다. 1982년 연대장,

1990년 사단장으로 진급했으며 2000년 선양군구 참모장에 올랐다. 판창룽은 후진타오가 국가 주석에 오른 2003년 인민해방군 총참모장 보좌관으로 발탁돼 2004년 지난군구 사령원에 임명됐으며 2008년 대장으로 진급하는 등 동기 가운데 승진이 빨랐다. 후진타오 시절 진급 속도가 빠르기는 했지만 판창룽은 정치색이 옅은 실무형이라는 평가가 많다. 판창룽은 장쩌민 측과의 관계도 나쁘지 않다. 판창룽은 장쩌민 계열로 불리는 쉬차이허우徐才厚 전 부주석의 오랜 부하였다. 판창룽은 1969년 입대 후 2000년까지 줄곧 선양군구 예하 16집단군軍團에서 복무했는데, 쉬차이허우가 1985년부터 1992년까지 이 집단군에서 복무했다.

판창룽은 지난군구 사령원 시절인 2008년 쓰촨四川에서 대지진이 발생했을 당시 구호 임무 수행에서 좋은 평가를 받았다. 그 역시 지진 발생 이틀 후에 재해 현장에 직접 달려가 지휘를 맡았다.

4 쉬치량 許其亮 | Xu Qiliang

직책 중앙군사위원회 부주석
출생 1950년 3월 산둥성 린추
학력 인민해방군 공군 제5항공학교

주요 약력

1966~1966년	공군 제1항공 예비학교
1967~1968년	공군 제8항공학교
1968~1969년	공군 제5항공학교
1980~1984년	공군 26사단 부사단장, 사단장
1984~1985년	공군 제4군 부군단장
1985~1986년	공군 상하이지휘소 참모장
1993~1994년	공군 부참모장
1994~1999년	공군 참모장
1999~2004년	선양군구 부사령원 겸 선양군구 공군사령원
2004~2007년	인민해방군 부총참모장
2007~2012년	공군 사령원
2012년~	공산당 중앙군사위원회 부주석

중국 인민해방군 공군 사령원사령관 출신인 쉬치량許其亮이 2012년 11월 4일 인민해방군의 지휘 사령탑인 공산당 중앙군사위원회 부주석에 임명됐을 때 이례적인 인사라는 평가가 나왔다. 쉬치량은 육군 출신이 군사위 부주석직을 독점하던 관례를 깨고, 육군 외 출신으로는 처음으로 부주석에 올랐다. 당 중앙군사위는 인민해방군을 통솔하는 군부 최상위 조직이다. 주석은 최고지도자가 맡기 때문에 군부 인사가 올라갈 수 있는 최고위직은 부주석이다.

공군 출신이 인민해방군 실권자 자리에 오른 것은 중국군 전력戰力에서 공군의 역할이 증대되고 있는 현실을 반영하는 동시에 우주 공간으로의 전력 확대를 겨냥한 것이라는 분석이 나왔다. 쉬치량은 2012년 11월 18기 공산당 중앙위원회 1차 전체회의에서 정치국 위원으로 선임, 당 중앙군사위 부주석과 정치국 위원직을 겸직하고 있다.

쉬치량은 1950년 3월 산둥山東성 린추臨朐의 가난한 농민가정에서 태어났다. 쉬치량은 16세인 1966년 인민해방군 공군 항공예비학교에 입학해 조종술을 배우며 공군으로서 첫발을 내디뎠다. 그는 19세 되던 1969년 졸업 후 정식 조종사가 됐다. 쉬치량은 1983년에 사단 지휘관으로 진급했고, 그다음 해에는 부군단장으로 진급했다. 1991년 군단 사령관으로 진급했고 소장에 올랐다.

쉬치량이 군에서 주목받기 시작한 것은 1992년 42살의 나이에 14차 당대회 중앙후보위원으로 선출되면서부터다. 그는 2년 후 공군 참모장이 됐고 선양瀋陽군구 공군사령원 등을 거쳐 2007년 공군 사령원에 올랐다.

그는 공군 현대화에 크게 기여했다는 평가를 받고 있다. 1991년 공군현대화를 위해 중국이 소련으로 도입했던 수호이-27을 직접 시운전하기도 했다. 그는 중국 공군 전투력의 첨단화에 박차를 가하고 있다. 그는 중국 매체와 인터뷰에서 "주요 공군 장비가 세대를 뛰어넘는 질적 성장을 가져왔으며 장비의 수량 역시 큰 폭으로 늘어났다. 정밀유도탄은 규모를 갖췄고 대형 정보화 장비가 투입되는 등 무기 수준이 향상되고 있다"고 밝혔다.

그는 중국이 자랑하는 스텔스 전투기 '젠殲-20' 개발을 주도했다. 로버트 게이츠 미국 국방장관이 2011년 1월 중국을 방문했을 때 인민해방군은 젠-20의 시험 비행을 실시, 미국을 놀라게 했다. "중국이 스텔스기를 개발하려면 아직 멀었다"는 미국의 관측을 깨뜨린 것이다. 2011년 5월 미국의 국방정책 싱크탱크 '제임스타운 재단'은 속도, 적의 레이더에 잡히지 않는 스텔스 기능, 파괴력 등 젠-20의 주요 성능이 미국의 최상급 전투기인 F-22A 랩터와 경쟁할 수 있고, F-35에 비해서는 주요 성능이 우월하다는 분석을 내놓았다.

쉬치량은 우주 공간으로 공군의 작전 반경을 넓힌다는 구상을 밝힌 바 있다. 그는 공군 창설 60주년을 맞아 2009년 11월 관영 매체와 가진 인터뷰에서 "하늘과 우주에는 국경선이 없다. 각국의 군사력 경쟁은 대기권을 넘어 우주로 확대되고 있으며 우주를 통제하는 국가가 땅과 해양을 장악하게 될 것이다. 중국군은 공군의 작전 범위를 우주로 확대할 계획이며 무기 체계를 구축할 것"이라고 말했다.

쉬치량은 후진타오 전 주석 시절 부상한 인물이어서 후진타오 인맥으로 분류되기도 한다. 쉬치량은 2007년 한국의 대장에 해당하는 상장上將으로 승진해 그해 공군 사령원으로 임명됐고 중앙군사위 위원에 올랐다. 당시 그는 군부 인사 가운데 최연소 중앙군사위 위원이었다. 후진타오가 군 수뇌부에 '젊은 피'를 수혈해 군부에 대한 친정체제를 강화하려고 했는데 대표적인 인사가 쉬치량이었다는 분석이 나왔다. 하지만 그는 시진핑 주석과도 사이가 가까운 것으로 알려졌다. 2010년부터 군사위 부주석을 겸임한 시진핑은 군사위에서 쉬치량과 손발을 같이 맞췄다. 쉬치량은 장쩌민江澤民 전 주석과 쩡칭훙曾慶紅 전 부주석과도 관계가 좋다. 쉬치량이 1985~1986년 공군 상하이 지휘소에서 참모장을 지내던 시절 장쩌민은 상하이시 서기, 쩡칭훙은 상하이시위원회 조직부장이었다. 쉬치량은 정치색이 옅은 실무형이라는 게 중론이다.

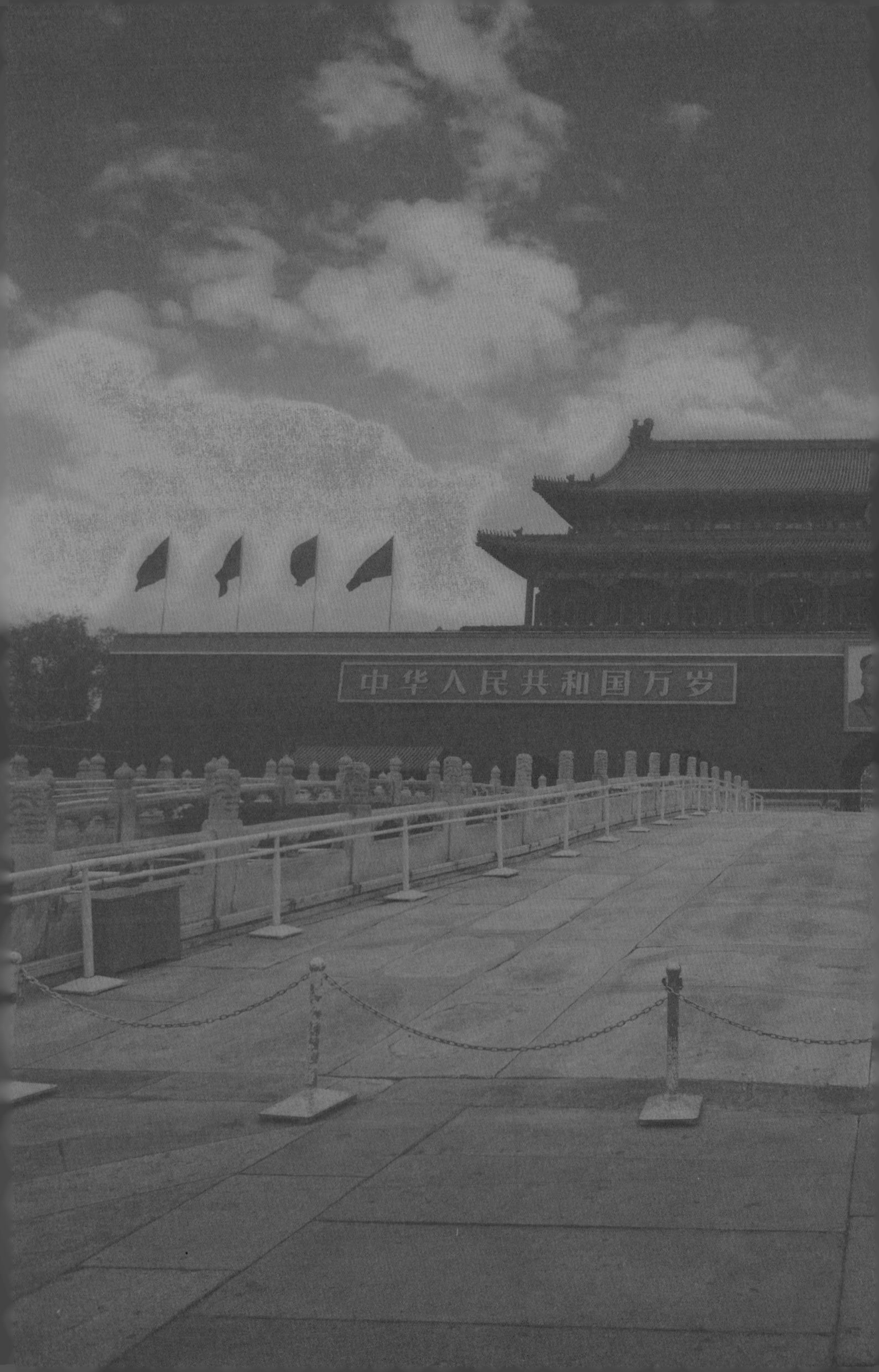
中华人民共和国万岁

PMomTICAL
POWER
OF CHINA

3부

태자당·상하이방 연합과 공청단파의 경쟁

●

중국 공산당은 대륙에서 국민당을 밀어내고 1949년 중화인민공화국을 수립했다. 중국 공산당은 국공 내전에서 승리했지만 이후 내부에서 끊임없이 권력 투쟁이 벌어졌다. 중국 공산당의 권력 투쟁은 최고 권좌를 둘러싸고 벌어졌는데, 그 투쟁은 주로 노선 대립이라는 양상을 띠었다. 노선 대립에서 밀려나 권력 투쟁에서 진 쪽은 권력 뒤편으로 내몰렸다.
마오쩌둥毛澤東 시기에 당 주석에 올랐거나 후계자로 지목된 류사오치劉少奇·린뱌오林彪·화궈펑華國鋒, 덩샤오핑鄧小平 통치 기간 후계자로 지목된 후야오방胡耀邦·자오쯔양趙紫陽이 모두 권력을 지키지 못한 것이 대표적인 예다.
장쩌민江澤民과 후진타오胡錦濤는 예정대로 최고 권력을 이어받았다. 권력 승계에 대한 제도적 절차와 정치적 합의 과정이 자리를 잡아간 결과였다. 하지만 제도적 장치와 정치적 합의가 정착되기 시작한 것과 별도로 장쩌민과 후진타오는 권력을 공고히 하기 위해 자신과 다른 계파를 압박하는 전략을 폈다. 이 과정에서 태자당·상하이방 연합 세력과 공청단파의 경쟁이 한층 치열해졌다. 이들은 개혁의 방향과 범위 등을 놓고 이견을 보였다. 큰 이변이 생기지 않는 이상 시진핑習近平은 최고 지도자 자리를 10년간 유지할 것이다. 시진핑 집권 시기에도 태자당과 상하이방의 전략적 제휴를 통한 세력 유지, 이에 맞선 공청단파의 세력 확장 시도가 계속될 전망이다.

1장

신중국 수립 이후
권력 투쟁 잔혹사

　마오쩌둥은 자신의 입지가 흔들릴 때마다 권력을 유지하기 위해 정치 투쟁을 일으켰다. 마오쩌둥은 "15년 내에 영국을 따라잡겠다"며 1958년 대약진 운동을 시작했다. 노동집약적 산업화로 단기간 내 서구 열강의 경제력을 따라잡겠다는 목표였다. 마오쩌둥은 농민을 '인민공사'로 조직화했다. 인민공사는 농업을 기본으로 공장·상점·병원 등을 경영하고 교육기관과 자체 민병대까지 갖춘 종합조직이었다. 토지·농기구·가축은 인민공사 소유로 하고 생산은 집단으로 진행됐다. 모든 마을에 소형 용광로를 만들어 철강 생산량을 늘리려고 했다. 하지만 대약진운동은 현실을 외면한 정책으로, 경제 효율이 떨어져 농업·공업 생산량이 급속히 줄어들었고 그 결과 중국인들의 삶은 피폐해졌다.

당내에서 대약진운동에 대한 비판이 제기됐고 마오쩌둥은 1959년 4월 국가주석직을 내놓았다. 하지만 마오쩌둥이 완전히 물러선 것은 아니었다. 대약진운동에 반대한 펑더화이彭德懷 국방부장을 우경기회주의자로 몰아 숙청한 것이다. 펑더화이는 마오쩌둥의 공산 혁명 전우로, 중국군의 10대 원수元帥 중 한 명이었으며 한국전 때 중공군의 총사령관으로 전선을 누볐던 인물이다. 무리한 대약진 운동으로 비판에 직면한 마오쩌둥은 반우파 투쟁을 벌이며 버텼지만, 대약진 운동의 실패를 성공으로 바꿔놓을 수는 없었다. 자연재해까지 겹치면서 중국 전역에서 2,000만 명 이상이 희생되자 마오쩌둥은 권력 일선에서 물러나고 류사오치·덩샤오핑 등 실무 관료들이 당의 실권을 잡았다. 당 실권파는 대약진 운동의 실패를 수습하기 위한 조정 정책을 실시했고 경제가 회복되기 시작했다. 류사오치·덩샤오핑 등 실권파가 당 내외에서 실질적인 주도권을 장악했다.

재기를 노리던 마오쩌둥은 1966년 왕훙원王洪文·장춘차오張春橋·장칭江靑·마오쩌둥 부인·야오원위안姚文元 등 4인방과 함께 문화대혁명을 발동했다. 이들은 류사오치와 덩샤오핑을 "자본주의의 길을 걷는 주자파走資派"로 몰아붙였다. 마오쩌둥은 당 실권파를 몰아내고 권좌에 복귀했다. 류사오치는 감옥에서 비참한 최후를 맞았고 덩샤오핑도 박해를 받았다. 마오쩌둥 편에 서서 군을 장악하고 이인자로 올라선 린뱌오林彪도 권력 투쟁 과정에서 역사 뒤쪽으로 사라졌다. 마오쩌둥의 후계자로 내정돼 당 부주석 자리에 있었던 린뱌오는 권력을 더 빨리 잡겠다는 생각으로 1971년 쿠데타를 기도했다. 하지만 이 계획은 사전에 발각돼 린뱌오는 비행기를 타고 해외로 도주하다 몽골 사막에서 추락해 사망했다.

마오쩌둥과 함께 문혁을 주도한 4인방은 1976년 9월 9일 마오쩌둥이 사망하고 나서 한 달도 채 안 된 10월 6일 군부 주도의 정변으로 몰락했다. 마오쩌둥은 사망하기 전 "자네가 일을 맡으면 내 마음이 놓이네你辦事, 我放心·니반스, 워팡신"라는 말과 함께 화궈펑을 후계자로 지명했다. 하지만 4인방은 마오쩌둥 사후 권력을 장악하려고 했다. 4인방 때문에 피해를 입은 군 세력의 지지를 받고 있던 당시 군부 책임자 예젠잉葉劍英은 화궈펑과 함께 4인방을 축출했다.

4인방이 제거되고 나서 덩샤오핑이 권력 전면에 등장했다. 덩샤오핑은 마오쩌둥의 유훈에 의해 주석에 오른 화궈펑과 노선 투쟁을 벌였다. 덩샤오핑은 "실천만이 진리를 검증하는 유일한 표준"이라며 화궈펑을 겨냥했다. 마오쩌둥의 결정과 지시가 모두 옳다는 화궈펑 세력의 견해가 옳지 않다고 비판한 것이다. 1978년 12월 개혁·개방 노선을 천명한 덩샤오핑은 문혁 피해 세력의 광범위한 지지를 힘에 업고 노선 투쟁에서 승리하며 실권을 잡았다. 마오쩌둥이 후계사로 지목했던 화궈펑은 자리를 지키지 못하고 1981년 당 주석 자리에서 물러났다.

1982년 12차 당대회에서 후야오방이 당 총서기에 올랐다. 후야오방은 덩샤오핑의 신뢰를 받았던 인물이었다. 후야오방은 자오쯔양 국무원 총리와 함께 개혁을 추진했다. 하지만 보수파들은 후야오방의 개혁이 급진적이라며 반발했다. 보수파들은 경제 개혁으로 경제

성장률은 좋아졌는지 몰라도 물가가 상승하고 관료의 부패가 만연하는 등 부작용이 나타났다고 비판했다. 여기에 후야오방이 정치 개혁을 의제로 들고 나오면서 1986년 대학가에 민주화 운동이 확산된 것이 보수파의 들끓는 감정에 기름을 부었다. 후야오방은 학생들에게 관용적인 태도로 최대한 설득에 나서는 입장을 보였는데 이는 오히려 민주화 시위가 격렬해지게 만들었다. 당내 보수파가 들고 일어났고 1987년 1월 정치국 확대회의가 열려 후야오방의 퇴진이 결정됐다. 덩샤오핑은 보수파의 공세가 자신을 겨눈 것에 위기감을 느낀 데다, 성과를 내고 있는 경제 개혁에 영향을 미칠 것을 우려한 나머지 후야오방의 퇴진에 동의했다.

후야오방의 뒤를 이어 자오쯔양이 총서기에 올라 개혁 노선을 이어 갔다. 하지만 자오쯔양 체제도 오래 가지 못했다. 보수파인 리펑李鵬이 국무원 총리에 오르는 등 자오쯔양은 보수파의 견제를 받았다. 여기에 국내 상황은 자오쯔양에게 불리하게 돌아가기 시작했다. 자오쯔양이 추진한 성장 정책 여파로 1988년 말부터 물가상승률이 20%에 치솟고 빈부 격차가 확대되면서 사회 불안에 대한 우려가 커졌다. 중국의 민주화·지식인 세력은 보수파가 개혁을 가로막고 있다며 불만을 터뜨렸는데, 1989년 4월 15일 후야오방의 사망을 계기로 이들의 민주화 요구가 최고조에 달했다. 학생들의 시위가 걷잡을 수 없이 확산되면서 이를 강경 진압해야 한다는 보수파의 목소리가 커졌다. 하지만 자오쯔양은 학생들에게 온정적인 입장이었다. 보수파로부터 집중 포화를 받은 자오쯔양은 결국 버티지 못하고 1989년 6월 총서기직에서 해임됐다.

  톈안먼 사태 이후 장쩌민 상하이시 서기가 후임 공산당 총서기로 발탁됐다. 그는 상하이자오퉁대학 전기과를 졸업한 기술 관료 출신이었다. 장쩌민은 보수파와 개혁파 사이에서 중도 노선을 취하며 입지를 다지기 위해 힘썼다. 하지만 군을 완전히 장악하지 못했던 장쩌민의 권력 기반은 튼튼하지 못했다. 당시 군부 실력자 양상쿤楊尙昆·양바이빙楊白氷 형제는 강력한 도전자였다. 장쩌민 입장에서 볼 때 양씨 형제는 덩샤오핑의 신임을 받고 있어 한층 위협적이었다. 장쩌민은 책사 쩡칭훙의 도움을 받아 양씨 형제를 제거하는 데 성공했다. 알려진 바에 따르면, 1992년 14차 당대회를 앞두고 "양씨 형제가 야심이 있다"는 말이 덩샤오핑 귀에 들어가도록 해 덩샤오핑과 양씨 형제 사이를 갈라 놓는 한편 군부에서 양씨 형제에 불만을 가진 인사를 모아 양씨 형제를 몰아냈다고 한다. 양씨 형제는 14차 당대회 때 현직에서 물러났다. 이로써 장쩌민의 권력은 한층 확고해졌다.

  하지만 장쩌민에게는 위협적인 정적政敵이 또 하나 있었다. 천시퉁陳希同 베이징시 서기였다. 천시퉁은 리펑이 1989년 톈안먼 사태 강경 진압을 주도할 때 리펑의 손을 들어줬던 인물로 보수파의 지지를 받고 있었으며 장쩌민의 권위를 인정하지 않으려고 했다. 장쩌민은 1995년 천시퉁을 뇌물수수 등 부패 혐의로 제거했다. 장쩌민은 천시퉁을 제거하면서 베이징 간부 40여명을 함께 쫓아내, 베이징北京幇의 뿌리를 뽑아버렸다. 당시 사건에 연루된 왕바오썬王寶森 부시장은 자살로 생을 마감했다. 이를 계기로 장쩌민의 지배력은 공고해졌다.

2장

태자당·상하이방 연합과 공청단파의 대결

공청단파인 후진타오가 2002년 공산당 총서기를 맡은 이후에도 장쩌민을 중심으로 한 상하이방의 위력은 여전했다. 장쩌민은 2002년 16차 당대회에서 정치국 상무위원 수를 7명에서 9명으로 늘리고, 측근인 쩡칭훙 국가 부주석과 보수파 리펑 전 총리의 측근인 뤄간羅幹 중앙정법위 서기를 합류시켜 상무위원회를 장악했다. 후진타오는 총서기이기는 했지만, 권력 내부에서는 소수파에 불과했다.

이런 상황에서 천량위 상하이시 서기는 2004년 7월 공산당 정치국 회의에서 탁자를 내리치며 원자바오 총리에게 "중앙은 지방 사정을 제대로 모른다"고 따졌다. 당시 중앙 정부는 부동산 시장 과열을 막기 위해 거시 경제 통제 정책을 도입하려고 했는데 '상하이방의 황태자'로 불리던 천량위가 이를 반대하고 나선 것이다. 천량위는 2006년 사회보장기금 유용 혐의로 체포돼 18년 징역형을 받고 공직과 당적을 박탈당했다. '반부패'를 내세워 장쩌민이 천시퉁을 제거한 방법 그대로 장쩌민의 측근이 숙청당한 것이다. 천량위의 낙마는 2007년 17차 당대회를 앞두고 터진 권력 투쟁의 결과였다는 게 정치 전문가들의 공통된 평가다. 공청단파를 이끄는 후진타오는 상하이방의 대표 주자인 천량위의 제거를 통해 상하이방의 급소를 노리고 더 나아가 차기 최고 지도자도 공청단파에서 배출하려 했다는 것이다. 하지만 상하이방이 태자당과 함께 손을 잡고 시진핑을 차기 최고 지도자 후보로 만들어버렸다.

 2012년 초 중국 정국을 강타한 사건이 발생했다. 2012년 18차 당대회에서 정치국 상무위원 진입이 유력한 것으로 점쳐졌던 충칭시 전 서기 보시라이薄熙來가 낙마한 사건이었다. 보시라이는 중국의 8대 혁명 원로 중 한 명인 보이보薄一波 전 부총리의 아들로 태자당 출신이며 중앙 정치 무대에서 일찍부터 주목을 받았다. 다롄시 시장에서 랴오닝성 성장으로, 이어 상무부 부장장관을 거쳐 충칭시 서기에 오르기까지 승승장구했던 그였다. 그런 보시라이의 갑작스러운 낙마 뒤에는 권력 투쟁이 자리 잡고 있었다. 보시라이 사건은 1989년 자오쯔양 실각 이후 중국에 불어닥친 최대의 정치 폭풍으로 불렸다.

 보시라이 사건은 세상에 알려지기 시작한 것은 2012년 2월 6일이었다. 보시라이의 측근인 왕리쥔王立軍 충칭시 공안국장이 이웃한 쓰촨四川성 청두成都 소재 미국 총영사관으로 망명을 신청하면서부터였다. 왕리쥔은 망명이 받아들여지지 않자 다음 날 나왔고 베이징에 있는 국가안전부로 연행돼 조사를 받았다. 그런데 왕리쥔이 망명을 시도한 배경을 거슬러 올라가면 2011년 11월 충칭의 한 호텔에서 발생한 영국인 사업가 닐 헤이우드 사망 사건이 나온다. 당시 헤이우드의 사인은 과음으로 알려졌고 서둘러 화장됐는데 왕리쥔은 이 죽음이 타살이며 보시라이의 부인 구카이라이谷開來가 관련돼 있다는 점을 알았다. 왕리쥔은 이 사실을 보시라이에게 보고했다가 오히려 미움을 사 신변의 위협을 느끼게 됐고 미국 망명을 시도하는 데까지 이르렀다는 게 중화권 매체의 보도다.

중국 검찰의 공소장에 따르면, 구카이라이는 경제적 이익 문제로 헤이우드와 갈등을 빚고 있었고 헤이우드가 아들 보과과薄瓜瓜의 신변까지 위협하자 그를 살해하기로 결심하고, 집사 장샤오쥔張曉軍의 도움을 받아 독살했다. 구카이라이는 사형 집행 유예 판결을 받았다.

이 사건으로 보시라이의 정치 생명은 끝이 났다. 이후 보시라이 일가의 재산 축재와 아들 보과과의 방탕한 유학 생활 등 치부까지 드러났다. 보시라이 부부가 해외로 반출하려 했던 재산 규모가 80억 위안1조4400억원에 달하며 런던 시내에 호화 주택 여러 채를 사들였다는 외신 보도가 잇따랐다. 여기에 보시라이가 왕리쥔을 시켜 시진핑 당시 국가 부주석 등 충칭을 방문하는 최고 지도자를 도청하게 하는 등 기율을 위반한 혐의가 하나둘씩 드러나면서 그는 더 이상 자리를 유지할 수 없었다. 보시라이는 2012년 3월 15일 충칭시 서기에서 해임됐으며 4월에는 공산당 정치국 위원과 중앙위원 직무마저 정지당했다. 보시라이는 뇌물·횡령·직권남용 혐의로 기소돼 2013년 10월 무기

징역과 정치 권리 종신 박탈 등을 선고받았다.

보시라이의 낙마는 그가 자초한 것이라는 얘기도 있다. 그는 중국 정치 지도자로서는 보기 드물게 언론 접촉을 즐기고 언론을 활용해 대중을 움직였는데 이 같은 튀는 스타일이 절제와 과묵, 이면 협상 등을 중시하는 베이징 정가 분위기와 맞지 않았다는 것이다.

하지만 보시라이 사건의 본질은 중국 내 각 정파 간 권력 투쟁이라는 분석이 많이 나왔다. 18차 당대회를 앞두고 공청단파와 태자당·상하이방 연합은 중앙정치국과 상무위원회에 자파 세력을 한 명이라도 더 앉히기 위해 치열한 신경전을 벌이고 있었다. 보시라이는 태자당의 간판 주자였다. 보시라이가 정치국 상무위원에 올라 공안·검찰·법원·국가안전부를 책임지는 중앙정법위원회 서기를 맡는 게 유력하다는 얘기가 많이 돌았다. 상하이방·태자당 연합 세력의 대부인 장쩌민 전 주석이 보시라이를 중앙정법위 서기로 낙점했다는 것이다. 하지만 공청단파 입장에서는 보시라이가 중앙정법위 서기에 오르는 것을 용납힐 수가 없었다. 지돌적이고 당내 분란을 개의치 않는 보시라이가 중앙정법위 서기가 될 경우 정치 보복 가능성을 배제할 수 없다고 판단했다는 것이다. 보시라이가 이전에 보여준 스타일을 보면 이 같은 우려가 전혀 근거가 없는 것도 아니었다. 보시라이는 2009년 충칭시에서 조직폭력배와의 전쟁을 벌였다. 8개월간 계속된 이 전쟁을 통해 악명 높았던 충칭시의 63개 범죄 조직과 그들을 비호해온 고위공무원 등 3,348명을 체포했다. 그중에는 원창文强 충칭시 사법국장 검찰총장 격·사형, 펑창젠彭長健 공안국 부국장 등 충칭시 공안조직의 핵심 인사들이 대거 포함됐다.

해외 화교 사이트는 공청단파가 보시라이 주변 인물을 캐던 중 왕리쥔의 개인 비리 내지는 권력 남용 혐의를 포착, 왕리쥔을 압박하자 그가 이를 견디지 못하고 보시라이와 갈등을 빚어 망명을 시도하는 데 이른 게 아니냐는 '음모론'을 내놓기도 했다. 공청단파가 왕리쥔을 직접 구석으로 몬 것까지는 아니더라도 공청단파가 구카이라이의 살인 혐의, 해외 재산 도피 등의 문제를 터뜨리며 태자당·상하이방 연합을 압박한 정황은 곳곳에서 나타났다.

보시라이 사건으로 상하이방·태자당 연합은 적지 않은 타격을 입었다. 하지만 상하이방·태자당 연합은 보시라이 사건을 '개인의 문제'로 규정해 계파 전체로 확대되는 것을 차단하는 데 주력했다. 보시라이 스캔들이 수면 위로 드러난 이후 태자당·상하이방 연합도 더는 보시라이를 보호하지 않았다. 장쩌민과 시진핑도 보시라이의 해임에 반대하지 않았다.

공청단파는 절호의 기회를 맞았지만 상하이방·태자당이 보시라이 사건에 발 빠르게 대응하면서 기회를 충분히 살리지 못했다. 공청단파가 당 원로를 보나 현직 당 고위층을 보나 수적 열세에 놓여 있었던 것도 불리하게 작용했다.

오히려 공청단파 쪽에서 태자당·상하이방 연합에 반격을 허용하는 빌미를 제공하기도 했다. 바로 후진타오 전 주석의 최측근인 링지화가 연루된 스캔들이다. 1부에서도 언급했지만 링지화의 아들이 2012년 3월 베이징 시내에서 여성 2명을 태우고 페라리 스포츠카를 몰고 가다 음주 교통사고를 내고 사망한 사건이 문제가 됐다. 동승했던 여성 중 한 명을 링지화가 살해했다는 의혹까지 제기됐다. 링지화는 수하의 중앙경위국中央警衛局·청와대 경호실 격을 동원해 현장을 은폐하고, 말이 새나가지 않도록 사고 처리를 처남인 구위안쉬谷源旭 헤이룽장성 공안청 부청장에게 맡겼다는 얘기가 나오는 등 사건은 일파만파 번졌다. 구 부청장은 국영 CCTV의 평범한 보안요원으로 일하다 링 부장의 지원을 업고 헤이룽장성 공안청의 이인자로 발탁된 인물이다. 여기에 링 부장 일가의 부패 의혹까지 제기됐다. 링 부장 일가는 산시山西성 출신으로, 재임 중 산시성의 석탄업계를 주무르면서 400억 위안약 7조2,000억 원에 달하는 재산을 쌓은 것으로 알려졌다. 중화권 매체에 따르면 링지화의 부인 구리핑谷麗萍은 고속철 건설 과정에 개입해 40억 위안을 챙겼다. 석탄·고속철·풍력발전 등에 걸쳐 일가가 쌓은 총 재산은 600억 위안약 10조600억 원에 이른다고 중국 정치 뉴스에 밝은 홍콩 명경망이 전했다. 링지화의 부인 구리핑과 처남인 구위안쉬가 체포돼 조사를 받고 있으며, 링지화의 동생 링완청令完成은 해외로 도주했다는 보도까지 나왔다. 링지화는 18차 당대회를 앞두고 한때 상무위원 후보로까지 거론됐지만, 실제 당대회에서는 정치국 위원도 되지 못한 채 중앙위원에 머물렀다.

공청단파는 아니지만, 후진타오 전 주석과 권력의 한 축을 나눴던 원자바오 전 총리가 재산 형성 과정이 석연치 않다는 의혹이 제기된 것도 공청단파에 짐이 됐다는 관측이 나왔다. 18차 당대회가 열리기 며칠 전인 2012년 10월 26일 미국 뉴욕타임스는 원 전 총리 일가가

27억달러의 재산을 갖고 있으며 대부분이 그가 1998년 부총리로 최고위층에 진입한 이후 형성됐다고 보도했다. 원 총리 측은 사실무근이라고 반박했다. 하지만 미묘한 시기에 나온 이 보도는 개혁 노선을 주창했던 원 총리와 공청단파에 불리하게 작용했다. 이와 관련 해외 화교 언론에는 중국 내 보수파와 보시라이 전 서기 지지 세력이 대규모 자원과 인력을 동원해 원 총리에 대한 흠집 내기 자료를 만들어 서방 매체에 전달했다는 보도가 잇달아 나왔다.

태자당·상하이방 연합과 공청단파가 권력 다툼을 벌이는 과정에서 이론을 둘러싼 노선 투쟁보다 고위층의 추문이 더 큰 관심을 끌면서 결국 양쪽이 상처를 입었다는 지적도 나온다. 지도부의 치부가 드러나면서 단지 어느 한 쪽이 권력을 좀 더 차지하느냐의 문제가 아니라 공산당의 정통성 확보가 한층 어려워진 게 아니냐는 근본적 문제에 부딪히게 됐다는 것이다.

3장

이미 시작된 6세대 지도부 구성

중국 공산당이 2012년 11월 18기 1중전회를 열고 시진핑 총서기를 포함한 정치국원 25명을 확정하면서 6세대 최고 지도자 경쟁 구도의 윤곽도 잡혔다. 49세 동갑내기인 후춘화_{광둥성 서기}와 쑨정차이_{충칭시 서기}가 1960년대생으로는 가장 먼저 정치국에 진입하면서 10년 뒤인 2022년 집권하는 6세대 최고 지도부의 유력한 후보로 떠오를 것이다. 두 사람은 1963년생으로 시진핑_{1953년생}과는 10살 차이다. 중국 최고 지도자 교체주기가 10년이라는 점과 관계가 있다. 후춘화는 공청단파 소속으로 후진타오 전 주석과 경력까지 비슷해 '리틀 후'로 불린다. 쑨정차이는 상하이방의 일원인 자칭린 전 정협 주석에 가깝다.

후춘화와 쑨정차이의 정치국 진입은 '중국식 후계자 양성 시스템'을 잘 보여준다는 해석이 나온다. 두 사람 모두 지방 경험을 쌓은 다음 2017년 제19차 당대회에서 상무위원에 올라 차기 주석과 총리 후보 자리를 놓고 경쟁을 벌일 전망이다. '시진핑 총서기와 리커창 총리'의 구도가 결정된 것도 2007년의 제17차 당대회에서였다.

중국 최고 지도자의 선발과 권력 승계 과정은 건국 초기만 해도 일정한 관행이 없었다. 1·2세대 최고지도자인 마오쩌둥과 덩샤오핑은 모두 치열한 권력 투쟁을 통해 최고 지도자 자리를 차지했고, 사망할 때까지 권력을 누렸다. 3세대 최고 지도자인 장쩌민 전 주석은 톈안먼 사태 당시 상하이시 서기로 있다가 자오쯔양 총서기 실각과 함께 덩샤오핑에 의해 후계자로 발탁됐다.

하지만 장 전 주석 이후 최고 지도자 선정과 권력 이양에 대한 일정한 관행이 만들어졌다. 마오쩌둥 시절 드러난 1인 통치와 원로 정치의 폐해를 줄이자는 취지였다. 당내 논의를 거쳐 50대의 최고 지도자 후보를 미리 정해 최고 지도부의 일원인 정치국 상무위원으로 승진시킨 뒤, 충분한 통치 수업을 쌓게 한 다음 당권과 군권을 차례로 넘겨주는 방식이다.

후진타오 전 주석은 1992년 14차 당대회에서 상무위원회에 진입하면서 후계자로 부상한 뒤 10년간의 통치 수업을 거쳐 2002년 16차 당대회에서 최고 지도자 자리에 올랐다. 시진핑 총서기의 경우 17차 당대회에서 상무위원으로 선출돼 5년간 지도자 수업을 받았다.

시진핑 총서기는 부주석 시절 안보 문제 등 주요 현안을 다루는 국가안보영도소조國家安保領導小組, 대외 정책을 총괄하는 중앙외사공작영도소조中央外事工作領導小組, 대만 문제를 논의하는 대만공작영도소조臺灣

工作領導小組 부조장을 맡아 후진타오 주석을 보좌하며 경험을 쌓았다. 김정일이 2011년 5월 중국을 방문했을 때 열린 북·중 정상회담에 후진타오는 시진핑을 배석시켰다. 시진핑은 2012년 2월에는 미국을 방문했다. 시진핑은 2010년 군사위 부주석에 선출돼 군 관련 통치 수업도 받았다.

2012년 출범한 상무위원회와 정치국은 상하이방·태자당 연합이 우위를 점하고 있다. 하지만 19차 당대회가 열리는 2017년에는 지금의 구도가 달라질 수 있다. 68세로 정해진 정치국원 정년 때문에 상무위원 7명 중 시진핑·리커창을 제외한 5명 장더장·위정성·류윈산·왕치산·장가오리 이 2017년 당대회 때 물러나야 한다. 25명의 정치국 위원 상무위원 포함 중에서는 11명이 정년 때문에 물러나게 돼 있다. 정년은 아니더라도 세대 교체를 명분으로 사퇴 압박을 받게 될 수 있는 정치국 위원도 있다. 이 때문에 18차 당대회를 통해 구성된 정치국은 후진타오 전 주석 중심의 4세대와 시진핑 현 주석 중심의 5세대가 섞인 '4.5세대'라고 불리기도 한다.

2017년 신임 상무위원으로 유력한 인사 중에는 공청단파 소속이 많다. 리위안차오 부주석, 왕양 부총리, 후춘화 광둥성 서기가 손꼽힌다. 여기에 류치바오 중앙선전부장이 류윈산 상무위원 뒤를 이어 상무위원회에 진출할 수 있다는 관측이 제기된다. 리커창 총리를 포함하면 공청단파가 상무위원회의 과반을 차지할 수도 있다는 얘기다.

시진핑·리커창의 임기가 끝나는 2022년 최고 지도자 자리에 올라 2027년 한 차례 연임하기 위해서는 정년을 고려할 때 1960년 이후 출생자를 최고 지도자 후보로 분류할 수 있다. 중국에서는 1960년대생을 '류링허우60後'라고 부른다. 류링허우는 개혁·개방을 이끈 덩샤오핑의 간부 연소화 방침에 따라 최고의 엘리트 교육을 이수했고, 해외 경험도 풍부하다. 업무스타일도 '관시'보다 효율과 실질을 더 중시한다.

류링허우중 유력한 차기 지도부 후보로는 후춘화·쑨정차이 외에 저우창周强·1960년생 최고인민법원장, 쑤수린蘇樹林·1962년생 푸젠성 성장, 장칭웨이張慶偉·1961년생 허베이성 성장, 루하오陸昊·1967년생 헤이룽장성 성장이 꼽힌다.

공청단 제1서기를 지낸 저우창은 후춘화와 함께 공청단을 대표하는 차세대 주자다. 시난西南 정법대학에서 석사학위를 받은 뒤 공청단 중앙서기처 서기1995년를 거쳐 38세에 장관급인 공청단 중앙서기처 제1서기에 올라 8년간 자리를 지켰다.

쑤수린은 중국의 대표적인 공기업인 시노펙중국석유화학그룹 CEO를 역임, 경제와 행정 실무에 밝다는 평가를 받고 있다. 쑤수린은 1983년 다칭석유학원을 졸업한 이후 오랫동안 석유계통에서 일했다. 대학 졸업 후 다칭석유관리국에서 근무를 시작한 그는 1999년 페트로차이나중국석유·천연가스그룹 부총재에 올랐고 2007년에는 시노펙 CEO에 임명됐다. 석유방에 속해 있는 쑤수린은 석유방의 맏형인 쩡칭훙과 인연으로 상하이방·태자당 연합 세력에 가깝다고 할 수 있다.

장칭웨이는 중국 우주 탐사의 주역이다. 그는 시베이공업대에서 비행기 설계 석사 학위를 받았다. 그는 2007년 중국 최초의 달 탐사 위성인 '창어嫦娥 1호' 프로젝트를 지휘해 성공시키며 스타로 떠올랐고 2008년에는 중국이 '대형항공기 국산화'를 목표로 설립한 중국상용비행기유한공사 회장에 취임했다. 장칭웨이는 2011년 허베이성 성장으로 발령받아 지방 경험을 쌓고 있다. 장칭웨이는 '테크노크라트'로 분류된다.

차기 유력 후보군 중 가장 젊은 루하오는 공청단 제1서기를 거쳐 2013년 헤이룽장성 성장으로 발령받아 본격적인 지도자 수업을 시작했다. 베이징대 경제관리학과에서 학사·석사를 마친 루하오는 2003년 36세 나이로 베이징시 부시장에 올랐는데 이는 중화인민공화국 건국 이후 베이징시 부시장으로는 역대 최연소였다. 2008년 공청단 제1서기에 올라 흔히 공청단파로 분류되지만 정치적으로 성장하는 과정에서 베이징시 시장과 서기를 지낸 자칭린 전 정협 주석의 후원을 많이 받았던 관계로 자칭린이 속한 속한 상하이방과도 가깝다.

파워 엘리트 중국 정치의 힘
ⓒ 김승범, 2014

초판 1쇄 발행일 2014년 4월 7일

지은이 김승범

발행인 이상만
발행처 마로니에북스
등록 2003년 4월 14일 제 2003-71호
주소 (413-756) 경기도 파주시 문발동 파주출판도시 521-2
대표 02-741-9191
팩스 02-3673-0260
편집부 031-8070-8250
팩스 031-955-4921
홈페이지 www.maroniebooks.com

ISBN 978-89-6053-342-4

* 책값은 뒤표지에 있습니다.
* 이 책은 마로니에북스가 저작권자와의 계약에 따라 발행한 것이므로
  본사의 서면 허락 없이는 어떠한 형태나 수단으로도
  이 책의 내용을 이용하지 못합니다.

* 잘못된 책은 구입하신 서점에서 바꾸어 드립니다.